7막 7장
그리고 그 후

7막7장 그리고 그 후

개정판 1쇄 발행 2003년 11월 5일 **개정판 75쇄 발행** 2023년 6월 1일

지은이 홍정욱
펴낸이 이승현

출판2 본부장 박태근
W&G 팀장 류혜정

펴낸곳 ㈜위즈덤하우스 **출판등록** 2000년 5월 23일 제13-1071호
주소 서울특별시 마포구 양화로 19 합정오피스빌딩 17층
전화 02) 2179-5600 **홈페이지** www.wisdomhouse.co.kr

ⓒ 홍정욱, 2003
ISBN 978-89-89313-35-9 03810

* 이 책은 『7막7장』의 개정증보판입니다.
* 이 책의 전부 또는 일부 내용을 재사용하려면 반드시 사전에 저작권자와
  ㈜위즈덤하우스의 동의를 받아야 합니다.
* 인쇄·제작 및 유통상의 파본 도서는 구입하신 서점에서 바꿔드립니다.
* 책값은 뒤표지에 있습니다.

7막7장
그리고 그후

멈추지 않는 삶을 위하여

홍정욱 지음

위즈덤하우스

추천사_

가장 푸른 지성의 아가미

참치는 태어나는 그 순간부터 헤엄을 친다. 헤엄을 쳐서 물을 빨아들여야만 숨을 쉴 수 있기 때문이다. 헤엄을 친다는 것은 곧 숨쉰다는 것이며, 숨쉰다는 것은 곧 살아 있다는 것이다. 그래서 헤엄을 멈추면 그 순간 참치는 질식해서 죽는다. 잠을 잘 때에도 뇌만이 쉴 뿐 온몸은 움직인다. 그래서 참치에게는 넓은 바다, 그리고 멀고 먼 세계의 바다가 있어야 한다.

그러나 가자미는 정반대다. 가만히 바다 밑 모래에 숨어 있거나 파도치는 대로 밀려다닌다. 헤엄을 친다기보다 떠다닌다는 말이 적합하다. 눈앞에 먹이가 나타나야만 비로소 몸을 움직인다. 그 중에서도 맘보라는 놈이 가장 게으른 것으로 꼽힌다. 그렇기 때문에 아무리 넓은 바다에 살아도 가자미의 바다는 웅덩이와 다를 것이 없다.

참치인가, 가자미인가. 삶의 이 두 유형 중 어느 것이 과연 옳은 것인지 정답을 요구할 수는 없다. 분명한 것은 우리의 운명은 가자미형에서 참치형으로 변화해 간다는 것이다. 한때는 은둔의 나라라고 불렸던 한국은 산골짝에서 한유자적하는 삶을 이상으로 삼았던 적도 있었다. 그러나 이제는 시속 100킬로로 오대양을 누비는 참치의 어군처럼 한국인은 전세계에서 숨을 쉰다. 그렇기 때문에 지금 우리에게 가장 시급한 것은 왜 우리가 멈추지 않고 헤엄쳐야 하는지에 대해 이야기하고 어째서 더 넓고, 더 깊고, 더 푸른 바다를 향해 지느러미를 세워야 하는지 그 본을 보여줄 사람의 모형을 찾는 일이라고 본다.

바로 이때 나타난 것이 홍정욱 군이다. 그가 세계의 준재들이 모여 각축을 벌이는 하버드대학에서 최우수 사회과학 논문상을 비롯, 숨마 쿰 라우디와 토머스 홉스 어너러블멘션의 영예를 차지했다는 화려한 경력을 두고하는 소리가 아니다. 그보다 그가 한국의 젊은이로서 지금까지 해온 사고와 행동, 그리고 품성과 지혜가 바로 우리 젊은이들의 살아 있는 교과서이며, 우리의 미래를 읽는 해도와 같다는 사실 때문이다.

지금까지 우리의 젊은이들 가운데 스포츠나 예능의 특정 분야에서 천재적인 재능을 보여주는 일은 많았다. 그러나 홍정욱 군처럼 세계의 무대에서, 그것도 지능, 체능, 지도력 등 모든 분야에서 뛰어난 재능을 보여준 경우는 없었다. 허풍떨기를 좋아하는 매스 미디어가 아니라 직접 그를 지도한 교수와 옆에서 함께 생활한 학우들이 그 신선한 충격에 대해 증언하고 있다. 아니다. 그 자신이 이 글을 통해서 증명해 주고 있는 것이다.

홍정욱 군이야말로 한국이, 그리고 이 시대가 낳은 새로운 삶의 모형이다. 가장 푸른 지성의 아가미와 행동의 지느러미를 갖춘 젊은이다. 우리는 그의 글을 통해서, 그리고 그가 보여준 삶의 방식을 통해서, 숨쉬기 위해서는 잠시도 헤엄을 멈추지 않은 참치의 바다, 세계의 바다를 보게 될 것이다. 그리고 한국의 젊은이들이 우물 안 개구리와 바다 밑 가자미의 운명을 벗어던지고 일제히 은빛 비늘을 세우고 헤엄쳐가는 빛나는 어군(魚群)으로 화한 모습을 보게 될 것이다.

1993년
이어령

책머리에_

멈추지 않는 삶을 위하여

1962년 예일대학. 존 F. 케네디(J. F. Kennedy)는 삶의 소중한 지혜 한 가지를 청중과 나눈다.

"진실의 가장 강력한 적은 의도적이고, 가식적이며, 비정직한 거짓이 아니라 지속적이고, 설득적이며, 비현실적인 신화이다."

어차피 자리를 뜨면 남들에 의해 지껄여질 이야기, 자신에 관한 이야기를 하지 말라는 미즈너(W. Mizner)의 충고가 마지막 순간까지 옷깃을 잡아당긴다. 그러나 특별할 것 없는 한 청년의 걸음걸이에 포장이 입혀지고 있다. 삶이 눈부시고 소중한 만큼, 나에게는 나를 둘러싼 포장을 벗겨내야 할 의무가 있지 않은가. 영혼은 진실에 의해서만 지켜지는 것.

이 책은 자서전이 아니다. 나는 그런 글을 쓸 만큼 오래 살지도, 대단한 일을 해보지도 못했다. 그저 스물세 해 남짓 살아온 이 젊음에게도 믿음이 있다면, 그것은 긍정적이고 적극적인 삶에 관한 확신이 아닐는지. 삶은 여행이지 목적지가 아니라 했다. 좀더 가득 찬 삶이기 위해 일찍 다른 길을 선택했던 것이고, 꿈이라는 것을 온몸으로 붙잡으며 지금까지 달려왔다. 그러나 사소한 목적 달성에 의한 자만과 감상으로 궁극적 목표와 도전의 용기를 상실하게 된다면, 이야말로 내 영혼의 요절을 의미하는 것일 게다.

 추억에 젖어 오늘을 멀리하지도, 내일의 헛된 망상에 빠져 현실을 망각하지도 않는다. 생은 진행형이라던 아나이 닌(A. Nin), 어제를 이해하며 내일로 나아가는 것이 삶이라던 키에르케고르(S. Kierkegaard)의 가르침을 굳이 되새기지 않아도, 달려온 삶을 비판의 눈으로, 달려갈 삶을 의욕의 눈으로 바라봐야 함은 어쩌면 음과 양이 끊임없이 교차하는 삶의 반열에서 내가 취해야 할 당연한 자세일지도 모른다.

 때로는 언어란 진실의 미(美)를 여지없이 파괴한다. 침묵을 배경으로 하지 않은 언어란 소음에 불과할 뿐이라던 법정(法頂)스님의 가르침으로 나의 글을 마무리하고 싶음은 그 때문인지도 모른다. 포장을 벗겨감에 있어서 언어란 화장을 붙여야만 했던 모순, 지금이라도 나의 언어를 쉬게 하고 싶음은 아직 남아 있는 일말의 양심 때문일 것이다.

그러나 이 글이 동(同) 세대로 하여금 '도피 유학'이라는 서글픈 사회 현상에 대해 부끄러워하고 진정한 교육적 의미에서의 유학이라는 결단을 내리는 데 작은 도움을 줄 수 있으면 하는 바람만큼은 변함이 없다. 또한 이 글이 후배들에게 학문적 도전이라는 포부를 가지게끔 격려가 될 수 있다면 그보다 분에 넘치는 성과는 바랄 수 없을 게다.

먼저 연주하고 나중에 무엇이었는지 가르쳐주겠다며 청중을 희롱한 마일스(M. Davis)의 관록과 여유가 내게 있을 리 만무하다. 하지만 여기 내 의식을 드러냄에 있어서 문학적인 칼질을 당하고 싶은 마음은 없다. 다만 내 짧은 연륜과 부족한 지혜에 관한 충고는 고개 숙여 받아들일 일이다.

그러나 스스로 넘어졌다고 인정하기 전에는 넘어진 것이 아니라는 믿음—끊임없이 걷고 뛰며, 숨쉴 틈 없이 배우고 고뇌하고 깨달으며, 삶의 대부분을 미완성의 모습으로 보내진 않을 것이다. 삶의 순간 순간을 살아 숨쉬며 나의 젊음을 지키고자 한다. 삶과 인간을 사랑하

고 고민하며, 하나님이 부여한 생명의 영광을 남김없이 들이키기 위함이다.
 자, 이것이 내가 도전하는 삶의 모습일진대, 한치의 흐트러짐 없는 침묵으로 계속 지켜봐주심이 어떨는지.

1993년 여름
케임브리지에서

차례_

추천사	가장 푸른 지성의 아가미	4
책머리에	멈추지 않는 삶을 위하여	7

1막 1장   내 운명의 주인으로

Incipit	19
유학을 결심하다	24
케네디의 모교	31
수도원의 여름	35
미국의 귀족과 꿈의 하버드	41
케네디의 뒤를 좇아서	45

1막 2장   초우트, 그리고 어머니

Prep School	51
Thousand Eyes	54
공부, 공부 또 공부	60
표절 파라노이아	64
뉴욕에서의 달콤한 주말	70
Veni, Vidi, Vici	76
뜻하지 않은 키스	82

1막 3장	자아와의 타협	
	Social Butterfly	85
	금지된 것들의 유혹	88
	Amicus Ad Aras	95
	건강한 젊음	102
	영어에서 처음으로 받은 A학점	106
	어머니	113

1막 4장	젊은 삶, 젊은 초상	
	NBC 수습기자로서 만난 한국	121
	Welcome to Harvard!	130
	교지 편집장과 기숙사 사감	135
	삶의 1막을 내리며	141

2막 1장	꺼져가는 불빛에 맞서	
	L'etranger	151
	지성과의 만남	161
	내 방황의 끝은 어디?	166
	한국으로의 도피	169
	아방가르드에 무릎 꿇다	175
	삶을 지켜가는 용기	178
	내 항해의 목적을 찾아	186

2막 2장	생의 순간순간을 살아 숨쉬며	
	정치학과 '89학번	190
	The Sorak Daily	197
	삶을 채워준 친구들	200
	Ars Amandi	205
	씻은 듯이 새벽이 오다	209

2막 3장	하버드대학의 공부벌레들	
	다시 돌아온 하버드	213
	잠에서 깨어나는 사자	221
	졸업 논문	226

2막 4장	지성인의 반열에 서서	
	졸업	232
	아버지	236
	미국이라는 나라	239
	세계의 시민으로	244
	Ad Infinitum	250

| 그 후 | 검증의 삶으로 | 263 |

나의 어머니에게

1막

1막 1장   Master of My Fate

내 운명의 주인으로

> 갈라진 두 길이 있었지, 그리고 나는—나는 사람들이 덜 다닌 길을 택했고, 그것이 모든 것을 바꾸어놓았네.
>
> —— 로버트 프로스트(R. Frost)

Incipit*

   모든 일에는 어찌 그리 합당한 이유와 목적이 있는 것인지
   삶의 구석구석이 경이롭지 않을 수 없다.

햇살이 손을 덮는다. 프리드먼(T. Friedman)의 책을 접어 가방 깊숙이 밀어넣는다. 아랍권의 현대 분쟁사를 읽고 있기에는 머릿속이 너무 복잡하다. 곁에서 잠드신 어머니의 모습이 소녀처럼 곱다. 초인처럼 역경을 이겨내신 당신이 자랑스럽다.

아름다움은 예술이며, 예술은 삶 속에 재창조된 우주다. 창공, 그

---
* 라틴어로 '가라사대'라는 뜻.

무한한 공간의 침묵을 가르는 태양의 빛이 더없이 아름답다.

"홍정욱 씨 맞으시죠? 저희 기장님께서 잠시 조종실로 모셨으면 합니다."

스물대여섯 살로 보이는 스튜어디스가 향기로운 웃음을 지으며 말을 건넨다.

"네…… 좋습니다."

초등학교에 갓 들어갔을 때 파일럿은 나의 꿈이었다. 그런 내가 조종실을 구경할 수 있는 기회를 마다할 리 없다. 나는 흔쾌히 승낙했다.

조종실은 상상하던 것과는 딴 판이다. 영화 속에서의 긴박감이 전혀 느껴지지 않는, 기기판으로 둘러싸인 작은 골방일 뿐이다.

"우선 축하합니다. 만나게 되어 영광입니다."

내겐 익숙하지 않은 인사말이다. 기장의 힘찬 악수와 부기장의 진솔한 미소가 골방의 왜소함을 누르고도 남음이 있다.

"천만에요, 별것 아니었습니다……."

"우리 아들도 예일대로 진학하고 싶어 한답니다. 홍정욱 씨가 그 아이에게 큰 격려를 주셨습니다."

"감사합니다."

스튜어디스가 준 녹차를 한 모금 마시고 자리를 뜬다. 조종실의 따스함을 뒤로 하고 나오는 내 마음이 무겁다. 그러나 어둡고 습한 무게는 아니다. 구속과 부담의 중압감이 아닌 책임의 육중함이다.

8년 만에 어머니와 같은 비행기를 탔다. 1985년 6월 22일, 그로부터 완벽한 원을 이루며 한 차원 높은 접점에 다다른 셈이다. 시작과 끝을 정확히 명시해 주신 신의 배려가 신비롭다.

로망 롤랑(R. Rolland)의 태양, 어둠을 정복하는 그 빛이 스며든다.

하지만 승무원의 요청에 의해 창문을 닫을 수밖에 없다. 순간 문득 떠오르는 선배의 조언이 있다. 공식석상에서 야망, 포부 등의 말을 쓰지 말라는 것이다. 강한 내 인상을 반쯤 죽이고, 신념에 대해서 함구하라고도 했다. 알 수 없는 일이다. 젊음의 혈맥을 깨끗하게 관통하는 의미, 인생에 진한 아름다움을 더하는 개념을 왜 축소시키고 숨겨야 하는지 정말 알 수 없는 일이다.

야망은 스스로를 점화하는 힘이다. 삶과 역사에 눈뜨게 하는 자각의 기(氣)이며, 삶에의 안주로부터 자신의 영혼을 지켜내는 위대한 의지다. 인간의 운명을 결정지어온 이들이 범인(凡人)과 다른 점은 그들의 지성도, 힘도, 해탈의 경지에 이른 사상도 아니며 오직 더욱 원대한 야망 하나뿐이라고 오리아나 팔라치(O. Fallaci)는 《역사와의 대담》에서 말했다. 만일 그런 소중한 가치를 숨겨야만 하는 사회가 존재한다면 나는 얼마든지 불복종할 용의가 있다. 꿈을 꾸며 지키는 일은, 또한 꿈을 당당히 선언하고 자랑스럽게 여기는 일은 결코 건방짐도, 교만함도 아니라고 믿기 때문이다.

"아이고, 스타가 내 뒤에 앉아 있었네. 반가워요, 홍 군. 나도 예일대에서 경제학 석사학위를 받았지."

"아, 네. 안녕하십니까?"

나이가 지긋하신 어른이 축하인사와 함께 읽고 있던 사설을 건네주신다. 도올 선생이 대통령에게 쓴 글이다.

"한 번 읽어봐요. 참 시원스레 글을 쓰는 사람이지. 배울 게 많을 거야. 홍 군 같은 젊은이들이 더 많이 배워야지, 안 그래요?"

"감사합니다."

노도처럼 토해낸 김용옥 씨의 글이 짧은 순간 내 눈과 의식을 치고 든다. 참으로 대단한 사람이다.

"칭찬과 격려를 받음은 빚을 지는 일인 게야. 겸손한 마음으로 계속 열심히 해서 나라를 위해 좋은 일 많이 해야 해요."

"명심하겠습니다."

한두 해 전까지만 해도 나는 '행복'이라는 말을 사용하기를 거부했다. 왠지 이기적이고 왜소하며, 혐오스러운 아기자기함으로 가득 찬 낱말 같았다. 삶의 목표를 '개인적인 행복'이라고 스스럼없이 말하던 동료들을 무척이나 경멸했던 기억도 있다. 보다 굵고 위대한 뜻을 위해 살아가야 한다고 생각했다. 물질적·정신적 행복을 추구하기 위한 삶보다는 좀더 원대한 존재의 테두리가 있을 것이라고도 생각했다. Aut Caesar, aut nihil, 시저의 야망이 아닐 바에야 아무것도 필요없다는 보르지아(Borgia)의 기상은 '행복'이라는 비남성적(?)인 감상과는 무관할 거라는 생각마저 해봤다.

그러나 그런 사색을 통해 나 역시 개인적인 행복을 추구해 왔고 추구해 가고 있는지도 모를 일이다. 단지 포장만 크게 되어 있을 뿐 나 또한 행복한 삶을 살아왔고, 또 살아가려 하고 있는지도 모를 일이다. 삶과 역사에 사명감을 느낀다는, 내가 받아온 사랑과 축복을 베푼다는, 언뜻 듣기에 공적인 야망을 성취함으로써 나의 독특한 개인적 만족을 충족시키려 하는 것은 아닌지. 행복을 수중에 넣는 유일한 길은 행복, 그 자체를 삶의 목적으로 생각하지 않고 행복 이외의 다른 것을 삶의 목적으로 삼는 것이라는 존 스튜어트 밀(J. S. Mill)의 충고는 내 경우에 적합한 말일지도 모른다.

치노 바지에 청록색 남방을 단정하게 차려 입은 남학생이 복도 건너편 좌석에서 몸을 비비 꼬아대고 있다.

"무슨 학교 다녀요?"

"C 고등학교요."

C 고등학교라면 내 모교와 가끔 축구시합을 벌였던 사립 학교이다.

"정말? 난 초우트 나왔어요."

"……"

"방학이라 집에 돌아가게 되어 좋겠네요."

"별로요……. 엄마한테 끌려가는 거예요. 미국이 더 재미있는데……."

"그래? 아주 대범한 사람인가 봐요."

"대범한 사람이요? 엄마가 억지로 보내놓고는 이젠 또 무조건 들어오래요."

그는 더 이상 내 질문에 답변하기가 귀찮은 듯 헤드폰을 꺼내 꽂는다. 가족도 보고 싶지 않고, 별다른 유학의 뜻도 없고, 무엇보다도 고향보다 미국이 더 좋다니……. 나도 요즘 놈이지만 요즘 아이들 많이 달라졌다는 생각이 든다. 유학이란 말에 안락이 더해 핑크빛마저 도는 느낌이다. 그러나 씁쓸한 기분을 감출 수가 없다.

나는 꿈 하나에 매달려 살아왔고 지금도 살아간다. 즉 나는 내가 꾸는 꿈에 의해 존재한다. 스스로 남보다 뛰어나다고 믿는 것은 교만이지만, 남보다 뛰어날 수 있을 것이라고 믿는 것은 야망이다.

내게 칭찬과 꾸중을 가하려는 모든 사람들을 만나기 위해 서울행 비행기에 올랐다. 그러나 아직 끝난 것은 없기에 지나친 찬사와 질책 모두를 거부하려 한다. 그리고 생(生)의 순간순간을 살아 숨쉬려는 나의 포부를 당당히 말할 것이다. 전진하고픈 꿈을 부끄러워해야 할 필요는 조금도 없다.

이제 나는 내 삶의 3막을 올릴 것이다. 나 자신의 결정에 의해 올려졌던 1막과 2막이지만 하나님의 축복과 주위의 사랑에 의해 지켜지고 이끌어져왔다. 그런 내 성장의 이야기들을 남김없이 털어놓을 것이다. 그리고 다시는 그 시간에 대해 얘기하지 않으려 한다. 툭툭 털어내고 새로이 약진하기 위함이다. 더욱 높이 뛰어오르기 위함이다.

到頭天命有歸處 泥中幡龍向天飛
끝내 하늘의 명이 돌아가는 곳이 있어
진흙 속에 서린 용이 하늘을 향해 오르리라.

— 삼국지(三國志)

유학을 결심하다

사람의 운명은 사소한 사건, 우연한 만남에 의해 결정되는 미묘한 것이라는 생각이 든다. 여러 갈래로 뻗어 있는 삶의 길, 하나를 선택하게 하는 것은 길 저쪽에서 반짝이는 이파리 하나, 혹은 희미한 휘파람 소리 정도일지도 모른다. 그러나 그 유혹에 끌려들어온 우리는 또 다른 이파리 혹은 휘파람 소리를 찾아 두리번거리는 순간, 이미 삶이라는 여로에 깊숙이 들어와 있는 자신을 발견하게 된다. 그리고 물러설 수 없는 행보를 계속해 나간다. 자신이 가고 있는 삶이 어떤 모습인지 알지 못한 채.

그라함 그린(G. Greene)은 저서 《권력과 영광》에서 '모든 유년기에는 문이 열리고 미래가 들어서는 한순간이 항상 있게 마련' 이라고 했다. 내 삶의 문이 열리고 미래가 들어선 순간은 초등학교 2학년 여름 방학 케네디(J. F. Kennedy)를 알게 되면서였다. 위인전기를 뒤적이던 나는 우연히 《만인의 연인, 케네디 대통령》이라는 제목의 책을 발견하게 되었다. 대통령이 연인이라니, 이상한 제목이 아닐 수 없었다. 공포와 경외의 대상으로서, 사람들이 이름조차 부르기 꺼려하던 국가원수가 내가 알고 있던 대통령의 모습이었기 때문이다. 그러나 이 같은 의문은 책을 읽어 내려가며 받은 충격에 비하면 사소한 것에 불과했다. 코흘리개 시절부터 귀가 닳도록 들어온 아버지의 가르침이 있다.

"남자는 역사에 큰 획을 긋는 인물이 되어야 한다. 그러기 위해서는 완벽한 삶을 살아야 한다."

그 완벽한 삶이 책 속에 있었다. 학벌, 외모, 가정에서 완벽한 조건을 갖추었을 뿐만 아니라 젊음과 용기, 그리고 아름다운 부인까지 있었으며, 영웅은 주로 요절하는 이들 중에 있다는 릴케(R. M. Rilke)의 시처럼 죽음마저 영웅적인 시간과 상황에서 맞이한 그가 나에게는 인간으로 화한 신의 모습으로 여겨졌다.

케네디를 발견한 나는 '평범한 일상'을 거부하고 '완벽한 삶'을 추구하고자 결심했다. 어린 나이에 나의 삶을 기획할 수 있음이 기뻤다. 출발부터 내 진로를 조형해 나갈 수 있음은 케네디처럼 될 수 있는 가능성을 그만큼 높여주는 것이 아닌가. 즉 나에게는 완벽해질 수 있는 완벽한 가능성이 있었다.

중학교 2학년 때, 나는 하교 길에 가끔씩 학교 앞에 있는 서점에 들러 책들을 샅샅이 훑어보곤 했다. 그날도 여느 때처럼 서점 구석구석을 살피던 중 눈에 익은 책들 사이로 시선을 잡아끄는 제목이 있었다.
《무서운 아이들》.

그것은 젊은이들의 유학 체험담이었다. 그리고 그 첫 장은 김병국 씨의 하버드(Harvard) 유학 수기였다. 각고의 노력 끝에 성지 예루살렘에 도달해 "mirabile, mirabile"이라고 외쳤던 시인의 흥분이 그런 것이었을까. 마치 눈앞을 가리고 있던 안개가 빠르게 흩어지는 듯했다. 케네디의 모교, 하버드라는 이름과 함께 '완벽한 삶'을 향한 나의 동경이 다시 한 번 불타기 시작했다. 더군다나 그 꿈은 이제 환상이 아니었다. 나와 똑같은 한국인이 이미 이룩한 현실이었다. 나는 글을 읽으며 꿈을 되찾은 희열과 함께, 개척자로서의 영예를 빼앗긴 듯한 초조감마저 느꼈다.

하버드. 내 도전의 대상이 결정되었다. 이제 하늘이 무너져도 그 도전을 받아들여야만 했다. 물론 그것은 열다섯 살의 소년에게 예사로운 결정은 아니었다. 나에게는 삶을 계획하는 지혜도, 현실을 파악하는 감각도 없었다. 다만 꿈에 매달려야 한다는 본능적인 사명감만이 있을 뿐이었다. 그러나 그 사명감은 시간이 흐를수록 비장한 각오로 바뀌었고, 나는 이미 유학을 가느냐 마느냐의 고민이 아닌, 어떻게 부모님에게 내 결심을 말씀드릴 것인가의 고민을 하고 있었다.

우선 아버지를 내 편으로 만들어야 했다. 어렸을 때부터 아버지는 나를 데리고 곧잘 목욕탕에 가시곤 했다. 그곳에서는 누구의 방해도 받지 않고 이야기할 수 있었고, 약속 등을 핑계로 대답을 뒤로 미룬 채 자리에서 일어날 수 없었다. 일정한 시간을 함께 머물러야만 하는 곳, 목욕탕은 내 결심을 아버지에게 말씀드리기에 가장 알맞은 장소였다.

"아버지, 드릴 말씀이 있습니다."

나는 조심스레 이야기를 꺼냈다.

"아버지, 저 지금 유학 가고 싶습니다. 그래서 꼭 하버드대학에 들어가겠습니다."

아무 대답이 없었다. 아버지의 굳어진 표정, 그리고 침묵……. 나는 신경을 귀에 집중한 채 아버지의 대답을 기다렸다. 벽면에는 수증기로 인해 생긴 막 위로 주황 불빛이 물소리와 함께 반사되고 있었다. 이따금씩 자신의 무게를 이기지 못한 물방울이 벽을 타고 주르륵 미끄러져 내렸다. 한참 만에 아버지께서 조용히 말씀하셨다.

"그래, 한 번 진지하게 생각해 보자."

내게 있어 기다림이란 준비의 시간을 의미했다. 그날 이후 나는 학교 공부를 뒷전으로 미룬 채 TOEFL 책을 사다가 무조건 암기하기 시작했다. 마침 우리 집 위층에 영어를 잘 하는 친구가 살고 있었다. 나는 틈만 나면 그 녀석을 불러 영어로 이야기를 하곤 했다. 어릴 때부터 외국인들과 자주 접촉해 영어에 대한 생소함이 없었기에 간단한 인사말 정도는 쉽게 할 수 있었다. 특히 친구와 회화를 나눌 때에는 나의 짧은 실력으로도 의사 소통이 가능할 것 같았다. '내가 영어에 소질이 있구나' 하는 자만에 빠지기도 했다.

아버지께 말씀드린 지 일주일쯤 지났을 때였다. 부모님은 줄곧 내 유학 문제를 두고 상의하시는 눈치였다. 하루는 한밤중에 화장실을 다녀오며 안방에서 부모님이 다투시는 소리를 듣게 되었다. 내 유학 문제 때문에 언쟁을 벌이시는 것 같았다. 잘 들리지는 않았지만 "한국에서 공부 잘 하고 있는 아이를 왜 보내느냐"는 소리도 들렸고, "집안의 종손"이라는 무거운 단어도 들렸다. 칠흑 같은 밤에 살얼음판을 딛고 서 있는 것 같은 심정으로 나는 방으로 돌아왔다. 도무지 잠을 이룰 수 없었다. 그 후로도 며칠 간 지루한 기다림은 계속되었다. 그러던 어느 날 드디어 아버지께서 결정을 내리셨다.

"유학은 대학에 입학할 때쯤으로 미루자."

첫 번째 난관이었다. 나는 수용할 수 없었다. 이미 마음속으로 결정을 내렸기 때문이었다. '나는 내 운명의 주재자요, 내 영혼의 주인' 이라는 윌리엄 헨리(W. Henley)의 말도 있지 않은가. 차선은 있을 수 없었다. 한번 가겠다고 마음먹은 만큼 무슨 일이 있어도 가야만 했다. 5등 아래로는 결코 내려가본 적이 없었던 내 성적이 모의고사 결과 10등 아래로 뚝 떨어져버렸다. 그러나 'all or nothing' 이란 각오를 한 나에게 기적적으로 도움의 손길을 내민 사람이 있었다. 어머니의 친구이자 하버드 동문인 김정원 박사였다.

"정욱이는 가도 됩니다. 제가 보니 미국에서도 충분히 잘 해나갈 수 있는 아이예요. 여기보다 더 큰 무대에서 더 많은 것을 배우게 하십시오. 제가 책임지고 보증하겠습니다. 믿어보십시다."

10만 대군도 그보다 믿음직할 수는 없었다. 30여 년 전에 하버드를 졸업하고 당시 뉴욕에서 변호사로 일하고 계시던 김정원 박사의 강력한 지원은 부모님의 마음을 다시 흔들어놓기에 충분했다. 또다시 밤마다 부모님 방에서는 큰 소리가 나기 시작했다. 그러나 드디어 '한번 긍정적으로 검토해 보자' 는 결론이 내려졌고, 그 다음 날에는 '구체적인 사항을 먼저 알아보기로 하자' 는 계획이 세워졌다.

당시 어머니가 영주권을 갖고 계셨으므로 미국에 가는 데에는 어려움이 없었다. 그러나 출국 준비를 하던 6월 초, 미국 내 명문 고등학교들이 이미 입학심사를 마감했다는 소식을 듣게 되었다. 청천벽력과도 같은 소식이었다. 두 번째 난관이었다. 나는 이번에도 역시 '1년 후에 가느니 차라리 유학을 포기하겠다' 고 으름장을 놓으며 앓아 누웠다. 부모님이 최종 결정을 내리셔야 했다. 합격은커녕 지원 가능 여부조차 불투명한 상황에서 드디어 부모님은 열다섯 살 소년의 출사표를 승인하기로 결심하셨다.

'운명은 기회의 문제가 아니라 선택의 문제이다. 기다리는 것이 아니라 성취하면 되는 것이다' 라는 윌리엄 제닝스 브라이언(W. J. Bryan)의 말대로 나는 내 운명을 스스로 선택했다는 만족에 들떠 있었다. 출국일은 6월 22일, 유학에 관심을 갖게 된 지 한 달, 그리고 구체적으로 논의하기 시작한 지 단 일주일 만이었다.

"너희들, 미쳤니? 한국에서도 공부 잘 하고 있는 애를 왜 미국으로 보내? 마약, 폭력, 그런 얘기도 못 들었니? 아주 애 망치려고 작심을 했구나."

"정욱이는 홍 씨 가문의 종손이다. 미국 갔다가 금발머리에 파란 눈의 아가씨를 만나 결혼이라도 하겠다고 나선다면 어떻게 할 테냐? 안 된다! 내 눈에 흙이 들어가기 전에는 절대 못 보낸다!"

"정욱이처럼 우수한 학생을 미국에 보내다니요. 안 됩니다. 교사로서 저는 절대 반대합니다."

집안 어른들과 학교 선생님들을 비롯해 주위의 모든 분들이 유학을 반대하셨다. 세 번째 난관이었다. 당시만 해도 어린 나이에 유학을 가는 예가 드물었고, 조기 유학이 성공한 예는 더욱 드물었기 때문이다. 몇 날 며칠을 부모님은 나를 설득하라는 주위의 압력에 시달리셨고, 부모님 또한 그 분들을 설득하느라 진땀을 흘리셨다.

나는 아직도 무엇 때문에 부모님이 나의 유학을 승낙하셨는지 알지 못한다. 나 못지 않은 포부를 가지셨기 때문이었는지, 아니면 내 성공에 자신이 있으셨기 때문이었는지 모르겠지만, 어떤 이유에서건 일단 나를 유학 보내기로 결정하신 부모님은 유학을 적극적으로 지원해 주셨다. 부모님의 용기와 선견지명에 감사할 뿐이다.

그러나 철없던 내가 부모님의 고뇌와 각오를 알 리 만무했다. 유학의 꿈에 부푼 나는 공부에 대한 결의나 준비보다는 멋들어진 이별 장면을 구상하는 데 여념이 없었다. 내 가슴은 젊은 포부와 개척의 길을 떠나는 듯한 영웅의식으로 충만해 있었고, 어떤 슬픔도 들어설 틈이 없었다. 이제 중요한 일은 남자답게 떠나는 일뿐이었다.

마지막 인사를 하고 떠나던 날, 나는 여학생이 수줍게 전해준 편지를 거침없이 찢어버렸고, 울먹이며 작별 인사를 하던 벗들에게 눈길조차 돌리지 않았다. 그리고는 교문 밖까지 한 번도 돌아보지 않고 무심하게 걸어나왔다. 나는 그런 내가 무척 남자답다고 생각했다. 의기양양하게 떠난 그 교정이 몇 달 후 얼마나 그립고 소중하게 느껴지던지.

열다섯 살 소년의 영웅심은 공항에서도 유감없이 발휘되었다. 김포공항에서 십자가를 손에 쥐어주던 아버지, 공항까지 나오셔서 "꼭 가야 되냐?"며 눈물을 글썽이시던 할아버지, 그리고 10명도 넘게 나와 웅성대며 껴안고 울며 난리를 치던 친구들과 친지들……. 그 속에서 그 소란을 빚어낸 장본인은 모든 것이 부끄러워서 견딜 수가 없었다.

'도대체 왜들 이러나? 이해할 수가 없네.'

모두가 슬퍼하는 가운데 나 홀로 이방인처럼 서 있었다. 드디어 공항 출국실의 문이 열리고 나는 눈앞에 열린 미지의 길을 향해 성큼 첫발을 내딛었다. 가방에는 친구가 준 《윤동주 시집》과 《무서운 아이들》, 그리고 영영(英英)사전만 달랑 들어 있었다. 가족과 친구들의 사진은 혹시나 보고 싶어질까 봐 한 장도 넣지 않았고, 서울이 기억날 만한 어떤 것도 가져가지 않았다. 1985년 6월 22일, 서울은 햇살이 따가운 초여름이었다.

케네디의 모교

"대단히 죄송합니다만, 저희 학교에는 이 학생을 입학시킬 수 없습니다."

갈색 머리에 푸른 눈, 깡마르고 날카로운 눈빛의 초우트 로즈마리 홀(Choate Rosemary Hall) 입학처장은 정중한 태도를 보였지만 그의 표정에는 가당치도 않다는 기색이 역력했다. 하긴 당연한 대답이었다. 몇 마디 인사말을 제외하고는 비행기 속에서 열심히 암기한 문장 하나가 자신 있게 구사할 수 있는 영어의 전부였던 내게 입학이 허락된다면 그것이 오히려 말도 안 되는 일이었을 것이다. 당초 첫 방문에서 입학 결정이 내려질 것이라고는 기대하지 않았지만 입학 절차나 자격 요건, 입학 준비 등에 대한 조언 정도는 듣게 될 것으로 기대했는데, 그는 칼로 베듯 잘라 말하는 것이었다.

어머니가 간절한 어조로 뭔가를 길게 설명하시고, 이어 김정원 박사도 한동안 설득하는 듯한 어조로 그와 이야기를 나누셨다. 오가는 대화의 내용은 알 수 없었지만, 기대했던 대로 풀리고 있지 않는 것만은 분명했다. 나는 어머니가 내게 암기하게 한 문장을 언제쯤 그의 앞에서 암송해 보이면 좋을지 몰라 눈치만 보고 있었다. 한국에서 갖고 온 추천서, 학교 성적표, 이력서를 제출하고 거기다 고위층 인사에게서 직접 받은 추천서까지 내보였다. 나는 지금이 내가 나설 때라고 판단하고, 암기했던 문장을 자신 있는 목소리로 또박또박 암송했다.

"나를 받아주지 않는다면 당신은 반드시 후회하게 될 것입니다."

그러나 무의미한 눈빛으로 나를 한 번 흘깃 쳐다보는 것으로 그의 반응은 끝이었다. 고위층 인사의 추천서도 대수롭지 않게 여기는 눈치였다. 다시 한동안의 끈질긴 설득이 이어졌다. 이화여대 영문과 출신으로 처녀 시절 노스웨스트(Northwest) 항공사에서 스튜어디스로 일하셨고, 결혼 후에도 많은 외국인 친구들과 교류해 온 어머니의 유창한 영어가 빛을 발하기 시작했다. 설득은 한 시간이 넘게 계속되었다.

"알았습니다. 그러면 대안을 제시하겠습니다. 우선 영어부터 익히도록 하십시오. 제가 전에 근무했던 학교의 서머스쿨을 소개해 드리겠습니다. 영어과목에서 모두 A학점을 받으면 그때 저와 다시 이야기하는 걸로 합시다."

마치 대단한 인심이라도 쓰는 듯, '서머스쿨 후 한 번 생각해 보겠다'고 이야기하면서도 그는 '불가능'이라는 낱말을 떠올리고 있었는지도 모를 일이었다.

외부 세계란 사람들의 심리와 얼마나 무관한 것인가. 마음이 가난할 때일수록 평범한 일상과 사물은 한층 더 따사롭게 빛나고, 거리를 거니는 사람들의 얼굴도 더할 수 없이 평화로워 보이지 않는가. 참담한 심정으로 걸어나오며 바라본 초우트의 교정, 그것은 경이롭고 신성한 유혹이었다. 끝없이 펼쳐진 6월의 잔디밭은 눈에 보이는 모든 것을 녹색으로 물들이는 듯했고, 세월의 무게가 느껴지는 붉은 벽돌 건물들은 담쟁이 넝쿨로 뒤덮여 한 폭의 유화를 보고 있는 듯한 착각을 불러일으킬 지경이었다. 펄시 셸리(P. Shelley)가 사랑한 정적, 창공을 찌르는 뾰족한 교회탑과 그 위로 쏟아져내리는 햇살, 당대의 건축가인 페이(I. M. Pei)가 설계한 예술관의 위용, 어디선가 들리는 테니스 공의 경쾌한 울림…….

그러나 무엇보다도 나를 사로잡은 것은 입학처 입구에 당당히 자리한 케네디의 흉상이었다. 청동으로 조각된 나의 영웅은 시간과 공간의 먼 간격을 뛰어넘어, 한국에서 온 소년에게 묻고 있었다.

'삶을 이끌어갈 준비가 되어 있는가? 야망을 펼칠 용기가 있는가? 누구보다도 멋지게 역사 속으로 뛰어들 자신이 있는가?'

케네디의 모교인 초우트 외의 다른 학교는 알아볼 필요도 없었다. 이곳이야말로 어떤 대가를 치루고서라도 꼭 들어가야만 하는 미래의 내 모교였다. 나처럼 한 인물에 대한 맹목적인 동경만으로 학교를 선택한 사람이 또 있을까. 그러나 미국의 고등학교는 학교에 따라 교육의 질과 제반 여건 등에 있어서 현격한 차이가 있으므로 학교를 선택할 때에는 신중한 사전 검토가 필요하다는 점을 강조하고 싶다. 미국의 고등교육에 관한 구체적인 설명은 뒤로 미루고, 여기서는 내가 왜 서부가 아닌 동부를 교육의 근거지로 선택했는지에 대해 간략히 언급하고자 한다.

첫째, 미국의 명문 사립 고등학교들은 대부분 동부지역에 집중되어 있다. 당시 나의 목표는 하버드대학에 입학하는 것이었으며, 이를 위해서는 우선 동부의 명문 사립학교를 거치는 것이 유리했다. 그 중에서도 초우트는 케네디의 발자취를 느낄 수 있는 곳이 아닌가.

둘째, 전통이라는 측면에서 아직 동부와 서부의 교육은 큰 차이가 있다. 물론 서부와 중부, 남부에도 좋은 사립학교들이 많이 있다. 더욱이 서부는 신(新)경제의 중심이며, 교육에 대해 지속적인 투자가 이루어지고 있는 곳이다. 그러나 전통이란 노력한다고 해서 단기간에 창조해 낼 수 있는 것이 아니지 않은가. 오랜 전통에서 우러나는 권위는 서부의 학교들이 아직 소유할 수 없는 동부만의 특징이다.

학교를 둘러싸고 있는 문화적 분위기 또한 무시할 수 없는 요인이다. 마치 미국과 영국의 문화가 전통과 역사의 측면에서 본질적인 차이를 내포하고 있듯이, 동부와 서부의 문화적 배경에는 아직 극복하기 힘든 많은 차이점들이 있다. 물론 어느 쪽을 선호하느냐 하는 문제는 개인의 취향에 달려 있다. 그러나 나에게는 전통과 연륜을 중시하는 동부의 사립학교가 훨씬 매력적으로 느껴졌다.

짙푸른 잔디밭을 양편으로 가르며 길게 뻗은 보도 위로 6월의 햇살이 흩어져내리고, 그 길을 끝까지 걸어나오도록 어머니는 한 마디도 하지 않으셨다. 이미 아들 앞에 놓여질 고통의 시간을 감지하셨기 때문인지도 모른다. 소유할 수 없다고 느껴지는 순간부터 차오르는 집착 같은 것이었을까? 풀밭 위에 앉아 담소를 나누는 초우트 학생들의 모습에 무한한 부러움을 느끼면서도 나 역시 아무 말도 하지 못한 채 교정을 나섰다.

김포공항을 떠나 미국으로 향하는 기내에서도 나는 어머니와 달리 너무도 태평했다. 불만이라면 양식으로만 계속 나오는 기내식이 맛이 없어 참을 수 없다는 정도였다. 문제될 것은 아무것도 없었으며, 나는 어느 누구보다도 내 소년기의 꿈에 충실하고 있었다. 내게는 그저 가슴속에 품어온 세상으로 나를 인도할 하버드의 환상만이 창밖으로 내려다 보이는 바다 위에 신기루처럼 펼쳐지고 있었다.

나의 설렘과 희망은 초우트를 방문하기 전날 들른 뉴욕의 UN(the United Nations) 빌딩 앞에서 최고조에 달했었다. 미국에서 맞이한 첫날, 어머니는 나를 UN 빌딩으로 데려가셨다.

"여기가 바로 UN이다. 평화를 희구하는 인류 이상의 상징이지."

서울에서 시계추처럼 학교와 집만을 오가며 지냈던 내게 그날 밤 처음 대한 뉴욕의 마천루, 찬란한 야경은 앞으로 내 삶을 가득 채울 영광과 행운을 암시하는 신호탄처럼 느껴졌다. 그날 밤, 나는 낮보다 더 밝은 맨해튼의 거리에서 여러 장의 사진을 찍었다. 당시의 사진들이 보관되어 있는 낡은 앨범을 펼치면 그때의 촌스러운 모습, 어리석은 만용에 쓴웃음을 짓다가도 가슴 한 구석이 설레는 것을 느낀다.

어머니와 함께 지냈던 마지막 밤, 나는 문득 잠에서 깨어 주변을 둘러보았다. 아련한 추억이 떠올랐다. 어린 시절, 무서운 생각에 밤잠을 이룰 수 없을 때에는 베개를 품에 안고 2층 내 방에서 아래층으로 달려 내려가 안방 문을 두들기곤 했다. 단숨에 뛰어내려간 계단이 그때는 왜 그리도 길게 느껴졌는지. 안절부절못하며 문 앞에 서 있던 나를 부모님은 언제나 따뜻하게 맞아주셨다.

내가 그런 기억을 떠올렸을 때, 어머니는 책상 앞에 앉아 일기를 쓰고 계셨다. 나는 그제서야 어머니가 비행기를 탔을 때부터 꼬박 이틀 동안 눈을 붙이지 않고 있다는 사실을 깨달았다. 미국에 도착한 지 하루 만에 학교로 향해야 하는 아들, 아마도 어머니는 밤새워 어둠을 지키는 파수꾼의 심정으로 아들의 불안한 미래를 응시하고 계셨던 것이리라.

수도원의 여름

초우트 입학처장이 추천한 학교는 로드 아일랜드 구석에 깊숙이 숨어 있는 남학생들만의 학교인 포츠머스 애비 스쿨(Portsmouth Abbey School)이었다. 예이츠(W. Yeats)의 《욕망의 땅》이 절로 연상되는 적막에 싸인 수도원. 사방 20마일 반경 안에는 인가라고는 찾아볼 수 없는 허허벌판의 한가운데에 위치한 그곳은 천형의 땅과 같은 느낌을 주었다.

"모르는 것이 너무 많아서 어디서부터 가르쳐야 될지를 모르겠습니다."

나를 지켜본 애비 스쿨 ESL(English as a Second Language) 지도교사의 첫 반응이었다. 어머니는 그녀와 몇 마디 이야기를 나눈 뒤 짧은 격려의 말씀을 남기고 뉴욕으로 떠나셨다. 애비 스쿨에 어린 아들만 남겨두고 떠나시는 당신의 마음도 무거웠을 것이다. 다만 아들 앞에서 여린 모정을 보이고 싶지 않으셨던 것이리라. 어쨌든 나는 생전 처음으로 완전히 홀로 남겨지게 되었다.

8년 동안의 미국 체류 기간 중 가장 고된 시간이 시작되었다. 담요 하나뿐인 딱딱한 침대, 썰렁한 방. 그러나 적응하기 가장 힘들었던 곳은 식당이었다. 다들 한자리에 모여 떠들며 웃다가 때론 다투기도 하는 식사시간이면 나는 철저히 소외될 수밖에 없었다. 그들의 즐거움, 그들의 갈등, 그리고 그들의 모든 일상이 내가 알아들을 수 없는 그들의 언어로만 빚어지고 있기 때문이었다.

"Hey, where are you from?"

"……."

"Can you speak English?"

"……."

그때 그들이 내게 던진 몇 가지 질문은 지금도 내 기억의 한 구석에 묻혀 있다가 이따금씩 되살아나곤 한다. 물론 당시 나는 한 마디도 대답하지 못했다. 나를 둘러싼 모든 것들이 그저 낯설게만 느껴질 뿐이었다.

애비 스쿨에서의 둘쨋날 점심때였다. 한 아이가 성큼성큼 다가와 태권도의 대련 폼을 잡은 채로 몇 마디를 내뱉었다. 한판 해보자는 이야기일까? 태권도나 무술을 할 줄 아느냐는 이야기일까? 주변이 조용해지며 아이들의 시선이 내게 집중되었다. 나는 일단 후자 쪽이기만을 바라며 낮은 목소리로 대답했다.

"Yes!"

흠칫 놀라는 기색이 아이들의 표정 위로 스쳤다. 시선이 다시 녀석에게 모아졌고 그는 머쓱해진 표정으로 슬그머니 돌아가 버렸다. 아이들은 더 이상 아무 말 없이 식탁으로 돌아가 앉았다. 그 후로 나를 보는 아이들의 시선이 많이 달라진 것을 느낄 수 있었다. '동양'이라는 단어가 전하는 신비로운 인상과 나의 대책 없는 대답이 그들에게 나를 동양무술의 달인이기라도 되는 것처럼 여기게 한 모양이었다.

하루 종일 말 한 마디 없이 지내는 날이 계속되었다. 혼자서 식사하고, 혼자서 기숙사로 돌아와, 혼자서 책을 읽다가는 잠이 들었다. 내가 할 수 있는 일이라고는 당연히 공부밖에 없었다. 아침 7시에 눈을 뜨면 수업이 시작되는 9시까지 예습을 했다. 그리고 9시에서 오후 2시까지 수업, 3시에서 6시까지는 축구 연습(운동은 필수과목이었다), 6시에서 7시까지 저녁식사, 7시에서 9시까지는 자율적인 단체 학습 시간, 그리고 9시가 지나 기숙사 방으로 돌아오면 매일 밤 1~2시까지 복습을 했다. 책을 읽다 보면 한 페이지에서 모르는 단어가 무려 100여 개나 나오는 경우도 있었다. 문법, 작문, 회화……. 초우트에서는 그 세 과목에서 모두 A를 받으면 그때 다시 이야기해 보자고 했는데, 내 실력으로는 A는커녕 교과서를 읽는 것조차 불가능했다.

엎친 데 덮친 격으로 그때 내가 갖고 있던 사전은 영영사전이었다. 한국에서 도대체 누가 영어는 영영사전을 보며 공부해야 한다고 조언했던가? 모르는 단어 하나를 찾으려고 영영사전을 펼치면 10개도 넘는 모르는 단어로 설명이 되어 있었다. 한 페이지를 읽기 위해 100번도 넘게 사전을 펴들며 나는 그 사람을 원망하고 또 원망했다.

'입학이 안 되면 한국으로 다시 가야 하는데, 뒤도 안 돌아보고 나온 교정으로 어떻게 돌아가나? 아이들은 나를 보고 뭐라고 할까?'

나는 시계의 초침 소리가 들릴 때마다 식은땀을 흘렸다. 그러나 여기서 물러선다는 것은 어린 내 자존심으로도 받아들일 수 없는 일이었다. 낮에 몇 시간씩 운동장을 달려 물에 젖은 솜처럼 늘어진 몸을 이끌고 나는 다시 책상 앞에 앉았다. 공부, 공부, 또 공부……. 그러나 그처럼 쉬지 않고 나를 몰아치는데도 가족과 친구들에 대한 그리움은 날이 갈수록 깊어만 갔다.

어머니
이 세 글자를 쓰는 데 30분이 걸렸습니다. 도저히 글을 쓸 수가 없습니다. 오늘밤 미국에 와서 처음으로 눈물을 흘렸습니다. 울지 않으려 했지만 도저히 참을 수가 없었습니다. 다 때려치우고 한국으로 가고 싶은 심정입니다. 초우트고 하버드고 다 그만두고 어머니, 아버지, 성아 누나, 나리, 친구들, 그리고 내 학교가 있는 우리나라로 돌아가고 싶습니다. 어머니, 이 시련이 언제쯤 끝이 날까요? 힘이 듭니다. 혼자 있는 것에 결코 익숙해지지가 않습니다.

어머니에게 썼다가 차마 부치지 못하고 서랍 속에 넣어둔 많은 편지들 중의 하나다. 나에게 가장 힘들었던 것은 공부가 아니었다. 바로 시도 때도 없이 잔잔히, 그러나 거스를 수 없이 밀려드는 향수였다. 샤워를 할 때나 글을 읽을 때, 혹은 잠자리에 들 때 순식간에 퍼져오는 숨막히는 그리움이었다. 여린 감상을 속으로만 씹어삼켜야 했으므로 나는 더욱 고통스러웠다. 선생님이나 학우들에게 의지할 수도, 어머니에게 전화를 걸어 위로를 받을 수도 없었다. 견디기 힘들면 고향으로 돌아갈 수 있다는 선택의 여지가 없었음은 물론이다. 내게는 고독이나 방황 같은 감상을 누릴 여유가 없었다. 싸늘한 새벽 기운에 눈을 뜨면 지난 15년 간 익숙해 있던 삶의 모습으로부터 너무나 동떨어진 일과에 죽을 힘을 다해야 할 의무만이 기다리고 있었다.

'감상에 젖는 일보다 중요한 할 일이 너무 많다.' 찰스 램(C. Lamb)은 그의 벗 콜리지(S. Coleridge)에게 보낸 편지에 이렇게 썼다. 나에게는 고독을 이겨낼 힘도, 그리움을 즐길 지혜도 없었으며 오직 참아내야 한다는 의무감과 의지만이 있었다. 향수 탓에 방황하는 허영은 하버드에 입학한 4년 뒤로 미뤄두어야만 했다. 수도원에서의 여름, 이 성장의 과정은 열다섯 살 소년에게 더없이 고통스러운 도전일 뿐이었다. 그럼에도 불구하고 메마른 밤과 낯선 아침은 끊임없이 되풀이되었다.

밤이다.

하늘은 푸르다 못해 농회색으로 캄캄하나 별들만은 또렷또렷 빛난다. 침침한 어둠뿐만 아니라 오싹오싹 춥다. 이 육중한 기류 가운데 자조(自嘲)하는 한 젊은이가 있다. 그를 나라고 불러두자.

나는 이 어둠에서 배태되고 이 어둠에서 생장하여서 아직도 이 어둠 속에 그대로 생존하나 보다. 이제 내가 갈 곳이 어딘지 몰라 허우적거리는 것이다. 하기는 나는 세기의 초점인 듯 초췌하다. 얼핏 생각하기에는 내 바닥을 받듯이 받들어주는 것도 없고 그렇다고 내 머리를 내려 누르는 아무것도 없는 듯하다마는 내막은 그렇지도 않다.

나는 도무지 자유스럽지 못하다. 다만 나는 없는 듯 있는 하루살이처럼 허공에 부유(浮游)하는 한 점에 지나지 않는다. 이것이 하루살이처럼 경쾌하다면 마침 다행할 것인데 그렇지를 못하구나!

— 윤동주

　그리운 모든 것들과, 낯선 곳에서 이방인으로 지내는 나를 연결시켜주는 가교는 일주일에 한 번 만날 수 있는 어머니밖에 없었다. 어머니는 주중에는 뉴욕에 머무르다가 내게 외출이 허용되는 토요일 12시에 정확하게 나를 데리러 애비 스쿨에 나타나셨다. 토요일 수업이 끝나고 정오가 가까워지면 나는 가슴 두근거리며 교정에서 서성였다. 그러다가 교문으로 어머니가 타신 검은 차가 스르르 미끄러져 들어오는 것을 보면 벅찬 환희를 느꼈다. 그러나 일요일 오후 어머니와 다시 헤어져야 하는 시간이 가까워오면 나는 아무것도 먹을 수가 없었다. 또 다른 한 주의 향수와 인고가 생각만으로도 힘에 겨웠기 때문이다.
　헤어질 때마다 어머니는 나를 꼭 끌어안고 눈물을 참으려 무진 애를 쓰셨다. 당시의 안타까움은 아직까지도 내게 상처로 남아, 요즘도 일요일 오후가 되면 왠지 모르게 가슴이 서늘하며 불안해지곤 한다. 당시 그리움이 참기 힘들어지면 곧잘 찾아가던 은밀한 장소가 있었다. 동산 너머에 숨어 있는 넓은 축구 경기장, 주로 식사를 끝내고 남은 시간에 나는 그곳으로 달려갔다.
　햇살이 쏟아져내리는 잔디밭에 누워 청초한 하늘을 올려다보면 온갖 망상이 스쳐 지나갔다. 하버드, 부모님, 집, 친구들……. 그러나 그 순간만큼은 끝없이 펼쳐진 내 젊음과 미래에 대한 환상으로 향수마저 감사하게 느껴졌다.
　어둠이 내리면 북받치는 감정을 다스리기 위해 글을 썼다. 생각나는 대로 노트에다 모두 쏟아 붓고 나면 속이 시원해졌다. 이후로도 오랜 시간 나의 성실한 벗이 되어준 펜과의 만남이었다. 그때는 아무와도 내 고난을 나누고 싶지 않았다. 물론 나눌 수도 없었겠지만. 누구를 탓하겠는가, 스스로 택한 길이 아니었던가?

지금도 쳐다보기 싫을 정도로 그때는 지긋지긋하게 통조림을 먹어 치웠다. 옥수수, 스파게티 등 시간을 아끼기 위해 통조림으로 대충 식사를 때우고는 다시 교과서를 붙잡았다. 그때 내게 큰 위안이 되었던 말씀이 하나 있다. 민영환 선생께서 하신 '공부를 열심히 하여 나라의 힘이 되어라' 라는 어찌 보면 너무나 평범한 그 말씀이 내게는 큰 힘이 되어주었다. 대다수 유학생들처럼 서투른 솜씨로 기숙사 방에 태극기를 그려 붙여놓고 나는 그 말씀에 격려받고 기운을 얻으면서 어둡고 긴 시간을 헤쳐나갔다.

미국의 귀족과 꿈의 하버드

애비 스쿨에서 지낸 한 달 반 동안에도 두 가지 즐거웠던 추억이 있다. 하나는 뉴포트(Newport)에 살고 있는 애비 스쿨 선배의 집에 초대를 받아 갔던 일이고, 또 하나는 꿈에 그리던 하버드대학을 처음으로 방문했던 일이다.

스콧 피츠제럴드(S. Fitzgerald)의 작품 중에 《위대한 개츠비》라는 소설이 있다. 어머니가 영문학을 공부할 때 가장 좋아하신 작품이었다. 한 여인에게 지극한 사랑을 바친 한 남자의 열정, 일생을 건 사랑이 죽음으로 막을 내리고 말았을 때의 허무, 아무런 일도 없었다는 듯이 남편과 식사를 즐기는 여자의 부박한 영혼, 거기에서 느껴지는 인생의 덧없음 등이 어머니를 매혹시킨 주된 요인이었을 것이다. 그러나 어머니는 그 작품에 묘사된 인물들의 생활방식에서도 깊은 인상을 받으셨던 것 같다. 어머니는 우리 남매에게 어렸을 때부터 경박한 행동을 삼가고 기품 있게 행동할 것을 강조하곤 하셨는데, 그때 어머니가 모델로 삼았던 양식은 동양적 예절이라기보다는 서구적 미풍이었던 것으로 생각된다.

뉴포트의 선배 집에서 나는 미국의 귀족사회를 처음으로 목격할 수 있었다. 뉴포트는 동부에서 가장 부유한 이들이 모여 사는 곳 중의 하나이다. 주로 은퇴한 정치가, 외교관, 재벌들이 이 지역에 살고 있는데, 롱아일랜드의 햄튼은 오래된 부자들이 많이 산다고 해서 올드 리치(old rich), 뉴포트는 신흥 부자들이 많이 모여 산다고 해서 뉴 리치(new rich)라고 불린다고 한다. 외교관이었던 재클린 케네디의 아버지가 살았다고 하여 더욱 유명해진 뉴포트에서 배를 타고 가다 보면 해변에 드문드문 늘어선 대저택들을 볼 수 있다. 관광객들에게 유료로 개방하는 집이 있을 정도로 그야말로 으리으리한 저택들이다.

문을 열고 들어가니 먼저 10미터는 족히 넘을 것 같은 높은 천장에 로코코식 샹들리에가 눈에 들어왔다. 바닥에는 붉은 카펫이 깔려 있었고 턱시도를 단정하게 차려 입은 집사가 손님들을 맞았다. 집 안에 화장실이 12개나 되었고, 방은 30여 개쯤 되었다. 하인들도 여러 명이 되다 보니 저택 밖에 하인들을 위한 집이 따로 있었고 테니스 코트, 정원, 수영장이 그림처럼 펼쳐져 있었다.

"뭘 드시겠습니까?"

할아버지뻘은 될 것 같은 집사가 어린 우리 일행에게 꼬박꼬박 'sir'를 붙이며 시중을 들었다. 식사는 정원에서 이루어졌는데 음식을 나르는 사람, 차를 따르는 사람, 음식을 덜어주는 사람 등등 손님 한 사람마다 한 사람씩의 하인이 배정되어 시중을 드는 격이었다. 식탁 건너편에는 이 집의 주인이자 우리를 초대한 호스트(host)이기도 한 더글러스 씨가 온화한 미소를 지으며 우리 일행을 바라보고 있었다.

"뭐 부족한 것은 없습니까?"

중년의 사업가인 그는 우리들을 정중하고 깍듯하게 대해주었다. 한국에서 아이들은 으레 이런 자리에서 어른들과 동석하지 못하고 따로 한방에 모여 있어야 하던 것을 생각할 때 비교되는 장면이 아닐 수 없었다. 어머니가 늘 말씀하시던 기품이 무엇을 의미하는지 이해할 수 있었다.

　뉴포트에서 가장 기억에 남는 것은 외적인 호화로움이나 부(富)가 아니라 더글러스 씨의 손짓 하나 말투 하나에서조차 은은하게 풍기던 겸손과 품격, 그리고 철저하게 몸에 배어 있는 예절이었다. 제인 오스틴(J. Austen)은 《엠마》에서 부자가 겸손해지는 것보다 힘든 일은 없다고 했다. 그러나 주위 사람들을 편안하게 감싸주는 겸손과 여유, 더글러스 씨는 그런 삶의 향기를 지니고 있었다.

　미국이 아직도 보수적인 계급사회임을 절감했던 것 또한 그날의 일이다. 세속적인 물질 문명의 대명사처럼 여겨지는 미국사회, 블루진을 입고 마리화나를 피우며 햄버거와 피자를 즐기는 사람들이 주류를 이루는 것 같지만, 한편에는 다른 계층과의 타협을 거부하고 그들만의 세계를 고집하는 견고한 상류 계층이 존재하고 있다. 가진 자와 못 가진 자는 같은 사회에서도 두 개의 국가를 이룬다고 디즈레일리(B. Disraeli)는 《시빌》에서 말했다. 이들은 같은 시대, 같은 공간에 살고 있지만 물과 기름처럼 서로 어울리지 않은 채 철저히 다른 삶을 영위한다. 그리고 평생 영원한 평행선을 이루며 살아간다.

　애비 스쿨에서 보낸 여름에 있었던 잊을 수 없는 또 하나의 추억은 하버드의 교정에 처음 가본 일이다. 어머니와 함께 보낸 첫 번째 주말에 우리는 하버드대학을 찾아갔다. 하버드는 보스턴에서 자동차로 15분 정도 거리에 있는 케임브리지라는 도시에 있다. 케임브리지는 하버드대학을 중심으로 형성된 작은 도시로 모든 생활이 하버드 스퀘어(Harvard Square), 즉 하버드대학 위주로 이루어지고 있다.

하버드대학과 그 주변 전경은 〈러브 스토리〉, 〈하버드대학의 공부벌레들〉 등을 통해서 잘 알려져 있는 그대로다. 영화의 낭만이 살아 숨쉬는 듯한 찰스 강가를 제외하면 하버드에서 느낄 수 있는 것은 오직 학문적인 권위와 시간의 연륜뿐이다.

그러나 나는 처음부터 104개나 되는 수많은 도서관, 그리고 엘리어트가(街), JFK가(街) 등 지명에까지 스며 있는 영웅들의 전설에 압도되었다. 〈하버드대학의 공부벌레들〉에 나옴직한 모습의 창백한 학생이 빵을 먹으면서 뛰어가고 있었고, 킹스필드 교수보다는 젊지만 학문적 권위로 가득 찬 교수인 듯한 이가 도서관으로 들어가는 모습도 보였다. 독서에 여념이 없는 찰스 강가의 학생들과 하버드 야드(Harvard Yard)를 점령한 자신감에 찬 얼굴들. '엘리트'라는 개념을 처음으로 절감하고 사랑하게 된 순간이었다.

가장 현명하고 뛰어난 아침의 아들들이여.
우리의 어둠에 새벽을 비추고 우리에게 도움을 주시오.
— 레지나드 헤버(R. Heber)

거리를 걷는 사람 모두가 신화의 주인공처럼 위대해 보였다. 평범한 여학생도 퀴리부인만큼이나 지적으로 보였고, 누더기를 걸친 걸인조차 디오게네스의 후예처럼 여겨졌다. 하버드 스퀘어를 걷고 있는 사람의 50% 이상이 단순한 관광객들이며, 이들의 동정을 바라고 하버드 캠퍼스에 모여드는 걸인도 많다는 사실을 알게 된 것은 나중의 일이었다. 그날 둘러본 하버드의 기억은 이후 애비 스쿨에서의 남은 기간과 초우트 입학 후의 고된 학업을 기꺼이 받아들일 수 있게 해준 원동력이 되었다.

 삶을 살아감에 있어 퇴색하지 않는 꿈을 우리는 하나씩 지니고 있다. 어떤 역경과 장애 앞에서도 무릎 꿇지 않을 수 있도록, 그리고 멈추지 않고 전진할 수 있도록 우리의 젊은 영혼을 지켜주는 진보적인 힘의 원천이 바로 그와 같은 꿈이다. 더 이상 꿈을 꿀 수 없음은 죽음을 의미하는 것이라고 엠마 골드만(E. Goldman)도 이야기하지 않았던가. 특히 나 같은 몽상가에게는 더욱 적절한 말이 아닐 수 없었다.

케네디의 뒤를 좇아서

 워즈워스(W. Wordsworth)의 작품 중에 삶과 죽음의 허망함을 봄의 아름다움, 자연의 생생한 빛깔이 스러져가는 덧없음에 비유한 훌륭한 시가 있다. 그 시를 읽고 감상을 이야기하라는 숙제에 나는 추호의 의심도 없이 '봄과 자연의 아름다움을 노래한 시'라고 당당하게 써서 제출했다. 그러나 스스로의 노력에 만족해하고 있던 나에게 돌아온 리포트에는 커다란 'X' 표가 그어져 있었다. 내 감상에 대한 선생의 코멘트가 아니라 리포트 용지 전체를 무참히 가로지르는 커다란 'X' 표, 그리고 그 밑에는 조그맣게 한 마디가 씌어 있었다.

 "Read again!"

 완전히 잘못 해석했으니 다시 읽고 써내라는 이야기였다. 봄의 아름다움을 장황하게 묘사한 것은 그 덧없음을 극명하게 대비시키기 위한 문학적 장치였다. 그런데 나는 시의 전개를 이해하지 못한 채 인생의 허무함을 노래한 시를 봄의 아름다움을 노래한 시라고 해석했던 것이다.

영어를 정복한다는 것은 시간만 투자한다고 해서 해결될 수 있는 문제가 아니었다. 또다시 나에게 큰 힘이 되어준 사람은 어머니였다. 어머니는 나를 위해 거처도 마땅치 않은 뉴욕에 머무르며 영어교사의 역할을 하셨다. 어머니도 각 과목의 교과서를 한 권씩 준비해 놓고 내용을 번역해 노트에 적어두셨다가 주말에 그 노트를 내 손에 들려보내곤 하셨다. 영문학을 전공하셨기 때문에 중학교 수준의 교과서 번역은 그리 어려운 일이 아니었을 것이다.

그러나 뉴욕, 아는 사람 하나 없는 그 거대한 타인의 도시에서 그 많은 나날을 어머니가 무엇을 하며 지내셨는지 나는 지금도 알지 못한다. 당시 어머니는 주말에 나와 함께 지내는 몇 시간을 위해 당신의 모든 시간과 노력을 아낌없이 쏟으셨던 것이다.

아들이 공부하고 있는 애비 스쿨 근처에는 기거할 곳이 없었으므로, 뉴욕에 머물다가 주말마다 몇 시간씩 차를 타고 나를 데리러오는 힘겨운 일을 반복하면서도 나를 대하는 어머니의 태도에는 따뜻한 위로와 격려의 마음이 가득했다. 또한 일주일분의 교과서를 번역한 노트를 받아가지고 돌아오는 길이면 책갈피에는 어머니가 살짝 넣어주신 편지가 들어 있어 6일 간의 새로운 인고의 시간을 앞두고 무겁게 가라앉는 나의 마음을 달래주었다.

어렵고 힘들 때일수록 하나님께 기도하는 것을 잊지 말아라. 너보다 못한 사람들이 세상에는 얼마나 많은지 생각해 보아라. 항상 주님께 감사하는 마음을 잊어서는 안 된다. 마음과 몸, 모두 주님 안에서 건강하기를 엄마는 늘 기도하고 있다.

지브란(K. Gibran)은 《예언자》에서 부모는 자식을 쏘아올리는 활이라고 표현했다. 어머니는 이미 그때 어느 누구보다 높은 과녁을 향해 강인한 활로 나를 쏘아올리셨으며, 혼신의 힘을 다해 나의 행로를 지켜봐주셨다.

애비 스쿨에서 생긴 밥을 빨리 먹는 버릇은 습관이 되어 지금은 아무리 빨리 식사해도 소화에 전혀 문제가 없다. 하지만 그 시절에는 늘 소화제를 먹어야 했다. 식사 시간이면 부지런히 식당으로 뛰어가서는 혼자 앉아서 5분 만에 식사를 끝냈다. 남은 시간에 잔디밭으로 달려가 공부를 할 욕심에서였다. 결국 밥 먹는 시간 몇 분을 제외하고는 아침 7시부터 새벽 1, 2시까지 줄곧 책을 붙들고 앉아 있었던 셈인데, 소화 기능에 문제가 생기지 않을 수 없었던 것이다.

승부욕이 강했던 나는 다른 외국 학생들보다 영어를 잘 하지 못한다는 것이 견딜 수 없을 정도로 자존심이 상했다. 물론 대부분이 영어와 유사한 언어권에서 온 아이들이기는 했지만, 결국 그들에게도 영어가 모국어가 아니기는 마찬가지였기 때문에 그들에게 지고 싶지는 않았다. 따라서 하루에 3시간씩 필수적으로 해야 하는 축구 연습도 아프다는 핑계를 대고 빠져나와 몰래 공부를 했다. 영어사전을 아예 통째로 외우기 시작한 것도 그 무렵의 일이다. 하루에 150~200 단어씩 암기해 나가기 시작한 이 시도는 초우트 시절 초기까지 계속되어 사전의 A에서 P 항목에 이르는 어휘를 거의 외우다시피 했다.

문법에는 큰 어려움이 없었으나 문제가 되는 것은 작문이었다. 영어의 구문체계는 국어와 전혀 달랐고, 형식을 맞추지 않으면 바른 작문으로 인정되지 않았다. 그래서 심혈을 기울여 쓴 나의 첫 번째 리포트는 원문을 알아볼 수 없을 정도로 상처투성이가 되어 돌아왔다. 나는 작문 리포트를 돌려받으면 선생님의 코멘트 하나하나, 단어 용법

하나하나를 모두 암기해 절대로 똑같은 실수를 하지 않는다는 것을 원칙으로 삼았다.

또한 언어는 사고의 옷이라는 새뮤얼 존슨(S. Johnson)의 조언을 가슴에 새기고 한 가지 표현을 하면서도 되도록이면 알고 있는 여러 가지 단어와 숙어를 다양하게 구사하려고 노력했다. 내가 믿을 것이라곤 무수히 외우고 연습한 단어 실력뿐이었으므로 같은 뜻이라도 일부러 어려운 단어를 사용하여 표현하곤 했는데 이것이 일종의 노력 점수를 받게 한 요인이기도 했다.

시험 문제가 내가 공부한 것과는 전혀 다르게 나온 아찔한 경우도 있었다. 그때 나는 읽고 또 읽어 외워버린 참고서적이나 교과서의 내용을 일사천리로 적어 내려갔다. 물론 시험 문제가 요구하는 것과는 여러 방향에서 어긋난 답변이었다. 그러나 노력이 가상한 탓이었을까? 고맙게도 선생님은 내게 평균 이상의 점수를 주셨다.

향수, 그리고 그것을 이겨내기 위한 지독한 공부……. 이렇게 해서 미국의 구석진 시골에서 자존심을 걸고 벌인 한 달 반 동안의 싸움은 나의 힘겨운 승리로 끝이 났다. 문법, 회화, 영작 3과목 모두 A를 받아내 초우트의 입학처장과 다시 한 번 이야기해 볼 수 있게 된 것이다. 이 조그만 기적은 어머니와 나의 합작품이었음은 물론이거니와 한국에 계신 아버지의 도움 때문이기도 했다. 당시 읽어야 했던 교재들 중 번역만으로는 그 안에 담긴 문화적 의미를 이해하기 힘들었던 포스터, 포크너, 포로스트 등의 영시 번역판을 아버지가 꼬박꼬박 구해 한국 신문기사의 스크랩과 함께 속달로 보내주셨던 것이다.

애비 스쿨에서 영어 세 코스를 모두 마친 나는 어머니가 계신 뉴욕으로 갔다. 뉴욕은 살아 숨쉬는 거대한 생명체와 같은 도시이다. 파크

아베뉴와 할렘, 번스타인과 랩이 공존하는 곳, 다양성과 생동감에 있어서 뉴욕을 따라갈 도시가 또 있을까? 그러나 초우트 측에서 애비 스쿨 성적표만으로는 아무래도 신뢰할 수 없었는지 SSAT(미국 고입 학력고사) 성적을 추가로 제출하라고 요청한데다가, 나 또한 입학 후 읽어야 할 교재를 미리 봐두고 싶었기 때문에 뉴욕의 아름다움과 활기를 경험할 여유는 없었다. 그런데 무슨 이유에서인지 마감 이틀 전에 초우트 측에서 SSAT를 보지 않아도 된다는 통지를 보내왔다. 명실상부한 '합격 통지서'였다. 실력 면에서는 뒤떨어지지만 가능성을 지닌 이 외국 학생에게 도박을 걸어보기로 한 것이었다.

사실 그때까지만 해도 내 영어 실력은 형편없었다. 초우트가 나를 받아준 것은 '이렇게 빨리 영어 실력이 향상된 학생을 본 적이 없다'는 애비 스쿨 지도교사의 평가에 담겨 있는 가능성 때문이었던 것 같다. 초우트 합격이 결정된 후 어머니는 나를 붙들고 펑펑 눈물을 쏟으셨다. 아마 그간의 고생이 새삼스레 떠올라서 그러셨던 것 같다.

케네디와 고등학교 동문이 되었다는 사실에 나 역시 뛸 듯이 기뻤다. 그러나 식사 때마다 먹어야 했던 소화제, 공부를 하다 보면 어느새 밝아오던 새벽, 잔디밭에 누워 올려다보던 하늘, 생전 처음 느껴본 그리움, 나는 이 모든 것을 오랫동안 잊을 수 없을 것이다.

나의 합격 소식을 알리기 위해 어머니는 당장 한국에 계신 할아버지와 아버지에게 전화를 걸었다.

"아버님, 정욱이가 초우트에 합격했어요!"

"뭐? 정욱이가 초 뭐라고?"

"초우트요. 미국에서 아주 좋은 학교예요. 케네디 대통령도 그 학교를 나왔어요."

"글쎄, 초튼지 초톤인지 이름도 처음 듣는 학교로구나. 정욱이는 경기고등학교에 들어갔어야 하는 애인데…….”

고등학교 입시가 추첨제로 바뀌었음을 잊으신 할아버지의 아쉬움에 찬 대답이었다. 어머니가 나에 대해 자랑부터 하는 습관이 생긴 것은 그때부터였다. 그렇게 고생을 하며 들어간 학교였는데 이름도 들어본 적 없다며 대수롭지 않게 여기는 것이 견딜 수 없이 싫으셨던 것이다. 그때까지만 해도 친지들은 내가 미국으로 유학을 간 것에 대해 불안과 불만을 버리지 못했으므로 그런 반응을 보이신 것도 무리는 아니었다. 나는 합격과 상관없이 뉴욕 중심가의 공립 도서관에 틀어박혀 영어사전을 계속 외우고 교과서를 읽으며 남은 여름을 보냈다.

그 즈음 갑자기 텔레비전의 코미디 프로그램을 보며 웃기 시작했다. 무슨 말인지 전혀 알아들을 수 없던 대사가 가끔 한 마디씩 알아들을 수 있는 문장으로 이어져서 들리기 시작했던 것이다. 단어, 회화, 작문 실력 모두 아직 수준 이하였지만 어쨌든 '귀가 뚫리기' 시작한 것은 고무적인 현상이었다. 그때부터는 누가 무엇을 물어보면 적어도 yes와 no 정도는 정확하게 대답할 수 있었다.

초우트에 입학하기 직전에 어머니와 나는 해변을 거닐다가 영어로는 발음하기 힘든 '홍정욱'이라는 이름 대신 영어로 이름을 짓기로 했다. 처음에 거론된 이름은 승리자라는 의미의 '빅터'였다. 그런데 그 이름은 지나치게 강한 느낌을 주어서 제2안으로 '브라이언'이라는 이름이 물망에 오르게 되었다. 곧 브라이언은 너무 흔하므로 '브'자를 떼어 '라이언(Ryan)'으로 하자는 의견이 나왔다.

'라이언.'

'소패왕(小霸王)'이라는 뜻을 지닌 '라이언'은 부르기도 쉽고 흔하지도 않은데다가 우리식 발음을 하면 사자를 연상하게 하는 이름이었다. 그때부터 나는 '홍정욱'이 아닌 '라이언 홍'으로 불리기 시작했다.

1막 2장

초우트, 그리고 어머니

> 인생에서 인간이 자신의 힘을 펼쳐감에 따라 스스로의 삶에 부여하는 의미 이외의 의미는 없다.
>
> —— 에리히 프롬(E. Fromm)

Prep School

"나는 한국에서 온 홍정욱, 영어 이름은 라이언 홍입니다. 나는 영어를 잘 못합니다. 많은 도움 부탁합니다."

호기심으로 눈을 빛내며 초면의 동양 소년을 이모저모 뜯어보던 서양 아이들이 "와" 하고 웃음을 터뜨렸다. 그리고 곧 교실은 수군대는 속삭임으로 소란스러워졌다. 웃는 아이들을 보면서 나는 이를 꽉 물었다. 뱃속 깊은 곳으로부터 뜨거운 것이 불끈 치밀어올랐다.

'오냐, 웃어라. 언젠가 너희들 모두 무릎 꿇게 될 날이 올 것이다.'

초우트에서의 첫 수업은 그렇게 시작되었다. 초우트의 학생 대부분은 가정 형편이 좋은 백인 상류층의 자녀들이다. 소위 미국의 귀족이라 불리는 WASP(White Anglo-Saxon Protestant) 계층의 아이들로,

그들의 뿌리 깊은 우월감과 배타적인 사고는 시대의 변천과 무관한 철옹성과도 같다. 그러나 미국을 이해하기 위해서는 반드시 WASP 계층의 가치관과 생활 반경을 파악해야 한다. 모든 인종이 어우러져 있는 듯한 미국 사회이지만 아직까지도 WASP 계층이 정·재계를 장악하고 있음은 물론, 케네디를 제외한 미국의 모든 역대 대통령들이 WASP의 뿌리를 지니고 있기 때문이다.

미국의 상류층 자녀들은 대부분 사립 중·고등학교에 진학한다. 국·공·사립으로 나뉘어 있는 우리나라의 고등 교육제도에 반해, 미국의 중·고등학교는 크게 공립(public)과 사립(private)으로 구분된다. 미국의 공립 고등학교는 의무교육의 일환으로서 무료로 운영되고 있으나, 예외적인 일부를 제외하고는 열악한 교육 환경에 놓여 있다.

반면 사립 고등학교는 대부분 우수한 교사진과 교육 여건을 구비하고 있는 전인교육의 장이라고 볼 수 있다. 특히 동부의 명문 사립 고등학교들은 아이비리그 대학들에 못지않은 비싼 학비를 지불해야 하므로 자연히 재력을 갖춘 상류층의 자녀들과 장학금을 받는 매우 뛰어난 학생들로 구성되어 있다. 동시에 명문 사립 고등학교들은 어지간한 대학보다 풍족한 재원과 우수한 시설을 갖추고 있는 것으로도 유명하다.

사립 고등학교는 day school과 boarding school로 나뉘는데, day school은 집에서 통학할 수 있는 학교이고, boarding school은 기숙사에서 거주해야 하는 학교이다. 그러나 엄격한 의미의 boarding school은 찾아보기 힘들고 대개 통학생들이 소수 포함되어 있는 혼합 형태를 이루고 있다. 기숙사에서 거주하는 학생들은 통학하는 학생들에 비해 몇 배나 비싼 학비를 지불해야 하며, 이 때문에 통학생들에 대한 묘한 차별마저 존재한다.

미국의 사립 고등학교는 대학입시를 도울 뿐만 아니라 대학에서 받을 교육을 미리 시행한다는 차원에서 예비 학교(preparatory school), 혹은 줄여서 프렙스쿨(prep school)이라고도 불린다. 상위 10여 개 학교들은 대학 합격률과 교육 수준에 있어서 우열을 가리기 힘들 정도로 근소한 차이를 보이고 있으며, Exeter, Andover, Lawrenceville, Choate, St. Paul's, Hotchkiss, Deerfield 등이 이에 속한다.

우리나라에서도 과거 경기, 서울 등의 명문 고등학교들이 각기 개성 있는 학풍을 자랑했듯이 이들 동부의 명문도 각각 독특한 환경과 스타일을 지니고 있다. 예들 들면, 엑서터는 학업과 규율을 강조하는 경직된 분위기, 앤도버는 자유롭고 진보적인 환경, 그리고 초우트는 운동과 교양을 강조하는 르네상스적인 학풍을 보유한 것으로 익히 알려져 있다.

그러나 명문 사립 고등학교들은 대학 합격률에 관한 한 타의 추종을 불허하여 매년 50~100여 명을 아이비리그에 진학시키곤 한다. 초우트의 경우에도 1989년 300명의 졸업생들 중 약 80여 명이 아이비리그에 진학하여, 겨우 한두 명의 합격자를 내는 데 그치는 대부분의 공립 고등학교들과 극명한 대조를 이루었다.

지난 1990년, 개교 1세기를 맞이한 초우트 로즈마리 홀은 소녀들을 위해 설립된 로즈마리 홀과 소년들을 위해 세워진 초우트 스쿨이 합병되어 탄생한 학교이다. 500에이커가 넘는 장대한 교정에 130여 명의 우수한 교수진, 1,000억 원대의 재단을 보유한 초우트는 교육전문가인 하워드 그린(H. Green)의 평(評)대로 학문, 예술, 운동, 과외활동 등의 적절한 조화를 강조하는 동부의 가장 융통성 있는 사립 고등학교 중 하나이다.

이를 반영이라도 하듯 초우트의 졸업생 명단에는 케네디(J. F.

Kennedy)와 아들라이 스티븐슨(A. Stevenson: '52/'56 민주당 대통령 후보) 등의 정치가들로부터 마이클 더글라스나 글렌 클로스와 같은 배우들에 이르기까지 미국의 정(政)·재(財)·예술계의 저명 인사들이 망라되어 있다.

예일대학과 근접해 있는 관계로 예일의 자매 고등학교로 잘못 불리기도 하는 초우트는 동시에 가장 귀족적인 학풍을 지니고 있다는 비판을 받기도 한다. 한때 미국 전역을 떠들썩하게 한 초우트의 마약 스캔들은 풍족한 환경에서 벌어질 수 있는 정신적인 황폐를 극명하게 보여주는 예라고 할 수 있겠다.

그러나 초우트와 같은 사립 고등학교에서도 장학금으로 공부할 수 있는 방법은 얼마든지 있다. 주변에는 비싼 학비 때문에 사립 고등학교로의 진학을 엄두도 내지 못하는 사람들이 많이 있다. 그러나 튼튼한 재단을 갖추고 있는 사립 고등학교의 경우 오히려 장학금의 종류도 많고 다양하다. 나도 2학년 때부터는 장학금을 받으며 공부했고, 성적이 우수해 학비를 전액 지원받으며 공부한 학우들을 초우트에서나, 하버드에서 수도 없이 볼 수 있었다.

Thousand Eyes

지은 지 100년은 족히 되어 보이는 뉴잉글랜드식 벽돌 건물, 메모리얼 하우스의 내 방은 창문이 시원스럽게 큰 2층의 끝 방이었다. 문을 열면 보이는 조그만 침대 2개, 책상 2개가 가구의 전부인 지극히 간단한 방의 구조. 그곳이 1년 동안 내가 머물 곳이었다.

햇볕이 따뜻하게 내리쬐는 창가의 왼쪽 침대 위에 가방을 던져놓음으로써 나는 일단 내 자리를 먼저 정할 수 있었다. 창밖은 소란한 여름날의 오후였지만, 기숙사 안은 기분 좋은 고요가 흐르고 있었다. 그 침묵을 깨고 내 방을 향해 다가오는 굼뜬 발걸음 소리……. 고개를 돌리자 화장실에 다니러간 어머니 대신 신경질적으로 보이는 남학생 한 명이 우뚝 서 있었다.

창백한 피부에 긴 눈썹, 가냘픈 몸매와 비정상적으로 길게 느껴지는 다리에 헐렁하게 걸쳐진 바지……. 유태계 나르시스, 이것이 초우트에서 만난 내 룸메이트 앤디에 대한 첫인상이었다.

무엇을 꿈꾸는 듯, 그러나 희미한 조소를 담은 시선으로 앤디가 먼저 내게 악수를 청했다.

"안녕, 나 앤디야."

오만한 그의 말투와 땀이 배어 축축한 손이 불쾌하게 느껴졌다.

"난 라이언이야. 만나서 반갑다."

"어디서 왔니? 일본?"

"아니, 한국. 그런데 왜?"

"응, 영어에 악센트가 너무 심해서……."

첫 만남부터 이렇게 그는 불쾌하게 굴었다. 그리고 그의 그런 태도는 한 학기 내내 지치지도 않고 계속되었다. 급기야는 나의 이성을 시험하는 단계에까지 이르렀다.

초우트에서의 첫날 밤의 일이었다.

"너는 어떤 종류의 책을 좋아하니?"

앤디의 질문에 곧바로 대답이 나올 리가 만무했다.

"응……, 나는……."

유학 전 한국에서 읽었던 책들로 생각이 옮아가는 사이 그는 기다리기도 귀찮다는 듯 질문을 바꾸어 물었다.

"좋아하는 작가나 책이 있을 것 아니니?"

나는 신중하게 생각한 뒤 내 딴에는 괜찮겠다 싶은 책을 골라냈다.

"나? 《쿠오레》라고……."

그는 '피시식' 코웃음을 치고 이내 우쭐거리며 대답했다.

"《쿠오레》라고? 나는 워즈워스의 시를 좋아해."

"……."

"현실적인 표현과 현대 서구문명의 묘사가 마음에 들어."

나는 SAT 시험에나 나올 듯한 고급 단어들을 자연스럽게 내뱉고 있는 앤디를 경이에 찬 시선으로 바라봤다. Wordsworth, the Western Civilization……. '지적 쇼크'에 사로잡혀 나는 계속 침묵을 지킬 수밖에 없었다. 열다섯 살의 나이에 에즈라 파운드의 시를 읽고, 말러의 교향곡에 심취해 있던 앤디는 예민하고, 오만하고, 현학적이고, 신경질적인 룸메이트였다.

그러나 나를 굴복시켰던 그의 현학 취미는 설익은 교만에 불과했다. 워즈워스는 현실주의 성향의 시인이 아니라 신고전주의에 반기를 든 19세기 영국의 낭만파 작가였다. 또 그가 노래한 것은 현대 서구문명의 아름다움이 아니라 자연과 인간에 대한 원초적인 사랑이었다. 앤디의 '지성'이 서투른 '잘난 체'에 불과하다는 사실을 알게 된 것은 그러나 그로부터 2년 후의 일이었다.

어떤 관점으로 봐도 앤디는 이상적인 룸메이트가 아니었다. 어쩌다 실수로 앤디의 수건을 썼을 때는 미개인 취급을 받았다. 물론 내가 통조림을 따서 날로 먹을 때에도 그는 나를 외계인 취급했다. 이외에도 앤디는 내가 방을 청소했는지 점검했으며, 자율학습 시간에도 계속 나의 인내심을 시험했다. 10시면 어김없이 잠들어 10시 반이면 코를 골기 시작하는 그의 잠버릇도 내게는 곤욕이었다.

내 인내심의 한계는 예상보다 빨리 찾아왔다. 여느 날과 다름없이 화장실에서 공부를 마치고 조심스레 방문을 여는 순간 앤디가 벌떡 일어나 소리를 지르는 것이 아닌가?

"라이언, 너는 잠도 안 자냐? 왜 내 잠까지 방해하는 거야?"

앤디의 코고는 잠버릇에 대해 단 한 번도 불평을 한 적이 없었던 나로서는 어이가 없었다.

"나는 너를 깨운 적이 없어. 넌 지금 자고 있지 않았잖아. 그리고 밤마다 코를 고는 녀석이 그런 말을 할 자격이 있는 거야?"

"뭐? 웬 잠꼬대야? 이제 보니 거짓말까지 하는구나."

"거짓말? 너……."

"무슨 말인지 하나도 못 알아듣겠다. 영어로 말한 거냐?"

화가 난 내가 앤디의 침대 쪽으로 다가가자 그는 신경질적으로 이렇게 소리쳤다.

"라이언, 분명히 내가 전에 말했지? 이 선을 경계로 이쪽은 내 영역이니까 넘어오지 말라고. 여기 선이 안 보이니?"

그때 우리 방 한가운데에는 앤디가 테이프를 붙여 갈라놓은 분계선이 있었다. 그것은 청소도 자기 구역만 하고 상대방의 프라이버시도 침해하지 말라는 일종의 '삼팔선'이었다. 열이 오를 대로 오른 나는 앤디의 멱살을 불끈 쥐고 잡아올려서는 그를 경계선 너머 내 구역으로 내팽개쳤다.

"자, 네가 내 구역으로 넘어왔다. 그렇지? 그러니 어서 썩 꺼져."

겁에 질린 앤디는 그만 슬금슬금 자기 자리로 가버렸다. 그리고는 잠시 자기 책상에 앉아 있는 듯하더니 곧 침대에 누워 이불을 뒤집어쓰는 것 같았다.

흥분이 가라앉으면서 나는 내가 방금 얼마나 엄청난 일을 저질렀는지를 깨닫기 시작했다. 초우트에서는 어떤 이유로든 폭력을 사용하면 무조건 퇴학이다. 둘이 함께 치고 받고 싸우면 물론 둘 다 퇴학이다. 폭력에 관해서는 그렇게 엄격하게 규제하는 것이 초우트의 교육 방침이었고, 미국의 교육 철학이기도 했다.

멱살을 잡아 집어던진 것은 분명한 폭력이었다. 나는 사태를 어떻게 수습하면 좋을지 선뜻 판단이 서지 않았다. 코고는 소리가 들리지 않는 것으로 보아 앤디도 그때까지 잠을 이루지 못하고 있는 눈치였다. 앤디에게 무조건 사과를 하고 없었던 일로 해달라고 사정해 볼까? 하지만 그것은 너무나 자존심 상하는 일이었다. 더구나 시비는 앤디가 먼저 걸어오지 않았던가? 나는 다음 날 아침이면 닥쳐올 '폭력의 대가'에 대한 두려움과 내 자존심 사이에서 전전긍긍하며 그날 밤을 꼬박 새웠다.

불안한 아침이 밝아왔다. 수업 시간에도 앤디에게 자꾸만 신경이 쓰였다. 쉬는 시간이나 점심 시간에 앤디가 눈에 띄지 않으면 그 다음 시간은 내내 불안에 시달려야 했다. 그러나 그날 하루가 다 지나도록 아무 일도 일어나지 않았다. 믿을 수 없게도 앤디가 어젯밤 일에 대해 스스로 입을 다문 것이었다. 아마 앤디는 '고자질'이라는 비겁한 짓을 차마 할 수 없었던 것이리라. 선생에게 동료의 일을 일러바친다는 것은 누가 보아도 남자답지 못한 치사한 짓이었다.

나를 학교에서 쫓아내는 대신 앤디는 룸메이트를 바꿔보려고 노력했다. 물론 여기에는 나도 반대할 이유가 없었다. 그러나 불행하게도 앤디와 방을 함께 쓰겠다고 나서는 아이가 한 명도 없었다. 당시 나도 룸메이트로서 인기가 있었다고 말할 수는 없지만, 아이들은 이미 앤디의 까다로운 성격을 충분히 알고 있었기 때문이다.

할 수 없이 우리 둘은 여전히 방 한가운데에 우스꽝스러운 테이프를 길게 붙여둔 채 이전보다도 더 불편한 관계를 유지하며 지낼 수밖에 없었다. 그 즈음 나는 화장실에서 새벽까지 공부를 해야 했으므로 안팎으로 피곤하기 짝이 없는 가을이었다.

기숙사는 밤 10시 30분이면 완전히 소등을 했다. 나는 기숙사 사감의 순시가 시작되는 11시까지 가만히 침대에 누워 있다가 순시가 끝나면 일어나 유일하게 불이 켜져 있는 장소인 화장실로 들어갔다. 그리고는 변기에 쪼그리고 앉아서 밤 1시까지 공부를 계속했다. 때로는 꼬박 밤을 새우면서 새벽 3~4시가 될 때까지 화장실을 지키곤 했는데, 그러다가 4시에 청소부가 들어오면 할 수 없이 옆의 샤워실로 자리를 옮길 수밖에 없었다. 샤워를 하면서 책을 들고 있을 수는 없었으므로, 그때는 공부한 것을 머릿속에 하나씩 떠올리며 정리하는 작업을 했다.

화장실에서 밤새 공부하는 것은 여름보다 겨울이 더 괴로웠다. 아무리 수세식 화장실이지만 히터가 후끈후끈 들어오면 불쾌한 냄새가 나기 시작했다. 참다 못해 문을 열어놓으면 그때는 찬바람이 와락 밀려들어왔다. 문을 열었다 닫았다 하기를 하룻밤 새 몇 번씩 반복하며 나는 그 한 평도 채 안 되는 좁은 공간에서 영어와 고독한 싸움을 벌여야 했다.

밥 먹듯이 밤을 새던 내게 협박도 해보고, 짜증도 내봤지만 아무런 수확을 거두지 못한 앤디는 어느 날 작전을 바꿔 지나칠 정도로 자상한 표정과 말투로 내게 접근해 왔다.

"라이언, 너 인간이 한 가지 작업에 집중할 수 있는 시간이 고작 한 시간에 불과하다는 사실 아니? 〈뉴욕 타임스〉에 났어. 좀 쉬면서 해. 그러다가 쓰러진다. 오늘 밤은 그냥 자라구."

나는 아무 대꾸도 하지 않고 책을 들고는 자리에서 일어나 화장실로 향했다. 앤디에게 미안해서가 아니라 그 느물거리는 표정이 징그러워서였다. 후끈한 화장실에 들어서자마자 창문을 활짝 열어젖혔다. 글자 그대로 별들이 쏟아질 것 같은 눈부신 밤이었다. 나는 그 별들을 바라보며 집에 온 듯한 편안함을 느꼈다.

그날 나는 천 개의 눈을 가졌다는 버딜론(F. Bourdillon)의 밤을 처음으로 보았다. 반짝이는 수많은 눈들이 나를 바라보고 있는 듯한 느낌에 나는 몸서리쳤다. 그리고 그 순간 나의 오늘이 너무도 찬란하게 느껴졌고, 희미하게 사라져감을 거부하고 순간의 연소를 선택했다는 믿음이 나를 기쁘게 했다. 살아가는 한순간 한순간, 어느 누구도 어떤 경험도 두려워하지 않으며 눈부시고 당당하게 나의 삶을 살아가리라고 생각했다. 그리고 이 세상 구석구석까지 날아보고, 삶의 정상에도 올라보며 항상 꿈과 낭만을 잃지 않고 살아가리라고 다짐했다.

별이 눈부신 밤, 이 세상 어느 곳엔가 그 별들을 바라보며 똑같은 꿈을 꾸고 있는 젊은이들이 있을 것이라는 생각이 들었다. 그 순간 모든 피곤과 외로움이 눈 녹듯 사라졌다. 저 천 개의 눈들처럼 초롱초롱한 빛을 발하는 눈동자들이 이 밤을 밝히고 있을 것이다. 나는 그 밤, 내가 깨어 있음이, 내가 나의 삶을 위해 정진하고 있음이 더없이 행복했다.

공부, 공부 또 공부

고된 현실은 내게 더 이상의 감상을 허용하지 않았다. 초우트에서의 첫 학기에 내가 택한 과목은 수학, 영어, 불어, 역사였다. 수학은 한국 학생들이 대체로 그렇듯이 쉽게 A를 받을 수 있었다. 문제는 역사와 영어, 그 중에서도 영어였다. 거의 밤을 새워가며 악착같이 공부하고, 리포트 표지에 정성스럽게 장식까지 해서 제출했는데도 중간고사 결과는 C⁺가 나왔다. B 이하의 학점이 하나라도 있으면 하버드에 입학하는 것이 불가능하다는데, 첫 학기부터 C⁺라니. 학기말시험을 잘 봐서 B 학점 이상으로 끌어올리는 수밖에 없었다.

계절이 겨울로 접어들던 쓸쓸한 새벽, 나는 언제나처럼 책상 앞에 앉아 있었다. 책상 위에 펼쳐놓은 교과서는 호머(Homer)의 《오디세이》, 어둠보다 더 두터운 정적 속에서 나의 시선은 책장 위에 고정되어 있었다. 움직임이라고는 책장을 넘기는 조용한 손놀림, 찬 물수건으로 졸린 눈가를 닦는 조심스러운 몸짓, 그리고 룸메이트 앤디의 뒤척거림뿐……. 이틀 후로 다가온 영어시험을 준비하기 위해 나는 소등이 없는 토요일 밤을 꼬박 지새고 있었던 것이다.

앤디가 몸을 돌리며 잠결에 무어라고 말하는 것 같았다. 나는 재빨리 고개를 돌려 앤디의 눈치를 살폈다. 다행히 앤디는 깨어나지는 않는 모양이었다. 그러나 거의 4시간 만에 책장에서 떠난 나의 시선은 쉽사리 책으로 돌아오지 않고 침대 옆 창밖의 어둠 속에 꽂혀버렸다. 어둠을 응시하던 두 눈이 갑자기 아프게 쓰려왔다. 그리고 가슴 저 바닥에서부터 뭔가 뭉클하고 뜨거운 것이 치밀어올랐다.

책상 앞에만 앉아 있는 나를 저능아 보듯이 불쌍하게 바라보던 동급생들의 눈길. 한두 번 읽어봄으로써 간단히 끝낼 수 있는 시험 준비를 사흘 낮밤을 꼬박 새워야 겨우 마치는 나를 보고 그들이 그렇게 생각하는 것도 무리는 아니었다.

저능아. 그 비참한 단어를 떠올린 순간 나는 눈을 감아버렸다. 그리고 한참을 그냥 그렇게 앉아 있었다. 그것은 분노도 실망도 자존심의 찌꺼기도 아니었다. 그저 근원을 알 수 없는 '서러움'이었다. 어머니의 얼굴, 아버지의 음성, 다정한 친구들의 모습이 뇌리를 스치며 지나갔다. 나는 다시 두 눈을 부릅떴다. 그러나 눈물은 이미 볼을 타고 흘러내리고 있었다.

마르셀 프루스트(M. Proust)는 《잃어버린 시간을 찾아서》에서 '인간은 극대화된 고난을 경험함으로써 비로소 고난이라는 상황을 극복할 수 있다'고 했다. 그렇다면 내 고난은 도대체 무엇인가? 생각해 보면 그렇게 가치 있는 고난이라고 볼 수도 없었고, 또 감히 역경이라고 부를 만큼 참을 수 없는 경험도 아니었다. 단지 이국에 혼자 남은 소년의 미숙한 감상일 뿐이었다. 생각이 여기에 미치자 죄의식에 가까운 수치심이 밀려들었다. 견딜 수 없는 부끄러움에 나는 황급히 물수건을 들어 눈물로 뒤범벅이 된 얼굴을 닦아냈다.

'언젠가 이 고통을 떨쳐버릴 날이 올 것이다. 5분 만에 밥을 먹어 치우지 않아도 되고, 소화제를 마치 비타민인 양 들이삼키지 않아도 되고, 화장실에 앉아 몇 시간씩 활자와 씨름하지 않아도 되는 그런 날, 그날이 언젠가는 올 것이다. 그때가 되면 더 이상 나보다 못난 녀석들의 동정의 대상이 되지 않아도, 공부를 마치고 잠든 학우들의 모습을 보며 부러워하지 않아도 될 것이다.'

이를 악물고 바라보는 창밖으로 새벽의 어슴푸레한 빛이 밝아오고 있었다.

영어를 정복하기 위해서 내가 택한 방법은 무조건적인 암기였다.

1학년 첫 학기 영어 수업에서는 신약전서와 그리스신화를 주로 공부했다. 사지선다형이 아닌 논문식으로 시험의 답안을 작성해야 했는데, 당시의 내 작문 실력으로는 결코 좋은 점수를 받을 수 없었다. 결국 나는 신약전서 300페이지를 무작정 외우기 시작했다. 당시로서는 그 방법 외에는 다른 좋은 방법을 생각해 낼 수 없었다. 매일 밤마다 외우고 또 낮에 다시 반복해서 외우다 보니 300페이지를 거의 모두 암기할 수 있게 되었다. 참고서적의 관련 문장들도 모두 통째로 암기해 버렸다.

드디어 학기말 시험날이 되었다. 나는 문제를 한 번 보고는 거기에 관련된 내가 아는 모든 구절과 정보를 일사천리로 답안지에 적어 내려갔다. 물론 그것이 그 문제에 대한 정확한 답이라고는 볼 수 없었다. 그러나 그때 내가 모두 암기해 쓴 답안지의 분량은 실로 엄청난 것이었다. 그것은 누가 봐도 내가 얼마나 열심히, 그리고 고통스럽게 공부했는지를 알 수 있는 답안지였다.

당시 나의 영어교사였던 포스터 선생은 내게 B 학점을 주었다. 아마도 내 노력에 대한 일종의 '감투상'이었던 것 같다. 하버드대학으로 가는 내 꿈을 가로막고 있던 그림자가 한 겹 걷힌 셈이었다.

라이언은 한 학기라는 짧은 기간 동안 다른 외국 유학생들이 1년 동안에도 이루지 못했을 놀라운 발전을 이루었다. 9월 초만 해도 단어 선택도 제대로 못했고 문장 구조나 문법 등등 모든 것이 엉망이었다. 한 단락을 쓰고 나면 바르게 쓴 단어보다 틀린 단어들이 더 많을 정도였다. 그런데 11월 중순이 되자 갑자기 명확하고 어법에 맞는 유창한 영어를 쓰기 시작했다. 또한 단어 테스트에서는 거의 만점을 받았고 어휘력은 나날이 풍부해졌다. 이는 그가 얼마나 열심히 공부하고 있는지를 보여주는 결과라고 생각한다.

포스터 선생이 내 학기말 성적표에 쓴 평이다. 물론 그는 내 영어 실력이 갑자기 향상된 것이 교과서를 모조리 암기했기 때문이라는 것을 모를 것이다. 어쨌든 밤마다 화장실에서 외우고 또 외웠던 수많은 단어와 문장들이 지금도 내 영어 실력의 가장 중요한 기초임을 부인할 수는 없다. 지금도 나는 영어 때문에 고민하는 후배들에게 무조건 외우라고 이야기하곤 한다. 그러다 보면 언젠가는 그 문장들이 입에서 술술 나오는 날이 오게 될 것이다. 모든 분야가 다 그렇겠지만 외국어 학습이야말로 요령이나 비책이 통하지 않고 그저 정직한 노력만이 빛을 발할 수 있는 분야라고 생각한다.

문장력은 선생의 지시를 잘 따르고 좋은 문장들을 외워서 활용하는 것으로 실력이 향상되지만 말하기와 듣기는 그것만으로는 부족하다. 회화 학습의 제1원칙은 '겁을 내지 말고 무조건 외국인과 많이 접하고 대화하라'는 것이다. 한국에서 온 유학생들은 유학생들끼리 몰려다니기가 쉬운데, 그러면서 자꾸 한국어를 쓰게 되면 영어 회화 실력은 제자리걸음을 할 수밖에 없다. 미국인 룸메이트와 기숙사에서 함께 생활하며 영어가 늘 때까지는 한국어를 쓸 기회를 없애야 한다. 시간이 날 때면 알아듣지 못하더라도 꾸준히 영어방송을 보는 것도 영어를 빨리 익힐 수 있는 좋은 방법이다.

어쨌든 나는 가장 큰 장애물이었던 영어 문제를 이런 식으로 서서히 극복해 나갔다.

표절 파라노이아

신입생 오리엔테이션 첫 번째 시간은 '표절'에 관한 강의였다. 이는 하버드에서도 마찬가지였다. 학생들은 표절하면 퇴학이라는 경고성 교육을 받은 뒤 일종의 서약서에 직접 사인까지 해야 했다. 그런데 이 '표절'의 의미는 매우 광범위해서 남의 논문을 그대로 베끼는 강도 높은 것뿐만 아니라 남의 글을 주석 없이 인용하는 경우까지 포함된다. 그러니까 자기 생각, 자기 주장 외의 모든 인용문, 견해에는 주석을 달아 출처를 밝혀주어야만 한다.

표절한 사실이 발각되면 퇴학을 당하는 것은 물론이거니와 다른 학교로 전입학하는 것까지 어려워지므로 반드시 지켜야 하는 것이 이 규칙이다. 표절은 단순한 실수가 아닌 고의적인 범법 행위로, 자신의 양심을 속이는 파렴치한 술수이기 때문이다. 미국 학생들은 어릴 때부터 이에 관한 훈련을 철저하게 받아서 꼭 누가 시키지 않아도 자연스럽게 이 규칙을 지킨다. 그러나 어디까지가 표절이고 어디부터가 표절이 아닌지 그 경계를 잘 알 수 없었던 나로서는 이 규칙을 배우는 데 어려움이 많았다.

첫 학기 영어시간에 나는 한꺼번에 많은 문학작품을 읽어야 했다. 호손, 멜빌, 프로스트 등 한 권을 읽기도 벅찬데, 많은 책들을 모두 읽고 해석에 비평까지 하려니 밤을 꼬박 새워도 부족할 지경이었다. 그때 학교 앞 서점에서 우연히 발견하게 된 것이 '요약 노트'였다. 일종의 줄거리 다이제스트에다가 짧은 비평이 곁들여진 요약 노트는 나에게 매우 긴요한 것이었다. 나는 그 즉시 여러 권을 사서 읽은 뒤 필요한 부분들을 발췌해 리포트에 그대로 적어냈다.

그런데 포스터 선생이 나를 갑자기 보자는 것이었다.

"라이언, 너 이 리포트 무엇을 보고 참고했니?"

"학교 앞 서점에서 산 요약 노트를 참고했습니다."

"……"

포스터 선생은 어이가 없다는 듯이 내 얼굴을 뚫어지게 쳐다보았다. 내 리포트에는 당시의 내 실력으로는 상상조차 할 수 없는 요약 노트의 화려한 표현들이 그대로 옮겨져 있었다. 이를 의심스럽게 생각한 포스터 선생이 내게 물은 것인데, 나는 이것이 표절이라는 사실조차 모른 채 대답을 했던 것이다.

"요약 노트를 보는 것은 학교에서는 금지된 일이고, 게다가 주석도 달지 않고 그냥 베껴서 내면 표절이라는 걸 모르고 있었니?"

"그 노트를 보면 안 되는 것이었습니까?"

"……."

언제나 교육자다운 진지함을 잃지 않으셨던 포스터 선생은 한동안 뭔가를 골똘히 생각하시더니 깊은 한숨을 내쉬며 이렇게 말씀하셨다.

"네가 모르고 한 일이니, 이번만은 그냥 넘어가기로 하자. 하지만 이런 짓을 다시 해서는 절대로 안 된다. 알았지?"

내가 표절 사실을 너무나 쉽게 시인하는 것을 보고 포스터 선생은 정말로 내가 모르고 저지른 일이었다고 판단하신 것 같았다. 어쨌든 퇴학까지 당할 수 있는 중대한 실수를 저지른 나를 관대하게 감싸준 포스터 선생에게는 지금도 깊은 감사의 마음을 간직하고 있다.

학문이나 지적 재산에 대한 지나치다 싶을 정도의 정직성, 그것은 그 길을 먼저 걸어간 이들에 대한 최소한의 예의이자, 학문이라는 힘든 길을 걸어가는 사람들의 가장 기본적인 덕목이라는 것, 그것이 그때의 경험을 통해 내가 확실히 배우게 된 교훈이다.

표절을 하지 않는다는 것, 그것은 얼핏 생각하기에는 쉬운 일처럼 보일 수도 있다. 그러나 지적인 정직함을 완벽하게 유지하는 것처럼 어려운 일은 없다. 위대한 사상가들이나 대문호들의 문구를 인용하고 싶은 욕구를 참아내기가 어렵다는 뜻이 아니다. 표절과 창작, 그리고 주석 사이의 모호한 경계를 규정짓기가 어려운 것이다.

셰익스피어 이후 영국의 최대 극작가이자 평론가라는 평(評)을 들었던 버나드 쇼(B. Shaw)의 경우를 예로 들어보자. 평론가 A. R. 존스(A. Jones)는 쇼의 《인간과 초인》을 읽고 다음과 같이 정의했다.

《인간과 초인》은 카알라일의 초인간 이론, 버그슨의 신학, 디킨스의 우주적 자비론, 여기에 페이비언 사회주의와 빅토리아 시대의 진보사상이 합쳐진 조합물이다.

만일 존스의 말이 사실이라면 도대체 쇼 자신의 이론과 사상은 어디에 있는가? 결국 기존의 이론들을 발췌해 적절히 융화시키는 일만이 뒤늦게 태어난 우리들에게 주어진 유일한 선택이 아닌가? 괴테(J. Goethe)와 같은 대문호도 '남에게서 빌린 것을 빼고 나면 내게 남은 것은 아주 조금밖에 없을 것이다'라고 고백을 했을 정도이고 보면 우리들의 고민은 심각한 것일 수도 있다.

모든 연구는 필연적으로 과거에 빚을 지고 있을 수밖에 없다. 그러나 당대의 지적 발전에 도취되어 더 이상의 학문적 성취는 없을 것이라는 오만이 팽배했던 과거 어느 시대에도 새로운 진보와 창조의 영역은 남겨져 있었다. 앞 세대의 지적 유물을 새로운 관점으로 해석 혹은 비판하거나 지식체계를 뿌리째 흔드는 새로운 패러다임(paradigm)을 끊임없이 등장시켜 온 것이 인류의 지성 발달사였음은 토머스 쿤(T. Khun)이 이미 지적한 대로다.

다만 우리는 비록 표절과 창조의 경계를 칼로 베듯 확연히 구분하기는 어렵다고 할지라도 남들이 평생을 바쳐 일구어낸 정신적인 자산을 대가없이 도용하는 행위를 피하기 위해 최선의 노력을 다해야 할 것이다.

어떤 면에서 지적 소유권은 물질적인 소유권보다 더욱 값진 것일 수도 있으므로 우리도 교육을 통해 어릴 때부터 이에 대한 개념을 정립해야 할 필요가 있다고 생각한다. 이는 미국에 비해 표절에 관한 인식이 약한 한국의 학생들이 타국의 교육체제 아래서 정학, 퇴학 등의 강경한 처벌을 당하는 불행한 사태를 예방하기 위해서라도 한 번쯤 생각해 볼 문제다.

초우트에 들어온 지 2~3주가 지나 교내 지리에 익숙해질 무렵 나는 또 한 번 시련을 겪게 되었다. 서울 집에 사정이 생겨 어머니가 갑자기 한국으로 돌아가시게 되었던 것이다. 언젠가는 닥쳐올 일임을 알고 있었지만 이렇게 예고 없이 찾아올 줄은 몰랐다. 평소에 전화로 어머니에게 빨리 돌아가시라고 이야기해 온 나였지만 실제로 어머니의 귀국 소식을 접했을 때는 망연자실하고 말았다.

철없던 나도 그토록 큰 충격을 받았는데, 아직 코흘리개 같은 아들을 이국땅에 떨어뜨려놓고 가야 했던 어머니의 심정은 오죽하셨을까. 어머니의 애절한 마음은 당시 당신께서 하버드 클럽에서 내게 보낸 편지에 여실히 나타나 있다.

사랑하는 정욱아

이 세상 넓은 땅에 오직 하나밖에 없는 내 아들 정욱아! 방에 들어와 짐을 쌀 때부터 네가 먹다 남긴 음식, 함께 쓰던 살림들을 보니 가슴이 미어지는구나. 마음을 굳게 먹으려 해도 네가 없으니 아무것도 먹히질 않는단다. 공부하며, 이야기하며 맛있게 먹어대던 네 옆에 있고 싶은데, 어떻게 너를 두고 떠날 수 있을지 눈물이 나서 편지도 못 쓰겠구나. 네가 한국을 떠날 때 아빠의 심정이 오죽하셨을까 처음 절실히 이해가 가는구나. 매일 피눈물을 흘리셨다지 않니……. 정욱이 너에게는 좋은 인물, 좋은 학벌, 좋은 환경 등 마음껏 자신을 키워나갈 수 있는 여건이 주어져 있다고 생각한다. 어떤 희생이 있더라도 첫 걸음을 내디딘 이상, 끝까지 힘을 다하는 부모와 주위의 기대와 노력이 있음을 한순간도 잊지 말기 바란다.

대견스럽고 자랑스런 내 아들아, 잘 해나가리라 믿는다. 그래도 열다섯 살밖에 안 된 어린 네게 너무 벅찬 일은 아닐지. 네가 잘 버티어내고 있으니 엄마도 강해져야 할 텐데.

떠나면서 네게 하고 싶은 이야기가 있다. 첫째, 너 자신의 몸 어느 한 부분도 소홀히 다루지 말라는 것이다. 네 몸이 네 것만은 아니란다. 둘째, 부모와 주위 분들, 그리고 네 조국과 하나님을 사랑하고 감사하는 마음을 잊지 말거라. 셋째, 외형적인 조건이 훌륭할수록 내적인 인간미, 인격, 성실함 등 보이지 않는 정신의 충실에 만전을 기하거라. 즉 무엇보다도 참된 인간이 되어야 한다는 말이다. 넷째, 주위 모든 사람에게 사랑받고, 신임받고, 언제 봐도 밝은 빛을 발하는 인상을 주는 맑은 사람이어야 한다. 그것은 마음속에 밝은 생각, 소망, 확신, 사랑이 충만해 있어야 가능한 것이란다.

곧 오도록 하겠지만 떨어져 있어도 엄마의 마음과 모든 사랑은 네 곁에 있을 게다. 다시 만날 때까지 너 자신에 충실하고 부디 몸 건강하거라.

차마 발길이 떨어지지 않는구나.

미국을 떠나면서 엄마가

나중에 대학 졸업 후 한국에 돌아오기 위해 짐을 정리하면서 8년 만에 이 편지를 다시 읽었다. 그때의 내 감정은 그저 놀람뿐이었다. 그것은 어머니의 깊은 사랑에 대한 놀람이요, 8년 간 어머니가 내게 끊임없이 되풀이해 오신 충고가 당시 당신의 편지 속에 이미 모두 포함되어 있는 데 대한 놀람이었다. 유학 8년 간 거의 완전하게 감정을 자제할 수 있게 된 나였지만 새삼 느낀 어머니의 숙연한 사랑에 가슴이 뭉클하지 않을 수 없었다.

어머니가 떠나시자 나는 이 넓은 땅에 아는 사람, 아는 친구 하나 없이 홀로 남겨지게 되었다. 유학에 대한 환상에서 깨어나 최초로 고난과 고독의 현실과 정면 대결해야 했던 순간이었다.

뉴욕에서의 달콤한 주말

시간이 정지한 듯 안락하고 한적한 시골역, 그것이 월링포드 기차역의 모습이다. 주말이면 나는 월링포드 역 철로변 벤치에 앉아 나를 뉴욕까지 실어다줄 열차가 오기를 기다리고 있었다. 서울에서의 일을 해결하신 어머니는 차마 이 아들과 헤어져 있을 수 없어 한 달 만에 뉴욕으로 돌아오셨다. 가깝게 지내는 친구 하나 없었던 나에게는 이 주일에 한 번씩 돌아오는 외출이 허용되는 토요일마다 뉴욕에 계시는 어머니를 만나는 것이 유일한 생활의 즐거움이었다.

그런 내게 초가을의 투명한 공기를 가르며 역을 향해 철길 위를 달려오는 그 낡고 털털거리는 기차는 참으로 반가운 존재였다. 기적 소리가 아련하게 들리고 바퀴의 울림이 레일을 타고 소리보다 먼저 전해져오면 그때서야 나는 조바심을 떨쳐버리고 플랫폼 승강장으로 나섰다. 그리고는 뉴욕으로 가는 열차에 올라탔다.

뉴욕은 예술의 한계를 뛰어넘은 예술이다. 그것은 정의 없는 개념이요, 르코르뷔지에(Le Corbusier)의 말처럼 '장엄한 파국(magnificent catastro-phe)'이다. 뉴욕의 특성을 가장 극적으로 포착한 사진으로 사람의 다리를 주제로 한두 장의 포스터가 나란히 붙어 있는 버스 정류장을 촬영한 것이 있다. 한쪽은 풍만하고 늘씬한 여성의 다리 사진과 함께 '모든 남성의 꿈'이라는 구호가 적힌 스타킹 선전 포스터요, 다른 한쪽은 처참히 마른 에티오피아 난민의 다리 위에 '인류 발전 뒤에 남겨진 이들'이라는 모토를 새긴 구호용 포스터였다.

이렇듯 뉴욕은 월 스트리트의 탐욕과 할렘의 절망, 메트로폴리탄 미술관의 위엄과 그리니치 빌리지의 자유, 센트럴 파크의 풍요와 타임 스퀘어의 타락이 전혀 조화되지 않은 채 한데 뒤엉켜 있는 곳이다. 모순과 방황의 현실이 예술가의 숨결에 의해 초현실화되어진 현대 자본주의 문명의 사생아, 뉴욕은 아름다운 타인의 도시다. 당시 월링포드의 전원에서 창살 없는 감옥 생활을 하고 있던 내게 뉴욕은 모험으로 가득 찬 살아 숨쉬는 도시였다. 펜실베이니아 역의 악취와 거리의 혼돈마저도 사랑스럽게 느껴졌던 것이다.

여느 때와 다름없이 뉴욕으로 향하던 어느 주말, 나는 기차 안에서 내 첫 번째 데이트 상대인 캐서린을 만났다. 아랫단이 접힌 치노 바지에 감색 재킷, 흰 셔츠, 그리고 갈색 구두를 신은 전형적인 미국 사립 고교 학생의 옷차림을 하고 있기 때문이었는지 그녀는 내가 초우트 신입생임을 한눈에 알아보았다.

"안녕? 나 초우트 4학년인 캐서린이야. 너 신입생 맞지?"

"네, 이번에 입학했습니다. 라이언 홍이라고 합니다."

어깨까지 드리워진 눈부신 금발에 늘씬한 미국인 여학생이 거짓말처럼 나에게 미소짓고 있었다.

"기차 안에서 너를 여러 번 봤어. 너도 뉴욕에 가족이 있니?"

"네, 어머니가 계세요."

"뉴욕 구경하고 싶으면 우리 집에 전화할래? 내가 안내해 줄게."

집에 와서 어머니에게 이 사실을 말씀드렸더니 나보다 더 흥분하며 관심을 보이셨다. 상대가 학교 선배이기는 했지만 아들이 생전 처음으로 하는 데이트였으니까 그럴 만도 했다.

"얘, 전화해 봐라. 여자가 먼저 전화하라고 했는데 남자가 그냥 묵살해 버리면 얼마나 매너 없는 일이니?"

"엄마는……. 4학년 선배 누나예요."

"선배면 어떠니? 내가 용돈 듬뿍 줄 테니까 좋은 데 가서 맛있는 것도 같이 먹고, 영화도 보고 그래. 절대 예의바르게, 신사답게 행동해야 된다. 알지?"

캐서린은 첫 데이트에 몸에 딱 달라붙는 까만 원피스를 입고 나왔다. 이런 기회가 아니면 신입생인 나로서는 말도 못 붙일 상대였다. 그녀는 상당한 미모의 소유자로서 학교에서도 인기가 높았다. 우리는 뉴욕의 사립 고교 학생들이 애용하는 레스토랑인 세렌디피디에 가서 간단한 후식을 먹었다. 그리고 그녀가 이끄는 대로 브로드웨이, 타임스퀘어로 나갔다. 포르노 영화관, 섹스숍들이 즐비한 가운데 가슴을 거의 드러낸 창녀들이 초미니 스커트를 입고 은밀한 윙크를 던지며 지나갔다. 거대한 체구의 흑인들이 마약에 취해 비틀거리다가 몽롱한 시선으로 바라보기도 했다.

솔직히 그때 나는 무서워 정신을 차릴 수가 없었다. 캐서린이 왜 이런 곳에서 데이트를 하고 싶어하는지 이해할 수가 없었다. '오늘 여기서 죽는구나' 하는 생각이 들었고, 빨리 이 거리에서 벗어나고 싶은 마음뿐이었다. 그러나 나는 숙녀를 에스코트할 막중한 책무를 지니고 있었다. 나는 캐서린이 가는 대로 따라갈 수밖에 없었다.

캐서린은 한 극장 앞에서 멈춰 섰다.

"이 영화 안 볼래?"

간판을 보니 두말 할 것도 없이 전형적인 포르노 영화였다. 그때까지 포르노 영화를 한 번도 본 일이 없었으므로 내심 두려웠지만, 나는 아무렇지도 않다는 듯 태연하게 대답했다.

"그러지요, 뭐."

어둠침침한 실내에는 주로 흑인들이 앉아 있었다. 예고편이 먼저 시작되었다. 그리고 낯뜨거운 장면들이 바로 내 눈앞에 펼쳐졌다.

"라이언, 어디 불편하니?"

태연한 척하려고 했지만 아무래도 어색한 티가 났던가 보다. 캐서린이 나를 걱정스럽다는 듯이 쳐다보았다.

"네, 속이 좀 안 좋아요."

"그럼 여기서 나갈까?"

열여덟 살 숙녀는 열다섯 살의 덩치만 큰 파트너를 안전한 장소로 데리고 갔다. 그곳은 다름아닌 캐서린의 집이었다.

"어머니, 한국에서 온 신입생 라이언이에요. 아까 말씀드렸죠?"

"어서와요. 정말 반갑습니다."

예상했던 대로 캐서린의 집은 뉴포트에 사는 애비 스쿨 선배의 집 못지않은 부유한 상류층이었다. 하인들이 나를 깍듯이 대접했다. 그리고 캐서린의 가족들도 나를 환대해 주었다. 그러나 나는 조금 전에 있었던 나의 남자답지 못한 행동에 대해서 계속 생각하고 있었다.

'캐서린이 속으로 얼마나 나를 비웃을까? 이제부터 완전히 어린애 취

급을 할 거야. 멍청한 홍정욱.'

나의 첫 데이트는 캐서린이 나를 집까지 바래다주는 것으로 대단원의 막을 내렸다. 자신의 미숙함에 당황하고 부끄러웠던 나는 그 후 캐서린을 피하게 되었다. 전화가 와도 집에 없다고 하고는 받지 않았고, 학교에서도 멀리서 캐서린을 닮은 듯한 여자만 봐도 도망쳐 버렸다.

그로부터 2년 후 뉴욕에서 캐서린을 우연히 다시 만난 적이 있다. 그때는 좀더 성숙해진 내가 그녀를 도리안스라는 바로 먼저 이끌었다. 우리는 오랜 친구처럼 여러 가지 이야기를 나누었고, 그때 비로소 나는 첫 데이트의 부끄러운 기억에서 벗어나 '캐서린 콤플렉스' 를 청산할 수 있었다. 아마도 그녀는 지금쯤 아이비리그 중 한 대학을 나와 전문직에 종사하는 여피(yuppie)로서 뉴욕에서 자유롭고도 쾌적한 생활을 즐기고 있을 것이다.

한국에 다녀오신 어머니는 뉴욕에 아파트를 얻어 생활하고 계셨다. 비록 유엔빌딩 부근의 좋은 이웃에 위치하고 있었지만 햇볕이 안 들었던 그 아파트는 낮에도 불을 켜야 했다. 늘 어두운 실내에서 생활해야 했던 어머니는 그때부터 가끔씩 지나가는 말로 '몸이 좀 피곤하다' 는 말씀을 하셨다. 그러나 토요일 오후 내가 뉴욕에 도착하면 어머니는 한국 음식을 푸짐하게 차려 놓고 언제나 환한 미소로 나를 반겨주셨다. 식사를 마치고 어머니와 이야기를 나누며 토요일 저녁을 보내고 나면 어느새 일요일 아침이었다. 일요일 오후만 되면 나는 어머니와 헤어져 학교로 돌아가야 한다는 아쉬움과 불안감에 휩싸여 아무것도 할 수 없었다.

기숙사로 돌아와 방문을 여는 순간 느껴지던 그 싸늘한 공기. 오래

된 목조 건물의 독특한 향기와 어둑어둑한 가을 저녁의 기운이 한데 어우러져 쏟아내는 그 싸늘함에 나는 그 자리에 털썩 주저앉아 버릴 것 같은 고독을 느끼곤 했다. 곱게 접어 주머니나 책 사이에 넣어 주신 어머니의 편지가 없었더라면 일요일 저녁의 그 막막함을 쉽게 견뎌내지 못했을 것이다.

그때 나는 지금과 마찬가지로 남자는 감정 표현을 자제해야 한다는 강박관념을 갖고 있었다. 기숙사로 돌아온 날 밤 어머니가 전화를 걸어 "정욱아, 보고 싶다. 내가 너를 얼마나 사랑하는지 알지?" 하고 말씀 하시면 나는 "알고 있습니다"라는 대답밖에는 드릴 수가 없었다.

그러나 일요일 새벽 2시경 멀리서 들려오는 기차 소리, 그 소리는 담요 속에 웅크리고 누워 있던 내 가슴을 파고 들었다. 얼마나 어머니가 그리웠던가! 뉴욕에서 돌아온 날 밤을 나는 그렇게 밝히곤 했다.

봄이 오던 아침,
서울 어느 조그만 정거장에서 희망과 사랑처럼 기차를 기다려,

나는 플랫폼에 간신한 그림자를 떨어뜨리고,
담배를 피웠다.

내 그림자는 담배연기 그림자를 날리고,
비둘기 한 떼가 부끄러울 것도 없이
나래 속을 속, 속, 햇빛에 비춰 날았다.

기차는 아무 새로운 소식도 없이

나를 멀리 실어다주어,
봄은 다 가고—
동경 교외 어느 조용한 하숙방에서,
옛 거리에 남은 나를 희망과 사랑처럼 그리워한다.
오늘도 기차는 몇 번이나 무의미하게 지나가고.

오늘도 나는 누구를 기다려
정거장 가까운 언덕에서 서성거릴 게다.

―아아 젊음은 오래 거기 남아 있거라.

— 윤동주 〈사랑스런 추억〉

거의 1년을 이처럼 동료들로부터 철저하게 소외된 채 지독한 향수 속에서 지내다 보니, 어느 날 문득 더 이상 이렇게 살아서는 안 되겠다는 생각이 들었다. 이런 생활이 1년 정도 더 지속되다가는 무엇보다도 내가 견뎌낼 수 없을 것 같았다. 나는 좀더 적극적인 방법으로 내 삶의 모습을 바꿔야겠다고 다짐했다. 미국 아이들의 세계 속으로, 그 미지의 사회 속으로 뛰어들기로 결심했던 것이다.

Veni, Vidi, Vici*

초우트 각 학년의 학생회장 선거는 2차에 걸쳐 치러진다. 1차 투표

| *라틴어로 '왔노라, 보았노라, 이겼노라' 는 뜻. 줄리어스 시저(J. Caesar)의 명언.

에서 10명의 다(多) 득표자가 결정되면, 정견 발표를 듣고 최종 투표를 하게 된다. 학생회장은 운동부 주장, 교지 편집장의 직책과 함께 하버드대학 합격을 위해 필요한 내 목표 중의 하나였다. 공부 못지않게 운동·과외 활동을 중요시 여기는 하버드에 들어가기 위해서는 나도 언젠가 반드시 학생회장에 출마, 당선되어야 했다.

그런 내게 전혀 예상치 못했던 기회가 주어졌다. 1차 투표에서 2학년 회장 후보 10명 가운데 한 명으로 선정되었던 것이다. 1986년 이른 봄의 일이었다. 방 안에 쳐박혀 공부만 해온 나를 어떻게 알고 후보로 뽑아주었는지 모를 일이었다. 영어가 서툴러 어쩔 수 없이 무게 잡고 다닌 나를 진지하게 봐주었을 수도 있고, 밤낮을 가리지 않고 공부만 하는 나를 동정해 주었을 수도 있다. 어찌 되었건 어부지리격인 행운이라고밖에 생각할 수 없었다.

3학년 봄 정도로 출마를 예상했던 내게 그해 봄은 너무 이른 시기였다. 그럼에도 불구하고 설명하기 힘든 의욕과 자신감이 느껴졌다. 반드시 당선될 것만 같은 예감과 이런 기회는 두 번 다시 찾아오지 않을지도 모른다는 위기감이 느껴졌다. 나는 망설임 없이 출마를 결정했다.

사실 나는 들러리에 불과했다. 뉴욕 갑부의 아들인 앤디, 신입생으로서 이미 테니스와 축구 대표로 발탁된 수잔, 1학년 때의 회장인 존, 동급생들의 우상인 알렉스, 이 4명의 스타들 사이에 내가 낄 틈은 전혀 없었던 것이다.

학교 전체가 선거 열기로 뜨겁게 달아올랐다. 앤디는 자신의 이름이 새겨진 연필과 T셔츠를 돌렸고, 알렉스는 매일 밤 피자 파티를 열었다. 철저한 선거 민주주의 체제에서 성장한 탓인지 선거운동을 펼치는 모습이 자못 진지하고 자연스러웠다. 물량 공세와 언변, 정책 토론에 이르기까지 내가 이들을 대적할 수 있는 분야는 하나도 없었다. 내가 시도해 볼 수 있는 전략은 결국 '무(無)의 충격' 뿐이었다. 아무 활동 없이 지내다가 선거 당일 가장 인상적인 연설을 함으로써 역전을 노린다는 계획 아닌 계획이었다.

나는 타 후보들이 득표 활동에 여념이 없을 때 방에 틀어박혀 연설문 작성에 온 힘을 쏟았다. 세련되고 간결한 어투와 여유 있는 제스처를 습득하기 위해 연습에 연습을 거듭했다. 강렬한 연설구를 찾기 위해 역대 미국 대통령들의 연설집을 뒤졌고, 케네디의 연설을 녹음한 테이프도 휴대용 카세트 플레이어로 여러 번 반복해서 들었다. 그렇게 완성된 연설문은 교열을 위해 뉴욕에 있는 김정원 박사에게로 보내졌다. 김 박사는 바쁜 와중에도 교정된 원고를 격려의 편지와 함께 속달로 부쳐주셨다.

"자랑스럽다. 한국 학생의 자존심을 걸었다는 사명감으로 임해라. 건투를 빈다."

선거일 아침, 나는 새벽같이 일어나 어머니께 전화를 드리고, 마지막으로 나의 연설문을 한 번 낭독한 뒤 유세장으로 향했다. 일개 고등학교의 회장 선거였지만 내 자세만큼은 비장했다. 학생들이 모인 예술관 강당은 이미 기대와 흥분으로 술렁이고 있었다. 나는 여전히 잊혀진 들러리로서 후보 자리에 조용히 앉아 있었다.

첫 후보가 박수를 받으며 연단으로 올라섰다. 나는 입 안이 바싹 마르는 것을 느꼈다. 연설 내용은 하나도 들리지 않았고 덤덤한 연설의 톤과 시큰둥한 청중의 반응만이 감지되었다. 연설 전의 박수가 연설 후의 박수보다 우렁찼다. 평소의 인기에 비해 연설이 신통치 않다는 증거였다. 나는 다시 한 번 해낼 수 있다는 확신이 들었다.

동시에 나는 한 가지 문제점을 발견했다. 여섯 번째 후보의 연설시, 안경에 빛이 반사되어 그의 눈이 보이지 않았다. 연설자가 눈으로 청중과 대화할 수 없음은 연설의 혼을 빼앗기는 것과 같다는 생각이 들었다. 안경을 쓰고 있던 나는 어쩔 수 없이 안경을 벗어버렸다. 물론 이제 연설문을 볼 수 없었다. 수없이 반복한 연습으로 이미 외워버린 연설문이었지만 그래도 불안했다. 처음 해보는 대중 연설이 아니었던가.

내 이름이 호명됨과 동시에 나는 빈 손으로 연단에 올라섰다. 타 후보에 비해 형편없는 청중의 반응이 느껴졌다. 기숙사 같은 층에서 생활하는 몇몇 친구들의 응원 소리가 어렴풋이 들릴 뿐이었다. 청중의 시선이 화살처럼 날아와 내게 박혔다.

"한국을 떠나기 얼마 전 어느 일요일 오후에 저는 외딴 시골에 간 적이 있습니다. 그곳에서 한 노인이 라디오를 귀에 대고 논둑 길 위를 걷고 있는 것을 보았습니다. 그 노인은 라디오를 통해 뉴스와 음악을 들으면서 아주 행복한 표정을 짓고 있었습니다. 그는 외딴 시골에 있으면서도 라디오를 들으면서 세계에서 일어나는 일들을 알 수 있었습니다. 라디오는 그 노인에게 외부 세계와 자신을 이어주는 커뮤니케이션의 통로와도 같았기 때문에 그는 라디오를 들을 때마다 행복해질 수 있었던 것입니다……."

연설을 시작하면서 나는 마음의 평정을 되찾았다. 청중의 얼굴이 하나하나 보이고, 내 자신의 모습이 머릿속에 그려지기 시작했다. 그리고 목소리와 행동의 조절까지 가능해졌다. 나세르(G. Nasser)가 말한 대중 연설의 환각이 그런 것이었을까?

"우리들 사이에 커뮤니케이션이 없다면 학생회의 존재는 무의미한 것이 될 수밖에 없습니다. 우리들의 만족감이나 불만이 모두 학생회를 통해 표출될 수 있어야 비로소 학생회는 효율적으로 기능할 수 있는 것입니다. 1만 2천 마일 떨어진 먼 곳으로부터 6개월 전 이곳에 도착했을 때 저는 사실 제가 원하는 것만큼 여러분들과 의사소통하는 것이 불가능한 상태였음을 고백하고 싶습니다. 그러나 얼마 지나지 않아 여러 친구들이 나를 도와주었고 이렇게 학생회장 후보로까지 추천해 주었습니다. 앞으로도 여러분이 적극적으로 도와주시지 않는다면 제 목표는 성취되기 어려울 것입니다. 여러분, 우리들은 모두 자신이 가진 잠재력을 최대한으로 개발하기 위해 이 학교에 왔습니다. 여러분이 가진 무한한 잠재력을 증명해 보일 수 있는 기회를 지금 제게 주시지 않겠습니까?"

Summa sedes non capit duos, 정상은 두 명을 취하지 않는다. 더 이상 다른 연설을 들을 필요도 없었다. 연설 전과는 비교할 수 없는 환호를 들으며 나는 내가 해냈음을 확신했다.

그날은 마침 금요일이었다. 기숙사로 돌아온 나는 뉴욕으로 떠날 채비를 했다. 그때 룸메이트 앤디가 방문을 열고 들어왔다.
"네 연설 좋았어. 축하한다."
앤디는 평소처럼 감정 없는 목소리로 내뱉었다. 나는 당연하다는 듯 가볍게 대꾸했다.
"나도 알아."
나는 3시 반 기차를 타기 위해 역으로 향했다. 오랜만에 초우트의 전원이 시원하게 느껴졌다. 그 순간 나는 내 삶의 주인이었고 택함을 입은 성인이었다. 어머니께서 자주 들려주셨던 성경 구절이 새삼 떠올랐다.

청함을 입은 자는 많되 택함을 입은 자는 적으니라.

멀리 학생회관으로부터 같은 기숙사의 제이가 뛰어오는 모습이 보였다.
"라이언! 라이언!"
나는 걸음을 멈추고 제이를 기다렸다.
"네가 됐어! 회장이야!"
제이는 헉헉거리며 내게 외쳐댔다. 이미 알고 있던 사실을 통지받은 기분이었다. 기쁨보다는 하버드 입학을 위해 거쳐야 할 관문을 이제 하나 통과했다는 홀가분함이 밀려왔다.

지도자가 된다는 것. 그것은 엄청난 책임을 수반한다. 그 책임을 등한시할 때 돌아오는 것은 대중의 날카로운 비판뿐이다. 그러나 '리더십은 지위가 아니라 행위'라는 명제를 내가 깨닫고 있었을 리 만무했다. 나에게 학생회장이란 공부 잘 하는 아이에게 맡겨지는 직책이었을 뿐이다. 초등학교 6년 내내 했던 반장, 그리고 중학교 시절 맡았던 학생회장의 직무처럼 초우트의 학생회장도 학교의 공지사항을 동급생들에게 전해 주고, 회의 때마다 학생들의 건의를 들어주는 것으로 임무가 끝나는 형식적인 간판으로 이해했다.

"도대체 어딜 가는 거야?"
무미건조한 내 반응에 놀란 제이가 물었다. 당선 소식을 듣고 학교를 떠나는 내 무관심한 태도를 의아하게 여긴 모양이었다.

"뉴욕."

나는 가볍게 발걸음을 옮기기 시작했다.

뜻하지 않은 키스

1학년을 마친 후 나는 여름방학 동안 뉴욕의 컬럼비아대학에서 ESL 코스를 수강하게 되었다. 유학생활을 시작한 지 만 1년, 향수병에서 벗어나 무엇이든 탈출구가 될 만한 것을 찾고 있었고, 또한 학생회장에 당선되어 자신감을 회복하고 있을 때였다. 당시 ESL 코스에는 많은 매력적인 외국 여대생들이 수강하고 있었다. 혼자만의 답답한 생활에서 탈출해 활동적인 생활을 영위하기로 마음먹은 나는 갖가지 모임과 파티에 초대되면 사양하지 않고 모두 참석했다.

그 즈음에는 서울예술고등학교를 다니다가 유학을 온 성아 누나도 뉴욕의 집에서 나와 함께 지내고 있었다. 순진한 누나는 학교에 갈 때를 제외하고는 종일 집 안에 있으면서 나를 보면 걱정스런 눈빛으로 이렇게 물어보곤 했다.

"얘, 너 그런 파티에 가도 되니? 미국 사람들은 파티하면 술 마시고 마약도 하고 그런다는데……. 그런 데 다니다가 큰일나면 어떡하려고 그래? 가지 마, 응?"

그러면 나는 노련한 사교가처럼 이렇게 대답했다.

"누가 마약을 해? 그냥 이야기하면서 칵테일 한 잔 하고, 가끔씩 여자들이랑 춤추고 그러는 거야. 누나도 같이 갈래?"

"싫어. 나는 그냥 집에 있을래."

겁을 내는 누나를 뒤로 하고 나는 저녁마다 대학생들과 어울렸다. 체격이 큰 탓에 상급생이나 여대생들도 나를 친구로 대해주었다. 자연스럽게 데이트도 몇 번 하고, 미국에 와서 처음으로 교포 2세나 한국 여학생들과 이야기를 나눌 기회도 있었다.

그때까지만 해도 내게 여자는 신비의 대상이었다. 어릴 때부터 여자라는 존재를 왠지 대하기 어려운 상대로 느꼈던데다가, 거의 1년 동안을 힘겨운 영어 공부와 향수병에 시달리느라 이성에 대한 호기심을 느낄 겨를조차 없었던 것이 사실이었다. 그러나 1학년을 마친 그해 여름, 나는 컬럼비아대학에서 뉴욕의 명문가 출신인 밝고 명랑한 여대생을 만나게 되었다.

지금도 기억이 생생한 초여름 어느 날 밤 데이트를 끝내고 우리 둘은 그녀의 집 앞에 서 있었다. 조용한 바람이 불어 앞머리가 날려 고운 이마를 드러내었다. 그날 따라 그 선배는 집에 들어가지 않고 뭔가를 기다리는 듯 머뭇거리며 서 있었다. 나는 순간 설명하기 힘든 의무감에 사로잡혔다.

'뭔가를 해야 한다. 그런데 도대체 뭘 해야 한단 말인가…….'

어색하고 긴장된 시간이 이어진 끝에 나는 드디어 결심했다.

'볼에다가 살짝 뽀뽀를 해버리자.'

그러나 바로 그 순간 전혀 예기치 못한 불상사가 벌어지고 말았다. 그녀의 뺨을 향해 멈칫멈칫 다가가던 내 입술이 그녀가 갑자기 얼굴을 돌리는 바람에 그녀의 목에 부딪히고 만 것이다.

아무 말도 하지 못하고 도망치듯 빠져나온 귀가 길. 나는 부끄러워서 견딜 수가 없었다. 뺨에다 하면 우정의 표현이지만, 목에 하는 키스는 성적 표현이라 했는데……. 아무리 본의가 아니었다지만 그런 키스를 하다니.

내 수치심은 또다시 이상한 방향으로 분출되었다. 예전 캐서린의 경우처럼, 그녀에게 전화가 와도 받지 않고, 밖에서 우연히 마주쳐도 싸우기라도 한 듯 냉담하게 돌아서버렸다.

이렇게 해서 또다시 아름다운 여학생 하나가 내 젊음의 기억 속에서 아무 잘못도 없이 억지로 떠밀려 나갔다.

아, 어리석은 젊음이여…….

1막 3장　　Conforming to American Aristocracy

자아와의 타협

> 나는 언제나 활짝 핀 꽃보다는 약속에 찬 봉오리를, 소유하는 것보다는 욕망을, 완성보다는 진보를, 분별 있는 연령보다는 청소년 시절을 사랑한다.
>
> —— 앙드레 지드(A. Gide)

Social Butterfly*

컬럼비아(Columbia)대학의 섬머스쿨을 마치고 2학년이 되어 학교로 돌아온 나는 새로운 학생회장 라이언이 되어 있었다. 그동안 나를 감싸고 있던 습한 우울과 향수를 벗어던지고, 예전의 밝고 자신만만한 모습으로 되돌아갔다. 편입생들이 많이 들어와 1학년 때의 우울한 내 모습을 잘 모르는 아이들이 많아졌다는 점 또한 나의 변신을 쉽게 해주었다. 의사소통도 자유로워졌고, 공부도 사생결단 하듯 하지 않아도 될 만큼 익숙해졌다.

2학년이 되면서 동급생들 사이에 클릭(clique)이라 불리는 소 사교

---

* 사교계의 흐름을 주도하기 위해 친분을 넓히려 노력하는 이를 지칭하는 부정적인 용어.

그룹이 형성되기 시작했다. 덩치 큰 운동파, 시골 출신의 모범생파, 흑인, 동양인 등 유색인종 그룹, 도수 높은 안경에 컴퓨터광인 공부벌레파, 그리고 사교의 흐름을 주도하는 WASP(White Anglo-Saxon Protestant) 등이 그 큰 줄기였다.

이들 가운데 WASP들은 소위 '프레피' 문화의 중심으로서 제 부류 이외의 학생들과는 되도록이면 관계를 맺지 않으려는 배타적인 속성을 지니고 있었다. 그 중에서도 특히 유색인종은 그들에게 관심 밖의 대상이었는데, 어떤 특별한 이유가 있는 것은 아니었다. 편견은 판단이 결여된 관점이라는 볼테르(F. Voltaire)의 지적처럼 이것은 가치관에 대한 고뇌 없이 동료들의 분위기에 휩싸여 표출하게 되는 일종의 배타의식인 듯했다.

요즘은 조기 유학생들이 많아져 미국의 사립 중·고등학교에서도 한국 유학생들이 주도적인 세를 이루고 심지어 파벌까지 만든다는 이야기를 들었다. 당시로서는 상상할 수 없는 일이었다. 동양계 학생은 한 학교에 기껏해야 몇 명 정도로, 그야말로 비주류로서 소외된 학창생활을 보냈다. 새로운 자신감으로 충만했던 내가 비주류 그룹에 속하고 싶지 않은 것은 당연했다. 나는 동양인으로서의 소외감을 느끼고 싶지 않았고 WASP들의 리더이고 싶었다.

미국의 사립 고등학교에서는 운동이 학업 못지않게 중요하게 여겨지고, 사교의 측면에서는 오히려 학업보다 큰 비중을 차지한다. 운동에서도 주목을 받기 시작했던 나는 '사교 전쟁'에서 생존하기 위한 좋은 조건을 갖추고 있었다. 더욱이 내 특이한 가정환경, 그리고 오만한 태도는 그들의 호기심을 자극하기에 충분했다. 아직 동양사회의 관습과 구조에 대해 신비감을 갖고 있던 그들은 내가 귀족이라도 되는 것처럼 과장된 상상을 했고, 나는 전혀 개의치 않았다. 오히려 나는 전통과 격이 없는 그들을 역차별하는 농담을 서슴지 않았다.

이같이 가식적인 행동에 부정적인 결과가 따르지 않을 수 없었다. 가장 후회스러운 일은 내게 따뜻하게 대해준 동양인 친구들을 고의적으로 멀리했던 점이다. 그러나 당시에는 우선 초우트라는 작은 사회에서 우두머리가 되고 싶다는 생각, 그리고 이왕 미국에 왔으니 미국을 주도하는 무리에 속해 미국의 엘리트 사회를 철저히 경험하고 싶다는 생각이 나를 지배했다. 차별하지 않으면 차별당하게 되는 흑백논리 속에서 나는 주저 없이 차별하는 쪽을 선택했던 것이다.

'프레피'(preppie)란 '여피'(yuppie) 혹은 '히피'(hippie)등의 총칭과 마찬가지로 유사한 환경, 유사한 문화를 공유하는 집단을 지칭하는 속어인데, 구체적으로는 동부의 사립 고등학교를 다니는 학생들을 의미한다. 일반적으로 사립 고등학교를 지칭하는 preparatory school의 첫 단어를 줄여서 '프레피'라고 부르기 시작한 것으로 알려져 있다. 에릭 시걸(E. Segal)의 〈러브스토리〉에는 여 주인공이 남 주인공을 '프레피'라고 놀리는 장면이 있다. 아마도 '상류층에서 귀하게 자란 어린 풋내기' 정도의 뜻이었을 게다. '프레피' 개념을 설명하기는 어렵다. 굳이 표현하자면 동부 사립 고등학교를 배경으로 하는 문화, 즉 교육과 매너, 관습과 취향, 사고방식과 생활양식을 포괄하는 배타적인 선민의식이라고 볼 수 있겠다.

'프레피'를 스테레오 타입화한다면 아마도 초우트와 그라톤 등을 나와 하버드와 예일, 혹은 다트머스대학을 거친 WASP들이 아닐까 싶다. 라틴어와 영미문학을 공부하고, 조정과 스쿼시를 즐기며, 뉴욕과 보스톤 혹은 코네티컷을 선호하는 이들이다. 대부분 햄튼과 케이프커드에 별장을 두고, 법률과 투자금융계에 종사하는 집안의 전통을 유지할 것이다. 결국 '프레피' 문화는 귀족들의 횡포를 견디다 못해 영국을 탈출한 이들이 300여 년 간 피땀 흘려 창조해 낸 이율배반적인 귀족문화이며 상류사회의 독특한 스타일인 것이다.

누가 미국을 계급 없는 평등사회라고 했는가? 미국사회의 저변에 깔려 있는 계급의 구분은 우리나라와는 비교가 되지 않는 강력한 성질의 것이다. 부(富)에 기초한 귀족주의, 구성원 간의 암묵적인 동질감으로부터 표출되는 배타적 우월감, 그리고 품위와 전통에 대한 집착에서 비롯되는 진취적 정신의 결여 등, 여러 측면에서 '프레피' 문화는 비판의 소지를 안고 있다. 그러나 긍정적인 측면에서 '프레피' 문화는 동부의 전통과 삶의 품위, 노블리스 오블리제(nobless oblege)를 갖춘 리더십 문화로도 이해될 수 있다. 루스벨트 가문이 그라톤을, 케네디 가문이 초우트를, 그리고 부시 가문이 앤도버를 모교로 삼고 '프레피' 문화의 대표 역을 자임해 온 것도 같은 맥락에서 설명이 가능하다.

어찌 되었건 나는 1년 동안 힘든 연기를 해야 했다. 반면 내 삶은 달콤해졌다. 그들은 거부감 없이 나를 쉽게 받아들였고 나는 사고와 행동, 모든 면에서 철저한 '프레피'가 되어갔다. 동시에 미국이라는 복잡한 사회의 상류층을 이해하고 수용하기 시작했다. 성숙하지 못한 과도기적 삶의 모습이었으나, 후일 당시의 경험에서 비롯된 각성의 시간을 갖지 못했더라면 나는 후일 미국사회가 내포한 귀족주의와 물질적 허영을 극복하지 못했을지도 모른다.

금지된 것들의 유혹

우리나라 고등학생들이 화장실에서 담배를 몰래 피우듯이 미국의 일부 고등학생들은 어둠 속에 숨어서 마리화나를 한다. 마약은 법으로 금지되어 있으며, 발각되면 학교 측으로부터 엄중한 징계 처분을 받는다. 그러나 학생들 모두가 마리화나 따위에는 손도 안 대는 순진한 아이들이라고 믿는 초우트 교사는 한 사람도 없었다.

더욱이 초우트는 마약 스캔들로 미국 전체를 떠들썩하게 한 바 있는 학교이기도 했다. 학생 두 명이 전세 비행기를 타고 콜롬비아로 직접 날아가서 1백만 달러에 상당하는 마약을 사온 사건은 〈뉴욕 타임스〉의 헤드라인을 장식했으며 관련자 전원이 퇴학을 당하고 교장까지 사임을 강요당하는 등 개교 이래 최대의 치욕적인 스캔들이었다. 내가 입학하기 몇 년 전에 일어난 이 사건 때문에 초우트의 마약 규제는 엄격한 편이었다. 그러나 금지된 것은 유혹적인 법이며, 나의 친구들이 이 어른스러운 유혹을 마다했을 리 없었다. 그때마다 나는 대단히 난처했다.

"라이언, 이리 와봐. 너 마리화나 해봤지?"

"물론이지, 그건 시시해. 더 센 거는 없어?"

"코카인은 없는데?"

"그럼 나는 안 해."

몇 번은 얼버무리며 넘어갔지만 언제나 그런 식으로 피할 수만은 없었다. 범죄를 공유한다는 가슴 두근거리는 쾌감을 나눠가져야만 진짜 친구라는 그들의 끈질긴 압력 때문이었다. 게다가 내가 마약 경험이 전혀 없는 숙맥이라는 사실이 밝혀지면 겨우 쌓아올린 친구 관계마저도 단숨에 무너져버릴지도 모를 일이었다. 마약이라면 치를 떨던 어머니의 모습이 눈앞에 어른거렸다. 그러나 나는 두 눈을 질끈 감고 종이에 말린 마리화나를 받아들었다. 일단 입에 물고 빨아들이는 척 흉내를 내면서 시간을 끌었다.

나는 사실 마리화나를 입에 대기는 했지만 한 번도 피운 적은 없다. 당시로서는 그 경계를 넘어선다는 것이 두렵고 엄청난 일이기 때문이었다. 실제로는 담배 한 대도 피워본 일이 없었다.

마약 이외에 초우트에서 규제한 또 하나의 항목은 '섹스'였다. 여자 기숙사와 남자 기숙사가 분리되어 있고, 밤에는 외출이 금지되었으므로 남녀가 은밀한 장소에 함께 있기란 쉬운 일이 아니었다. 게다가 방에 이성 친구를 초대하기 위해서는 먼저 허락을 받아야 했고, 초대한 후에도 방문을 반쯤 열어놓아 밖에서 방 안을 들여다볼 수 있게 해야 하는 것이 초우트의 학칙이었다. 만일 이것을 어겼다가 사감에게 적발되면 규제 혹은 정학이라는 중징계가 내려졌다.

2학년 가을, 나는 늘씬한 상급생인 애리안과 두세 번 데이트를 한 적이 있다. 데이트라고 해야 대단한 것은 아니었다. 외출이 허락되는 주말에 택시를 타고 시내로 나가 함께 영화를 보고, 저녁식사를 하고는 다시 기숙사로 돌아오는 게 전부였다.

어느 날 밤, 기숙사로 돌아오는 길에 애리안이 갑자기 "네 방을 좀 보여줄 수 있니?" 하고 물어왔다. 내 방이라고 해야 별다른 것이 있을 리 없었지만 그렇다고 보여주지 못할 것도 없었다. 1학년 때 룸메이트에게 워낙 시달렸던 터라 2학년 때는 방을 혼자서 썼기 때문에 내 방은 다른 방에 비해 단촐한 편이었다. 문을 열고 들어서면 침대가 왼쪽으로 놓여 있었고, 그 옆으로 캐비닛과 책장이 맞은편 벽까지 들어차 있었다. 정면으로는 책상이 있었고 책상 바로 앞에 큰 창이 나 있었는데 창밖으로는 교정의 평화로운 밤 풍경이 펼쳐져 있었다.

나는 책상 위의 사진들과 책장의 책들을 보여주었다. 그녀는 한글로 된 몇 권의 책에 잠시 관심을 보이는 듯하더니 이내 내려놓고는 침대 위에 앉아 미소 띤 얼굴로 나를 쳐다보고 있었다. 뭘 좀 마시겠느냐고 물어도 그저 미소만 띤 채 고개를 가로저었다. 2~3분쯤 지났을까? 어색해서 견딜 수가 없어서 '이제 나가자'며 팔을 잡아끄니까 애리안이 당황한 표정으로 나를 올려다보았다. '방 구경 하자'는 말 뒤에 숨은 은밀한 유혹을 내가 어찌 알 수 있었으랴! 나는 그녀를 억지로 끌고 기숙사 밖으로 나왔다.

며칠 후 그녀와 마주친 나는 다시 한 번 데이트를 신청했다. 그러나 그녀는 짜증이 난 듯한 표정으로 단호하게 거절하는 것이었다. 지난번 데이트가 성공적이었다고 생각했던 내게 그녀의 거절은 이해하기 힘든 것이었다. 나는 별 이상한 여자애도 다 있다고 생각하며 그 자리에서 물러났다.

지금 생각해 보면 애리안은 내가 자신에게 장난쳤다고 오해했던 것 같다. 방 구경을 시켜준다고 그 밤에 선선히 자신의 방으로 데리고 들어가서는 5분 만에 나가자고 한 나의 태도를 자타가 공인하는 미인이었던 그녀는 상당한 모욕으로 받아들였던 것 같다.

그것은 성적인 의미가 포함된 영어 표현에 무지했던 탓에 벌어진 일이었다. 이성의 상대가 만일 'Invite me in'이라는 표현을 쓰거나 '방에서 커피 한 잔'이라는 말을 건네면 이는 대부분 성적인 관계로의 발전을 허용한다는 의미였던 것이다. 당시 성에 대해 무지했던 나는 물론 유혹을 받을 기회나 이에 넘어갈 기회도 상대적으로 드물었다.

2학년 봄, 기말고사를 며칠 앞둔 어느 날 나와 제이슨은 한밤중에 여학생 기숙사에 놀러갈 계획을 세웠다. 여학생 기숙사에서는 마리치나와 러시가 함께 우리를 기다리기로 약속이 되어 있었다. 그곳에 가서 특별히 할 일이 있는 것은 아니었지만 당시로서는 '금기의 벽'을 깨고 모험을 시도해 본다는 사실만으로도 흥미로웠던 것이다. 모두가 잠든 칠흑 같은 한밤중에 우리 둘은 몰래 기숙사를 빠져나왔다. 기숙사를 나올 때 문을 열고 벽돌을 괴어놓아 돌아올 때 문이 열리지 않는 불상사가 없도록 미리 대비해 놓았다. 여자 기숙사와 남자 기숙사 간의 거리는 약 30미터쯤 되었다. 나는 아무도 없는 야드를 바람을 가르며 뛰어가면서 짧은 순간이나마 짜릿한 해방감을 맛보았다.

여학생 기숙사 복도에 켜놓은 불빛이 현관의 유리문을 통해 희미하게 새어나오고 있었고, 사감실을 제외하고는 모두 불이 꺼져 있었다. 잠시 호흡을 고른 뒤 현관문을 살짝 밀어보았다. 약속대로 문은 열려 있었다. 잠시 현관 밖 기둥의 그늘에 몸을 숨기고 안쪽을 살펴보다가 조심스럽게 문을 열고 들어섰다. 마리치나의 방은 2층이었다. 2층으로 올라갈 때까지는 운에 맡기는 수밖에 없었다. 만일 사감 선생이 1층이나 2층에서 순찰을 돌고 있다면 두말 할 필요도 없이 정학감이었다. 있는 힘을 다해 2층까지 단숨에 뛰어 올라갔다.

문을 반쯤 열어두고 우리를 기다리고 있던 마리치나와 러시가 손짓을 했다. 방으로 들어서자 마리치나가 재빨리 문을 닫은 뒤 불을 켜고 우리를 환영했다. 가쁜 숨을 몰아쉬며 우리는 무사히 도착하기까지의 모험담을 늘어놓았다. 그때, 갑자기 복도에서 우리가 있는 방쪽으로 다가오는 발소리가 들렸다.

"미스 데이빗슨이야!"

마리치나가 창백한 얼굴로 낮게 부르짖었다. 데이빗슨 선생은 엄하기로 소문난 여학생 기숙사 사감이었다. 주변을 둘러보니 숨을 곳이 한군데도 없었다. 테라스가 하나 있었지만 문이 유리로 되어 있어서 거기에 숨을 수도 없었다. 꼼짝없이 당할 수밖에 없었.

마리치나가 우리를 테라스로 끌고 갔다.

"얘들아, 잠깐만 테라스 난간에 매달려 있어. 내가 데이빗슨 선생님을 되도록 빨리 나가시게 할게. 지금은 그 수밖에 없잖니?"

우리는 하는 수 없이 두 팔에 온몸의 체중을 실은 채 테라스 난간에 매달렸다. 밑을 내려다보니 아찔했다. 떨어지면 성한 곳이 한군데도 없을 것만 같았다.

"라이언, 너 힘들지 않니?"

"괜찮아."

옆에 매달린 제이슨의 목소리가 부르르 떨리고 있었다. 팔이 서서히 마비되는 느낌이 전해져왔다. 5분도 더 지난 것 같은데 방 안에서는 아무 기척도 없었다.

"제이슨, 여기서 떨어지면 어떻게 될까?"

"……"

제이슨은 너무 힘들어서 말도 하기 어려운 듯 옆에서 신음 소리만 내고 있었다. 점차 정신이 아득해지면서 '여자 기숙사 난간에 매달려 있다가 떨어진' 내 모습이 떠올랐다. 이 무슨 망신이란 말인가? 나는 식은땀을 흘리며 이를 악물었다. 몇 초가 더 지났을까? 드디어 테라스 문이 열리면서 난간 위로 마리치나의 얼굴이 나타났다.

"라이언, 제이슨, 너희들 괜찮니?"

마리치나와 러시가 우리를 간신히 끌어올렸다. 우리는 말할 기운조차 없었다.

"데이빗슨 선생님이 돌아가시지 않는 통에 정말 초조해서 혼났어. 그나저나 너희들 팔은 괜찮니?"

"……"

그 후 며칠 동안 팔이 쑤셔서 고통스럽기는 했지만 위기일발의 상황이 무사히 끝난 것만으로도 우리는 안도의 한숨을 내쉬었다. 그러나 그 후로도 우리는 가끔 시내에 샌드위치를 사먹으러 가기 위해, 혹은 그냥 단순한 재미를 위해 한밤중에 굳게 닫힌 기숙사 문을 몰래 열곤 했었다.

'이성'에 얽힌 사건을 두 번이나 치뤘지만 사실 그때의 나는 성과 관련된 경험이 없었다. 미국사회에서 섹스 문제는 한국사회에서처럼 심각한 금기사항이 아니다. 때문에 어린 시절부터 그런 분방한 분위기에 휩쓸리다 보면 자신도 모르게 방종한 생활로 접어드는 경우가 종종 있다. 마약 문제도 마찬가지다. 초우트에서도 마약에 취한 채 교정을 배회하던 몇몇 학생들이 결국은 꼬리를 잡혀 퇴학을 당했다.

그러므로 나는 유혹으로부터 자신을 굳건하게 지킬 심지가 굳은 학생들만이 유학생활에서 성공할 수 있다고 믿는다. 사회의 일반적인 흐름에 역행한다는 것은 분명 용기를 필요로 하는 일이다. 물론 다수의 미국 학생들은 한국의 학생들과 같이 순수하고 건전하다. 그러나 일단 어긋나기 시작하면 걷잡을 수 없는 탈선의 길로 빠져들 수도 있다. 때문에 자신을 지킬 수 있는 정신적인 지주를 간직한다는 것은 매우 중요한 일이다. 돌이켜보면 나를 지켜준 것은 나의 '꿈'이었다. 그릇된 길로 접어들려고 할 때마다 내일에 대한 나의 믿음은 내 어깨와 발목을 붙잡아주었다.

또 하나, 나를 지켜준 것이 있다면 부모님의 지극한 정성과 그에 대한 책임감이었을 것이다. 초우트 1학년을 마칠 무렵부터 아버지는 한 달에 한 번씩 책을 한 상자 가득 보내주셨다. 한국의 신문, 당시 많이 읽히던 사상집이나 소설 등, 그 소포 안에는 조국과 나의 간극을 메워줄 정신적인 자산들이 담겨 있었다. 그토록 나를 물심양면으로 뒷받침해 주시는 부모님의 기대를 저버릴 수는 없었다.

친구들과 신나게 놀면서 시간을 허비하다가도 한밤중이 되면 책상 앞에 앉아서 밤을 꼬박 새웠던 것은 이 두 가지 이유에서였다. 나는 가슴 한구석에 살아 있는 내 꿈을 결코 배반할 수 없었고, 자식만을 위한 인생을 살아가시는 부모님을 한순간도 잊을 수가 없었다. 초우트의 '사립 고등학교 문화'에 철저히 순응했던 것도 한국인 홍정욱에게 있어서는 본 궤도에서 벗어난 하나의 샛길이었는지도 모른다.

내가 그 화려한 샛길에 빠져 있을 때 경각심을 불러일으켜준 친구가 있었다. 어릴 때부터 소중한 벗으로 지내온 재영이었다.

Amicus Ad Aras*

죽마고우라는 말이 있다. 초등학교와 중학교 동창인 재영이 87년 가을 초우트로 유학을 오게 되었다. 영어를 자유자재로 구사하는 재영에게 초우트 입학은 그리 어려운 일이 아니었다. 나는 이 먼 곳에서 옛 친구와 함께 지낼 수 있다는 생각에 가슴이 벅찼다. 재영이 오기 전부터 내가 그에 대한 이야기를 해둔 까닭에 친구들은 한국에서 올 이방인에 대해 호감을 갖고 있었다. 게다가 난 '룸메이트 절대 사절'의 철칙을 깨고 재영과 같은 방을 쓸 수 있도록 계획을 짰다. 이것은 나보다 후임인 재영을 배려해서 계획한 것이었다. 그런데 막상 초우트에 온 재영의 태도는 나의 의도와는 달랐다. 그는 사려깊고 고집이 센 편이라 오히려 나와 함께 지내는 것을 걱정하는 눈치였다.

"우리가 너무 가까이 있으면 혹시 사이가 나빠질지도 몰라."

난 재영의 말을 이해할 수가 없었다.

"그게 무슨 소리야? 내가 너와 같이 지내지 않으면 누구하고 같이

| *라틴어로 '죽을 때까지의 벗' 이라는 뜻. 고대 그리스의 페리클레스가 한 말로 알려져 있음.

지내겠어? 너도 내가 있어서 든든할 거다!"

오랜만의 만남에 들떠서 나는 재영이 걱정하는 것을 심각하게 고려하지 않았다. 그러나 결국 그의 말대로 우리는 한 방을 쓰면서 서로의 다른 사고방식 때문에 갈등을 빚었다. 다분히 동부 사립 고등학교 문화에 경도되어 있던 내게 재영은 때때로 쐐기를 박기도 했다. 아마도 재영의 눈에 난 지나친 순응주의자로 보였을 것이고, 나는 초우트라는 특수한 곳에 와서 적응하려 하지 않는 친구의 태도가 못마땅하게 여겨졌던 것이다.

"정욱아, 네 친구들은 왜 저렇게 잘난 체만 하는 거지? 그리고 늘 남을 무시하면서 자기네들끼리만 몰려다니고……. 난 그 아이들이 맘에 안 든다."

재영은 동부 사립 고등학교 문화의 부정적인 면을 먼저 깨달은 것 같았다. 그는 낭만적인 기질을 지니고 있었기에 가식적으로 편협한 문화에 동화되기를 철저히 거부했다. 오히려 우리가 무시하던 '열등 그룹'에 속한 아이들과 더욱 친하게 지냈고, 자신이 가지고 있는 성향을 버리려 하지 않았다. 도어스, 재니스 조플린 등의 '프레피' 음악에 심취해 있던 내 귀에 갑자기 한국의 발라드 음악이 쏟아져 들어오기 시작했다.

"라이언, 네 친구 재영은 너와는 다른 것 같아. 숫기가 없어."

동양인을 무시하던 나의 친구들은 의외로 재영에게만은 먼저 친해지려고 말을 붙이기도 하고 친절을 베풀기도 했다. 그러나 재영은 좀처럼 마음을 열려 하지 않았다.

서로 맞지 않는 부류의 친구들 사이에서 괴로워한 것은 나였다. 주말에 친구들이 놀러가자고 하면 재영은 단호히 거절하며 기숙사에 혼자 남아 있겠다고 고집을 부렸다. 1학년 시절 혼자 방 안에 웅크리고 앉아 고향 생각이나 하고 있던 나를 보는 듯했다. 그런 친구를 두고 나 혼자만 주말을 즐길 수는 없는 노릇이었다. 하는 수 없이 친구들을 보내고 적막한 기숙사 방 안에 남은 우리는 피자 조각을 씹으며 텔레비전을 보는 것으로 시간을 보내곤 했다.

몇 시간씩 텔레비전 앞에서 떠날 줄 모르는 재영의 모습을 바라보면서 나는 치밀어오르는 화를 삭여야 할 때도 있었다. 황금 같은 주말을 텔레비전과 낮잠으로 보내야 하다니, 고집불통 같으니……

어느 일요일 오후엔가는 깜빡 잠이 들었다 깨어 보니 재영이 텔레비전 앞에 석고상처럼 앉아 있었고, 문밖에는 평소에 내가 상대도 하지 않았던 아이들이 우글거리며 떠들고 있었다.

"재영아, 난 네가 이렇게 방 안에만 틀어박혀 있는 거 더 이상 보고 있을 수가 없어."

"도대체 뭐가 어때서? 난 있는 그대로 살겠다는 거야. 가식적으로 사는 건 싫어."

"하지만 미국에 왔으면 우선 미국에 대해 알아야 하잖아! 그리고 잘 나가는 녀석들과 어울려보는 거야. 그래야 진짜 미국의 사립 고등학교 생활이 어떤지 알 수 있잖아."

"어쨌든 난 싫어. 그리고 네 태도도 마음에 들지 않아. 넌 동양인이면서 왜 서양아이들하고만 어울려 다니는 거지?"

우리는 자주 이런 식의 말다툼을 하며 서로의 마음에 상처를 내었다. 서로 자신의 주장을 절대 굽히려 하지 않았고, 그에 따른 팽팽한 감정 대립을 보이면서 며칠씩 말을 하지 않기도 했다. 그런 상태가 계속되자 나는 재영의 속마음을 알기 위해 재영이 잠든 틈을 타 그의 일기장을 훔쳐보는 버릇이 생겼다. 고국에 대한 그리움, 미국생활에 대한 염증, 그리고 이곳까지 믿고 찾아온 친구에 대한 실망감……. 그런 내용이 담긴 친구의 일기를 읽으며 나는 죄책감보다 미안한 마음이 앞섰다. 그러던 어느 날, 친구의 일기장을 훔쳐보는 나를 비웃기라도 하는 듯한 장난스런 재영의 글이 더 이상 일기를 보지 못하게 했다.

"정욱아, 이제 내 일기 그만 읽어라!"

그때의 그 당황스러움이라니……. 다음날 재영을 마주하고도 난 전날의 일을 감출 수밖에 없었다. 친구에게는 미안하고 부끄러운 일이었지만 차마 내 입으로 고백을 할 수는 없었다. 혼자 자신의 틀을 만들고 그 안에 갇혀 지내는 친구를 이해하기 위해서였다고 말한다면 변명이 될까?

3학년 2학기 때 나는 어머니가 유방암에 걸렸다는 소식을 듣게 되었다. 몹시 괴로웠지만 당시의 나는 대학 입학을 앞두고 성적 문제와 SAT(대입 학력고사) 준비로 고투하고 있었다. 3학년 3학기에는 거의 매일 밤을 새우다시피 했다. 그 전에도 하루 5~6시간 정도는 꼬박 책상 앞에 앉아 있었지만 3학년이 되면서부터 그 시간은 7~8시간으로 늘어났다. 학교 시험과 SAT 준비 기간 동안에는 하루에 10~11시간까지 공부를 해야 했으니 결국 수업시간을 빼고 나면 평균 수면시간은 4~5시간 정도밖에 되지 않았다.

수면 부족이 계속되다 보니 늘 정신이 몽롱한 상태였다. 쏟아지는 잠을 쫓기 위해 그때 내가 애용한 것은 잠 안 오는 약 '노도스(nodos)'였다. 노도스를 먹으면 잠이 몰려와도 눈은 감기지 않는다. 머릿속은 이미 반쯤 잠이 든 상태인데도 나는 계속 단어를 외우고 책을 읽었다. 한국에도 밤에 잠자면서 공부할 내용의 테이프를 틀어놓는 학습방법이 소개된 적이 있다고 들었다. 가수상태에서의 학습이란 학습 내용이 무의식 상태에서 두뇌에 저장됨으로써, 나중에 맑은 정신으로 복습하면 더욱 쉽게 암기된다는 가설이다. 당시 나뿐만 아니라 많은 학생들이 '노도스'를 복용했는데 물론 건강에는 좋을 리 없었지만 절대 시간이 부족했던 우리들에게는 필요악일 수밖에 없었다.

당시 공부에 대한 스트레스는 정말 심각했다. 시험 이틀 전에는 전교생에게 '소리지르는 시간'이 주어졌는데 어느 기숙사에서부터인가 일제히 소리를 지르기 시작하면 잠시 후 학교 전체가 비명 소리로 떠나갈 듯했다. 그렇게 해서라도 잠시나마 시험에 대한 초조함을 잊었던 것이다.

때론 공부에 대한 강박감이 지나쳐 정신적으로 일탈된 행동을 하는 아이들도 있었다. 그 중 크리스라는 중국계 아이가 기억이 난다. 부유한 집안인데다 천재들이 많다고 소문난 가문 출신인 그는 역시 우수한 학생이었다. 그런데 어느 날 그가 컴퓨터 한 대를 들고 자기 기숙사 방 창문을 통해 들어가는 것을 한 학생이 우연히 목격하게 되었다. 그 목격자의 제보로 크리스의 방문을 열어보았더니 방 안에는 여러 대의 컴퓨터와 각종 전자제품, 심지어 노트, 스푼에 이르기까지 갖가지 물건들이 잡화상처럼 꽉 들어차 있었다. 그것들은 모두 지난 2년 동안 초우트에서 분실된 물건들이었다. 1등을 해야 한다는 압박감이 도벽으로 변질된 경우였다. 결국 크리스는 퇴학을 당했다. 이런 사건 외에도 공부에 대한 스트레스를 극복하지 못하고 자퇴하는 학생들도 종종 있었다. 우리나라의 고3병과 같다고 할까?

어쨌든 나는 SAT 준비를 하던 몇 달 간 '노도스'를 비타민제처럼 복용하면서 공부를 했다. 병마와 싸우는 어머니의 얼굴을 떠올리면 당장 한국으로 돌아가고 싶었지만, 그럴수록 이를 악물고 책 속으로 파고들었다. '어머니는 자신과의 싸움을, 나는 이 자리에서 나 자신과의 싸움을 계속하는 것이다. 내가 여기서 진다면 어머니도 이기실

수가 없다.' 그런 주술적인 생각이 나를 사로잡았고, 나는 끊임없이 정신에 항거하려는 육신에 강한 자기 최면을 걸었던 것이다.

미국아이들은 피곤하다는 말을 입에 붙이고 다녔다. 또 조금만 아프면 양호실을 찾아가 수업에 빠지기 일쑤였다. 그런 아이들을 볼 때마다 고된 학업에도 불구하고 불평이나 꾀병 없이 묵묵히 학업에 열중하는 한국의 친구들이 떠올랐다. 나에게 있어 학업에 대한 투정이란 사치였다. 또한 처음부터 내 의지대로 선택한 길이었기 때문에 육체적으로 힘들다 해서 정신의 끈을 늦출 수는 없었다. 게다가 난 어머니의 투병과 묵시적인 약속까지 하지 않았던가. 가끔 꼼짝할 수 없을 정도로 몸이 아팠던 적도 있었지만 나는 4년 동안 단 한 번도 결강을 한 적이 없었다.

봄 학기 기말고사를 앞두고 강행군을 하던 어느 날 밤이었다. 우리 층에 살고 있던 아담이라는 친구가 '노도스'를 잔뜩 먹고 몽롱한 상태에 노크도 없이 방 안으로 들어섰다. 원래 공부는 체질적으로 안 맞는 녀석이 밤을 새우겠다고 약을 먹었으니 결과는 뻔했다. 밤새 공부는 하지 않고 책상 앞에 앉아 있는 아이들을 방해하면서 다녔다. 용건만 끝내고 나가라는 표정이 역력한 재영과 나를 완전히 무시한 아담은 평소의 무례한 태도로 내 침대에 털썩 주저앉았다.

"라이언, 행복이란 뭘까?"

순간 재영이 '푸하' 하고 웃음을 터뜨렸다. 소 도둑놈같이 생긴 녀석이 너무도 어울리지 않는 질문을 해왔기 때문이다. 재영이 너무 노골적인 반응을 보여서 나는 웃음을 꾹 참고 대답했다.

"글쎄, 삶을 살아가면서 정말 살고 있다고 느낄 때가 아닐까?"

세상에서 가장 단순한 유형의 인간인 아담은 이내 골치 아프다는 표정을 지으며 손을 내저었다.

"젠장, 그런 거 말고 말야. 나는 내일 시험에 네가 내 옆에 앉는 것이 행복이 아닐까 생각해. 역사학 빌딩이 폭파되는 것도 괜찮을 테고, 티어니 선생이 심장마비를 일으키는 것도 좋겠다. 또 내가 잠들었을 때 그런 일이 생긴다면 더욱 좋을 텐데. 일어났다가 다시 잠들어야 할 필요가 없잖아."

그때 재영이 끼어들었다.

"시험이 뭐가 그리 중요해? 나는 연필 2개로 라면 먹다가 젓가락을 발견했을 때가 바로 행복이라고 생각해."

재영다운 발상이었다. 싱거운 토론을 벌이고 있는 둘을 앞에 둔 채 나는 생각에 빠져들고 있었다. 뉴욕에 계신 어머니의 얼굴이 아련히 떠올랐다. 기말고사가 끝나는 날, 가방을 둘러메고 기차역을 향해 걸어가는 나의 모습도 떠올랐다. 그리고 월링포드의 평화와 초여름의 상록이 달콤하게 느껴지는 날 여행을 떠나는 내 모습을 상상해 보았다. 세상의 구석구석에서 나를 기다리고 있을 새로운 경험과 도전, 지금의 나로선 꿈 같은 일이었다.

그때 아담이 손으로 갖고 놀던 프리스비를 내게 던지며 퉁명스럽게 내뱉었다.

"이자식, 혼자 무슨 생각을 그렇게 골똘히 하는 거지? 맥클러의 엉덩이라도 생각한 거야?"

내 몽상을 원시적으로 깔아뭉갠 아담을 바라보며 나는 차갑게 대꾸했다.

"아니, 네가 이번 학기를 끝으로 퇴학당하는 생각을 하고 있었다."

나는 그렇게 재영과 함께 3학년을 보냈다. 그는 내게 깊은 갈등을 느끼게 하면서 나의 변모된 모습을 서서히 자각하게 만들었다. 그리고 점차 나도 달라지고 있었다. 듣기 거북했던 한국 노래들이 어느 날 부터 가슴속으로 파고 들어왔고, 재영과 함께 어울리던 동양 아이들과도 어울리기 시작했다. 재영의 용기와 굳건한 자아는 내게 가식적인 우정은 이제까지의 경험으로 충분하다는 자각을 하게 해주었다.

겨울방학이 끝난 후 우리는 한층 더 성숙해진 우정을 나누기 시작했다. 서로 갈등을 공감하고 함께 노력했기 때문이다. 이제 우리는 같이 뛰노는 친구들이 아닌 자아를 나누는 벗이 되어 가고 있었다.

건강한 젊음

운동을 좋아하는 사람들이라면 아마도 비 갠 오후 잔디밭을 달리면서 땀을 흘릴 때의 기분을 이해할 것이다. 산에 둘러싸여 있는 초우트의 축구장은 초록의 잔디들로 젊은 나를 늘 유혹하곤 했다. 젖은 솜뭉치처럼 온몸이 땀으로 범벅이 될 때까지 운동을 하고 난 후 뜨거운 물로 한바탕 샤워를 했다. 그러면 가슴 깊숙한 곳까지 씻어낸 듯한 정신과 육체의 청결함을 느낄 수 있었다. 나의 영혼이 다시 태어나는 듯한 환희를 깨닫게 되었던 것이다.

초우트에는 대표팀인 V팀, JV팀, JVR팀, 3-4 A팀, 3-4 B팀, 그리고 4개의 레크리에이션 팀 등 9개의 축구팀이 있었다. 매년 가을학기 초에는 소속팀을 결정하는 테스트가 있었는데, 첫해 나는 3-4 A팀으로 배정받았다. 처음에는 도저히 믿을 수가 없었다. 미국의 축구 수준이 한국보다 낮다고 생각했었는데, 3-4 A팀이라면 레크리에이션 팀을 제외하고 끝에서 두 번째 팀인 것이다. 난 코치인 포드 선생에게 항의를 했다. 테스트가 잘못된 것이 아닌가, 이럴 수는 없다, 다시 한 번만 테스트를 받도록 해달라……. 간신히 다시 한 번 테스트를 받을 수 있었지만 결과는 마찬가지였다.

자존심에 깊은 상처를 받은 나는 문자 그대로 와신상담의 의미를 되새겼다. 하지만 1학년 때는 발등의 불이었던 학업이 무엇보다도 시급했기 때문에 축구에 신경을 쓸 틈이 없었다. 2학년 여름방학 때 나는 축구에만 전심전력하기로 결심하고 캔터베리 고등학교에서 열리는 일주일 동안의 축구 캠프에 참여하기로 했다.

캠프의 일정은 지옥 훈련을 방불케 했다. 아침 7시에 기상해 잠자리에 들기 전까지 식사 시간과 오후의 휴식 시간도 쉬지 않고 축구 연습을 해야 했다. 오전에는 기능과 체력을 연마하는 맹훈련을 거치고 식사 후 1시부터 3시까지는 실전 경험을 쌓았다. 그리고 저녁식사 후에는 더욱 격렬한 실내 축구 연습, 취침 전에는 월드컵 경기에 대한 분석으로 이어졌다. 하루 종일 축구 연습을 마치고 나면 발바닥에는 온통 물집이 생겨서 걷기조차 힘들었고, 온몸이 쑤시고 결려서 쉽게 잠을 이룰 수가 없었다. 그러나 다음날 다시 그라운드에서 뛰다 보면 어느새 아픔을 잊게 되었다.

캠프를 마친 나는 또다시 개인 훈련에 들어갔다. 뉴욕의 센트럴 파크에서 조깅과 가벼운 공놀림으로 체력과 감각을 키워나갔다. 이 같은 훈련에 힘입어 나의 축구 실력은 월등히 향상되었고 체력도 놀라울 정도로 보강되었다. 그 덕분에 나는 개학과 동시에 JV팀에서 주전으로 활약할 수 있게 되었다. 또한 그해 나는 공격수에서 수비수로 포지션을 바꾸었다. 최종 수비수인 스위퍼가 내 포지션이었는데 경기의 전반적 흐름을 뒤에서 관망하고 컨트롤할 수 있는 흥미 있는 자리였다. 미국에서 고등학교 축구는 기술 위주의 축구라기보다는 힘의 축구로, 우선은 체력전이었다. 특히 과감한 태클로 상대편 공격수의 발목을 붙잡아두는 수비수는 높은 인기를 끌 수 있는 자리였다.

초우트에는 하버드·예일전, 연·고전과 비슷한 '디어필드 데이(디어필드에서는 '초우트 데이'라고 부름)'라는 스포츠 행사가 있다. 라이벌 디어필드와 미식축구, 축구, 필드하키 등의 종목에서 경기를 벌이는 것으로서, 양교 교무진과 학생, 동문들이 모두 참석하는 축제이기도 했다.

3학년 때의 디어필드 데이였다. 그해는 초우트의 선수들이 디어필드로 원정을 갈 차례였다. 흰 셔츠와 감색 재킷, 카키색 바지를 똑같이 차려입은 선수들이 디어필드로 향하는 전세 버스에 올라탔다. 결전의 시간이 다가옴에 따라 우리들은 모두 긴장감으로 흥분해 있었다. 버스 안에는 경기에 임하기 전의 비장한 결의, 그리고 승리를 다짐하는 고양된 떨림, 은밀한 침묵이 가득 차 있었다.

디어필드의 경기장은 밤새 내린 눈이 녹아 조금 질퍽거렸다. 우리들은 원정 경기에서 오는 부담감으로 상당히 긴장한 상태였다. 경기가 시작되고 10분이 지났는데도 긴장은 풀리지 않았다. 공격의 주도권은 거의 일방적으로 상대편 선수들에게 빼앗긴 상태였다. 주장인 나는 시간이 흐를수록 초조해졌고, 게임의 판도를 바꿀 어떤 작전이 필요하다는 생각이 들었다.

무엇보다도 승부욕이 강한 나로서는 그 상태를 그냥 두고 볼 수가 없었다. 난 거친 돌격을 시작했고 상대편의 한 선수에게 있는 힘껏 강한 태클을 넣었다. 곧 그도 쓰러졌고 나도 쓰러지고 말았다. 두 사람이 그라운드 한가운데 널브러진 채 누워 있었는데 우리편 응원석에서 격려의 함성이 쏟아졌다. 그 함성 때문이었는지 긴장해 있던 우리 선수들도 기력을 찾아 경기의 흐름을 리드하기 시작했다.

게임은 막상막하. 1:1 타이 스코어가 전광판에 기록되었다. 긴박감은 더해 갔고, 나는 매순간 격한 태클로 질퍽한 땅 위를 뒹굴었다. 이겨야 한다는 강박감 때문이었을까. 나는 과잉 행동을 하고 말았고 기어코 주심의 경고가 나를 저지시켰다. 호루라기 소리와 함께 난 레드카드를 받았고, 후반 경기 20분을 남긴 채 퇴장해야만 했다. 나는 온몸이 진흙투성이가 되어 벤치에 앉아 경기를 관전할 수밖에 없었다. 결과는 2:1로 우리 팀의 패배로 끝나고 말았다. 분전을 했으나 진 것만은 인정해야 했다. 의기소침하여 경기장을 나서던 우리들에게 선배들은 위로와 격려의 말을 아끼지 않았다. 온몸이 상처와 진흙투성이인 우리에게 선배들의 격려는 큰 위안이 되었다.

자신의 몸을 아끼지 않고 경기를 치룬 후의 뿌듯한 동지애, 긁히고 상처가 난 서로의 몸을 바라보며 샤워할 때의 우정, 그럴 때 우리는 피부색과 국적을 뛰어넘어 순수한 친구가 될 수 있었다. 게다가 그때처럼 내 몸이 건강했던 적은 없는 것 같다. 나는 또한 경기가 끝나면 허기를 채우기 위해 30센티미터 정도의 길고 두꺼운 '서브웨이' 샌드위치를 단숨에 먹어치우기도 했다.

새벽 이슬로 촉촉히 젖은 잔디밭에 첫 발을 내디뎠을 때의 상쾌한 청량감과 운동장에서 저돌적으로 뛰며 만끽했던 축구에 대한 신선한 기쁨, 그리고 또 하나 잊을 수 없는 추억이 있다. 혼자 떠났던 미국 횡단 기차여행이 바로 그것이다.

3학년 봄방학에 나는 무슨 생각에서인지 무려 57시간이 소요되는 뉴욕—LA 간 기차여행을 순간적으로 결정해 버렸다. 3박 4일의 기차여행이 로맨틱하게 느껴졌고, 홀로 갖는 사색과 독서의 기회 또한 매력적인 것이었다. 그러나 현실은 나의 몽상과는 판이하게 달랐다. 멋진 경치도 불과 30분 후에는 아무런 감흥도 없이 똑같이 흘러가는 무미건조한 그림이 되어버렸다. 이야기할 사람도 없고, 잠도 오지 않아 낭만에 현혹되었던 나의 섣부른 감상이 후회될 뿐이었다.

난 불면에 뒤척이다 못해 통로로 걸어 나갔다. 통로 끝에는 히피 차림을 한 여자가 혼자 서 있었다. 우리는 한동안 거리를 두고 통로 반대편에 있었고 '지루한 여행'이라는 불가피한 상황을 공유하고 있다는 것을 깨달았다. 난 그녀가 있는 쪽으로 다가갔다. 그녀는 여전히 창밖을 응시하고 있었는데 난 그녀에게서 이상한 체취를 느꼈다. 이미 환각상태에 빠져 정신을 잃은 듯한 얼굴이 내 시선을 당겼다. 그녀는 마리화나를 너무 많이 피워 의식이 흐려져 있었다. 그녀를 바라보던 난 멈칫하지 않을 수 없었다. 어쩌면 외로운 여행 중에 말동무가 될 수도 있었을 텐데. 그 히피 차림의 여자를 통로에 그대로 내버려둔 채 난 자리로 돌아오고 말았다.

인내력이 한계에 도달할 때쯤 마침내 LA에 도착했다. 엎드려 땅에 입이라도 맞추고 싶을 정도로 반갑고 후련한 순간이었다. 사람들도 제각기 감격에 겨워하고 있었다. 발바닥을 견고하게 받쳐주고 있는 부드러운 흙의 촉감. 왕복 기차권을 샀지만 뉴욕으로 돌아갈 때 나는 주저 없이 비행기를 탔다. 미완으로 끝나버린 미국 횡단 왕복 철도여행은 대륙을 횡단했다는 특별한 기록 이외에는 내게 악몽 같은 여행이었다. 그리고 다른 사람에게 권하고 싶지 않은 여행이기도 하다. 혹 자신의 인내심을 시험해 보고 싶은 사람이라면 몰라도.

영어에서 처음으로 받은 A학점

고교생활의 첫 3년 동안 나는 놀라운 속도로 성장했다. 여기에는 물론 육체적·정신적인 성장과 함께 지적인 의미의 성장도 포함된다. 어릴 때부터 책과 가까이 지냈던 나는 미국에서도 시간이 날 때마다 많은 종류의 책들을 접했다. 특히 3학년에 들어서면서는 철학과 문학에 깊이 빠져들기 시작했다. 현실정치학 외에도 근대, 현대의 이념과 문학에 심취했던 후일의 내 지적 성향은 아마 고등학교 3학년 때부터 이미 그 기반이 닦아졌는지도 모를 일이다.

3학년 영어 시간에 유머감각이 뛰어나면서 까다롭고 비판적이기로 소문난 티믈린 선생을 통해 나는 19세기 미국의 초절(超絶) 사상을 접하게 되었다. 플라톤, 칸트 중심의 선험주의 학파와 독일 낭만주의 학파로부터도 크게 영향을 받은 미국의 초절주의는 전통과 권력체제에 대한 깊은 불신으로부터 출발하여 인간과 자연과의 직접적 교류와 경험 위주의 행동주의를 강조한 자연철학이다.

에머슨, 소로우, 올콧 등이 대표적인 학자인데, 이 학파는 일면 인간을 우주의 축도(縮圖)로 파악하는 유교의 인간주의와도 유사한 면이 없지 않았다. 자연으로 돌아가 깊은 숲 속에 오두막을 짓고 살면서 현자와 같은 목소리로 글을 써 내려간 소로우의 맑은 음성, 가슴속까지 청량하게 만드는 에머슨의 자유롭고도 자신만만한 이론 등, 초절주의 학파의 글에서는 새로운 지성의 느낌이 살아 숨쉬고 있었다. 철학의 초기 단계에 입문해 사상적인 기초를 세워보고자 했던 내게 이들은 더할 나위 없이 매력적인 존재로 다가왔고, 나는 에머슨의 《자연》, 《운명》 그리고 소로우의 《왈덴》, 《일기》 같은 책들에 매혹되어 심지어는 그들의 문체를 흉내내보려는 시도까지 하게 되었다.

그러나 사상이나 철학보다 더 깊이 나의 미숙한 영혼을 사로잡은 것은 영국의 낭만주의 문학이었다.

우리는 너무나 홍진에 묻혀 산다.
꼭두새벽부터 밤늦도록
벌고 쓰는 일에
우리에게 주어진 자연도 보지 못하고,
심금마저 버렸으니 이 남루한 흥정이여!

매사에 시큰둥하다, 신이여!
차라리 사라진 옛 믿음으로 자라는
이단이나 되고지고
이 아름다운 위안이 되도록
바다에서 솟아나는 프로테우스를 볼 수 있고
트라이튼의 조가비 소리를 들을 수 있도록.

— 윌리엄 워즈워스(W. Wordsworth)
⟨The World is Too Much with Us⟩ 중에서

워즈워스, 키츠, 바이런 등 이름만 들어도 가슴이 두근거리는 위대한 낭만주의 작가들, 당시 문학의 주류였던 신고전주의에 과감히 도전해 '시는 자연스럽게 넘쳐 흐르는 강력한 감정의 표현'이라는 명제로 세계 문학의 흐름을 완전히 뒤바꿔 놓았던 이 19세기의 대문호들은 나를 매료시켰다. 언어를 고르고 골라서 천편일률적인 기교에 실었던, 정형화된 신고전주의의 시들에 비해 솔직하고 자연스러운 낭만주의 시들은 살아 있는 인간의 아름다운 영혼, 그 자체였다.

나는 그들의 시뿐만 아니라 사상에도 매료되었고, 후일 하버드에서는 독일 낭만주의와 현대 전위예술에도 심취하게 되어 정석적인 낭만주의의 학업 과정을 그대로 답습하게 되었다. 대학 시절 지극히 현실

적이고 기능적인 정치학을 공부하게 된 내게 낭만주의 예술은 일종의 지적·감정적 요구에 대한 보상처 같은 것이었다.

또한 나는 하버드 출신 문인들에 대해 남다른 관심을 갖고 있었다. 어릴 때부터 하버드대학을 동경하던 내게 하버드 출신의 문인들이 더욱 위대하게 여겨진 것은 당연하다고 할 수 있다. 초절주의에 관심을 가진 이유 중의 하나가 그 대표학자인 에머슨이 하버드를 나왔기 때문이라면 혹자는 나의 편향된 취향에 웃음을 지을지도 모르겠다. 어쨌든 나는 에머슨, 엘리엇, 프로스트 등 하버드 출신 문인들의 작품집을 마치 교과서처럼 늘 끼고 다녔다. 그러나 당시의 내 실력으로는 프로스트의 시라면 몰라도 엘리엇의 작품들을 깊이 이해한다는 것은 무리였다. 의미를 완전히 이해하지도 못하면서 감탄사를 연발하며 엘리엇의 시를 읊고 다녔던 그 시절의 나를 돌이켜보면 떠오르는 문구가 하나 있다.

세상 사람이 고작 유자서(有字書)나 읽을 줄 알았지, 무자서(無字書)를 읽을 줄 모르면서, 유현금(有絃琴)이나 뜯을 줄 알았지 무현금(無絃琴)은 뜯을 줄 모르니, 그 정신을 찾으려 하지 않고 껍데기만 좇아다니는데 어찌 금서의 참맛을 알 도리가 있겠느냐.

《채근담》에 나오는 한 구절이다. 지식을 통해 지혜를 발견하는 현명함……. 무자서는커녕 유자서도 제대로 읽을 줄 모르는 소년이 그런 지적 해탈의 경지로부터 동떨어져 있음은 두말 할 나위도 없었다. 그러나 한 가지 분명한 것은 내게 문학에 대한 애정이 싹트고 있었다는 사실이다. 한 페이지 읽을 때마다 두 페이지 분량의 주석서를 읽어야 이해가 되는 어려운 시를 썼던 엘리엇(T. S. Eliot)도 '순수한 시는 이해되기도 전에 전달된다'고 이야기하지 않았던가? 어려운 사상과 시적 은유를 이해할 지력은 없었지만 좋은 시를 느낄 수 있는 감수성은 있었다. 때문에 나는 스스로의 무지에 개의치 않고 닥치는 대로 읽어나갈 수 있었던 것이다.

3학년 봄 학기가 시작된 4월 초순이었다. 티플린 선생이 특유의 초점 없는 눈과 날카로운 말투로 한 가지 중대 발표를 했다.
"지금부터 너희들에게 한 가지 도전의 기회를 제공하겠다. 모두들 'J. 알프레드 프루프록의 연가'라는 엘리엇의 시를 알고 있겠지?"
야외 수업을 하겠다라든가, 다음주에는 다과파티를 열겠다라든가 하는 그야말로 신나는 제안을 기대했던 학우들의 눈에 실망의 빛이 역력했다.
"그 시를 모두 암송하는 학생에게는 테스트에서 A와 같은 비중의 가산 점수를 주겠다."
A의 유혹에 넘어가 노튼 미국문학연감을 찾아본 우리는 분노 섞인 실망감을 맛볼 수밖에 없었다. 그 시는 엘리엇 특유의 난해한 문체로 쓰여진 무려 131행이나 되는 장시였다. 티플린 선생은 잔인한 미소를 띤 채 무력한 우리들을 내려다보았다.
"다음주 금요일까지야."
교실을 나오자마자 친구들의 투덜대는 소리가 들려왔다.
"우릴 놀리는 거지 뭐야?"
"야비한 티플린 자식!"
그러나 나에게는 이 문제가 한 번 욕하고 말 성질의 간단한 문제가 아니었다. 지난 2년 반 동안 화장실에서 날밤을 새우며 열심히 공부했어도 단 한 번도 받아본 적이 없는 영어 과목의 A였다. 덕분에 번번이 스트레이트 A를 놓치지 않았던가? 헛소리라고 지나쳐버리기에 내겐 너무나 달콤한 유혹이었다. 방으로 돌아온 나는 곧 수북이 쌓인 숙제들을 미루어놓고 엘리엇의 시집을 펼쳐 들었다.

'다른 과목도 아닌 영어에서 A를 받을 수 있다면.'

나는 이 도전을 받아들이기로 마음을 굳혔다. 아니 이미 내 머릿속에는 성적표에 표시될 '영어 A'의 문자가 꽉 차 있었다.

나는 차라리
고요한 바다 밑바닥을 어기적거리는 한 쌍의 엉성한 게다리나 되었을 것을…….
그리고 내가 공식화되어 핀 위에 펼쳐질 때,
내가 핀에 꽂혀 벽 위에 꿈틀댈 때,
…….

나를 구속하는 것은 어쩌면 '꿈'이라는 결코 삶에서 삭제해 버릴 수 없는 압정인지도 몰랐다. 나는 '남보다 뛰어난 사람, 훌륭한 사람이 되겠다'는 꿈에 속박되어 인생을 오로지 한 방향으로만 몰아가는 그런 불쌍한 사람은 아닌가? 내 존재의 자유를 구속하고 있는 인간적인 모든 욕망, 즉 야망이라고 불리는 이 강력한 감정의 실체는 무엇인가?

현대인의 고뇌를 묘사한 '프루프록의 연가'를 밤새워 외우면서 나는 여러 가지 생각을 했던 것 같다. 사실 깊이 생각해 보면 인간이 가지고 있는 야망이라는 것도 어쩌면 자연이나 운명이라는 거대한 벽에 꽂힌 벌레 한 마리 정도의 몸부림에 불과한 것인지도 모른다. 그러나 어설픈 몸짓이라도 어딘가를 향해 나아가고자 하는 것과 그 몸부림조차 하지 않는 것은 긴 세월이 흐른 뒤 엄청난 차이를 보일 것이다. 그

족적이 단순히 이기적인 방향이 아니라 올바른 방향으로 계속 이어진다면 꿈은 어느 무엇보다 훌륭한 삶의 원동력이 될 수도 있을 것이다. 어쨌든 '행하지 않는 것보다 행하는 것이 낫다', 그것만은 분명했다.

131행의 길고 복잡한 시를 완전히 외우는 데는 꼬박 48시간이 걸렸다. 이틀 후 나는 잠을 자지 못해 충혈된 눈으로 티믈린 선생이 살고 있던 미드 기숙사의 방문을 두드렸다. 티믈린 선생이 놀란 표정으로 나를 맞이했다. 나는 '프루프록의 연가'를 막히거나 틀리는 곳 없이 완벽하게 암송했다.

티믈린 선생의 초점 없는 눈이 순간 놀라움으로 커졌다. 낭송을 끝낸 후 인사를 하고 나오는 나를 그 거만한 선생이 문밖까지 배웅을 해주었다. 티믈린 선생의 뒷모습이 방 안으로 사라지자 나는 나도 모르게 환호의 소리를 지르며 위로 펄쩍 뛰어올랐다. 화장실에서 영어 단어들과 밤새워 씨름할 때, 한 페이지를 읽고 모르는 단어가 100개가 넘는 것을 발견했을 때, 그때마다 넘을 수 없는 장벽인 것처럼 느껴지던 영어, 드디어 내가 그 영어에서도 A를 받을 수 있게 된 것이었다.

티믈린 선생은 내 학기말 성적표에 다음과 같이 적어놓았다.

라이언은 놀라운 성공 스토리를 만들어가고 있다. 그는 학기말 시험에서 평균 점수보다 11점이 높은 95점을 맞아 나를 놀라게 했다. 헤밍웨이와 피츠제럴드에 관한 그의 에세이는 이해력, 조직력, 표현력, 통찰력 등 모든 면에서 그가 이 클래스 학생들 중 최고의 작가임을 보여주었다. 내년에 나는 헤밍웨이에 관한 그의 에세이를 최우수작문상 후보로 추천할 생각이다. 게다가 놀라운 일은 가산점을 더 주겠다는 내 도전에 응해 그가 빚어낸 완벽한 성과이다. 라이언은 내가 초우트에 재직한 지난 7년 동안 시도해 온 이 시험에서 합격한 두 번째 학생이다.

어머니

어머니의 건강이 나빠진 것은 오래 전부터였다. 본래 허약 체질이신데다가 고된 미국생활이 당신의 건강을 극도로 악화시켰을 것이다. 비행기 타는 것이 싫어서 스튜어디스를 그만두신 어머니가 14시간이나 걸리는 장거리 비행을 1년에도 여섯 번이나 하셨다. 언젠가 한 번은 미국행 비행기표를 예매해 놓았다가 갑자기 위경련을 일으켜 앓아 누우신 적이 있었다. 그러나 꼼짝도 하지 못하고 누워 계시다가도 먼 타국 땅에서 어머니만을 기다리고 있을 나를 생각하고는 일정을 연기하지 않고 날아오셨다.

뉴욕의 밀폐된 아파트도 어머니의 건강에 악영향을 끼쳤을 것이다. 어머니는 주중에는 외출도 전혀 하지 않으시고 주말에만 자식들의 식사를 준비하기 위해 겨우 슈퍼에나 다녀오는 답답한 생활을 하셨다. 신앙심이 깊은 분이라 늘 기도로 위안을 삼긴 했지만 그곳은 병이 들기에 적합한 폐쇄적 환경이었다. 어느 때부터인가 예전 같지 않게 음식을 드시지 못하고 자꾸 마르시는 듯해서 누나와 나는 어머니가 너무 피곤해서 그런가 보다는 생각으로 보약만 계속 드시게 했었다.

점점 몸이 아프자 어느 날 어머니는 혼자서 뉴욕 근처의 작은 병원을 찾아갔다. 가슴에 작은 멍울이 잡혔고, 몸은 몰라보게 야위어 한눈에도 병색이 짙은 얼굴이었다. 단순히 피로가 누적되어서 그런 줄 알고 찾아간 병원이었는데 뜻밖에도 의사는 암인 것 같다는 진단을 내렸고 보호자와 함께 동행해 종합검사를 받으라고 했다.

나는 어머니의 병이 심상치 않음을 눈치챘다. 하지만 어머니는 대수롭지 않은 듯 "유방암인 것 같은데 서울에 가서 치료하면 금방 나을거야 걱정하지 마라"고 하셨다. 그러면서 컬럼비아대 입학을 준비하고 있던 성아 누나가 그 사실을 알면 공부하는 데 방해가 될 거라며 내게만 알려주셨다.

어머니는 다시 병원에 오라는 의사의 말을 듣지 않았다. 그만한 고통쯤은 자식들을 위해 참기로 작정한 듯 그 후로도 병원에 가지 않으셨다. 당시 성아 누나는 컬럼비아대 합격을 애타게 기다리고 있었기 때문에 어머니는 당신의 몸을 돌볼 생각조차 않으셨다. 어느 날 어머니는 필라델피아에 있는 친구를 만나러가셨다. 결정적으로 자신의 병세가 얼마나 심각한 것인지를 그곳에 가서 확인하시려 했던 것이다. 그곳 종합병원의 방사선과 암 전문의로 계신 어머니 친구 분의 남편은 어머니에게 한시라도 빨리 수술을 받으라고 종용하셨다고 한다. 어머니의 친구 분은 미련스럽게 뉴욕으로 돌아가서도 수술을 받지 않고 서울로도 빨리 돌아가지 않고 있는 어머니를 보며 안타까워하면서 전화로 간절한 기도만 해주셨다. 또한 그 의사는 기적도 있다면서 이런 위로를 해주셨다.

"얼마 전 미국에서 비행기 추락 사고로 승객이 모두 죽었는데도 젖을 빨고 있던 어린 아기 혼자 어머니 품속에서 유일하게 살아남았어요."

얼마나 어머니의 상태가 절박하면 그런 예를 들어 위로 아닌 위로의 말을 했었을까. 어머니는 그런 분이셨다. 당신의 몸 어느 한 부분이 암세포에 의해 썩어가고 있어도 아픔을 참으면서 자식들 일에만 헌신하셨다. 그리고 성아 누나의 합격 사실을 확인하고 나서야 극도로 피폐해진 몸을 이끌고 한국행 비행기에 오르셨다.

어머니가 한국으로 돌아가신 후 안전하게 도착하셨는지의 여부와 병세가 어떤지 알고 싶어 전화통에 매달렸으나 아무도 서울에서의 상황을 알려주지 않았으며, 아버지마저도 전화 한 통 없으셨다. 후에 안 사실이지만 어머니와 아버지는 우리들에게 어머니의 입원과 유방 절제 수술을 일체 비밀로 하기로 하셨다고 한다. 암 진행이 3기에 달한 어머니는 왼쪽 유방과 겨드랑이 임파선 전체를 절제하는 수술을 받으셔야 했으며, 수술 이후 시한부라는 선고를 받게 되자 그 충격적인 소식을 아무에게도 알리지 않으시려 했던 것이다.

한시가 급한 수술 때문에 입원을 하신 어머니를 보고 그렇게 담담한 표정의 환자는 처음 봤다며 아버지와 의사, 주위 분들이 놀라셨다는 것을 나는 나중에 들을 수 있었다. 그렇게 의연하게 죽음의 공포와 맞설 수 있었던 어머니의 자세와 정신력에 재삼 경의를 표하지 않을 수 없었다. 어머니는 어린 나를 황량한 미국에 두고 차마 떨어지지 않는 발걸음으로 한국으로 가실 때나 그 후 서울에서도 늘 이런 기도를 하셨다고 한다.

하나님! 오직 당신에게 어린 정욱이를 맡기고 떠납니다. 어미새가 알을 품듯이 지켜주고 안전하게 보호해 주소서. 늘 건강하게 해주시고 그 아이에게 모든 어려움을 극복할 수 있는 지혜와 용기를 주시옵소서. 또 당신을 믿고 사랑하는 천사만큼이나 고운 두 딸, 고된 몸으로 자식들 뒷바라지를 하는 그들의 아버지에게도 똑같은 강건함을 기원합니다. 멀리 혼자 떨어져 있는 아들을 눈동자같이 보호하시고 만에 하나라도 시험이나 고통을 받아야 한다면 가족 중 어느 누구도 아닌 저를 십자가의 제물로 삼아주시옵소서.

이 간절한 기도는 주로 나를 떼어놓고 귀국하는 기내에서 슬픔을 참으며 드린 기도였다. 또한 미국으로 어린 딸을 떠나보낼 때, 아버지의 모습을 뒤로 하고 다시 날 위해 미국행 비행기를 탔을 때 드렸던 기도이기도 했다. 어머니는 당신에게 닥쳐온 그 큰 병이 오히려 그렇게 감사할 수가 없었다고 하셨다. 아들이나 가족 그 어느 누가 병에 걸렸다면 어찌할 뻔했냐며 당신을 제물로 삼아주신 하나님께 오히려 감사하셨단다.

수술 결과는 절망적이었다. 어머니는 짧으면 6개월, 기적이 일어나도 5년 정도밖에 살 수 없다는 선고를 받으셨다. 어머니는 지옥 같은 투병을 하셔야 했다. 항암치료 때문에 머리카락이 모두 빠진 머리를 감추기 위해 어머니는 늘 스카프를 두르고 계셨다. 옆구리에서부터 팔까지 살짝만 스쳐도 진액 같은 것이 나왔고, 부황을 뜬 곳에서도 끔찍하게도 계속 진액이 흘러나왔다. 죽음의 그림자가 어머니 곁에 있었다.

미국에서 어머니에게 전화를 걸면 "이 정도 일에 흔들려선 안 된다. 엄마의 바람은 너희들이 언제나 꿋꿋이 서 있는 거야. 그러니까 엄마 걱정 말고 공부나 열심히 해" 하고 어머니는 말씀하셨다. 난 마치 어머니가 내 뒷바라지 때문에 병을 얻으셨고, 나로 인해 돌아가시게 된 것 같아 가슴이 아팠다.

의사들은 한국에서는 더 이상의 치료가 불가능하다며 미국으로 가서 치료받기를 권했다. 어머니 역시 그 괴롭고 지독한 방사능 치료에 시달리다 못해 어느 날 방사능 치료를 전면 거부한다는 선언을 하셨다. 어차피 세상을 떠날 거라면 1년이라도 인간답게 살다가 죽겠다고 하셨다. 어머니는 치료차 미국으로 다시 오셨다. 서울대학병원의 특별 배려로 어머니의 수술 경위 등 병상 기록이 들어 있는 큰 서류 봉투를 들고 나는 시카고에서 일부러 오신 작은아버지와 함께 록펠러 재단의 뉴욕 암센터를 찾았다. 미국 병원은 그래도 더 나은 치료법이 있겠지 하는 아버지의 간절한 기대와 바람이 있었기 때문이다.

한국에서의 어머니 상황을 자세히 모르고 있었던 나는 그때서야 어머니가 길어도 1년을 넘기지 못할 시한부 환자라는 사실을 확인하게 되었다. 그러나 어머니 하고 싶은 것 다 해드리라며 몇 가지 주의사항과 함께 두 의사가 '행운을 빈다'는 최후 통첩을 했을 때도 어머니는 이미 각오가 되신 분같이 담담한 표정을 지으시며 오히려 나를 미소로 응시하셨다.

나는 의사의 진단을 믿지 않았다. 아니 그대로 믿고 받아들이기에는 너무나 엄청난 비극이었다. 부모님의 기대를 저버리지 않으려고 지난 3년 동안 이를 악물고 공부했는데, 어머니가 돌아가신다니……. 장래에 내가 성공한다고 해도 만약 어머니가 세상에 계시지 않는다면 그것이 도대체 무슨 의미가 있단 말인가? 그것은 내 인생의 목표와 삶의 기반이 뿌리째 뽑혀 나가는 일이었다.

어머니는 추가 치료가 이미 필요없음을 아시고 조용히 다가올 죽음을 수용하시는 듯한 생활을 하셨다. 내가 서머스쿨에 가 있는 낮시간에 당신은 자신의 삶의 마지막을 정리하는 작업을 하시는 듯했다. 서울로 돌아가시지도 않고 조금이라도 더 아들과 함께 있고 싶어하는 심정도 헤아릴 수 있었다.

어머니의 왼쪽 팔뚝은 오른팔의 4~5배는 되게 커져서 움직이지도 못할 정도였고, 옆구리와 어깨의 뼈가 제일 아프다고 하셨다. 어머니가 괜찮다고 하셨지만 나는 틈만 나면 어머니의 팔뚝과 옆구리를 주물러드렸고, 부황으로 진물과 피 같은 것을 뽑아내기도 했다. 맛있음직한 음식을 하교길에 사오기도 하고 어머니께 해드릴 수 있는 것은 모두 다 해드리고 싶었다. 짧은 기간이나마 서울에서 아버지가 하시던 역할을 내가 맡기로 마음먹었다.

어머니는 그 고통 속에서도 무엇인가 계속 쓰고, 읽으셨다. 그때 읽으신 책 중에는 질 아일랜드(J. Ireland)의 유방암 투병 수기인《삶에의 기원》이 있었다. 질 아일랜드는 프랑스의 여배우이자 역시 배우인 찰스 브론슨의 부인으로, 그녀의 암 투쟁과 남편의 지극한 간호는 간간히 신문에 미담으로 실리곤 했다. 그 책을 열심히 읽으신 어머니는 당신과 비교하며 위로도 받고 유방암에 관한 정보 또한 소상히 알게 되셨다고 했다. 나 역시 〈뉴욕 타임스〉나 어느 잡지에 유방암에 대한 기사나 특별한 암 치료법 등의 기사가 나면 반드시 스크랩해서 어머니에게 갖다드리곤 했다. 그 당시 어머니가 쓰신 글들을 어느 날 우연히 읽게 되었다. 한 권은 책으로 엮어내시려는 듯 제일 첫 장에 '삶과 죽음의 다리 위에서' 라는 제목이 쓰여져 있었고, 또 하나는 삶을 정리하며 우리에게 남기는 유언 같기도 한 기도문이었다.

'내 전 삶을 통해 가장 사랑하는 남자, 내 아들' 과 '자식들이 해야 될 일들', '가족들에게 알려줄 사항들', '친구들에게 주는 글' 등이 서한과 일기 형식으로 쓰여 있었다. 가슴 뭉클한 구절, 절실한 사랑……. 어느 책이 나에게 이와 같은 감동을 줄 수 있겠는가?

어머니는 다시 한국으로 떠나셨다. 그리고 4년 여에 걸친 어머니의 투병생활이 시작되었다. 자식들 공부 때문에 어쩔 수 없이 떨어져 살다가 시한부 인생을 선고받고 공항에서 아버지를 만난 어머니는 아무 말도 하지 못하고 눈물만 흘리셨다고 한다.

그러나 어머니는 거의 죽음의 벼랑 끝에 이르렀을 때 속으로 이렇게 결심하셨다고 한다. '아이들한테 늘 긍정적으로 살라고 했고, 하나님께 진실되게 간구한다면 무엇이든 이루어질 것이라고 이야기해 온 내가 아니던가? 그런데 한갓 암세포 때문에 내가 믿어온 것에 굴복한단 말인가? 그까짓 암세포쯤은 충분히 이겨낼 수 있다. 기도하고 믿음으로 싸워나가면 충분히 극복할 수 있을 것이다. 아이들한테 더 이

상 부끄러운 어머니의 모습을 보이지 말자.'

해보지도 않고 미리 겁을 내어 부정적인 생각을 갖는 것을 어머니는 가장 싫어하셨다. 이제 어머니 자신이 인간에게 가장 강력한 적인 죽음을 상대로 생에 대한 긍정적인 자기 암시를 하실 때였다. 병을 이겨 내는 데 가장 중요한 것은 '정신력'이다. 어머니는 그 중에서도 기(氣)를 살리는 데 최선을 다하셨다. 항암제를 계속 복용하게 되면 식욕이 떨어지고 소화도 잘 되지 않는다. 따라서 정신과 육체의 기도 떨어질 수밖에 없다. 어머니는 용기를 내서 항암제와 통원 치료를 완전히 중단해 버렸다. 대신 한약, 쑥뜸, 침, 강정식품 등 효력이 있다는 것이라면 무엇이든 열심히 찾아다니셨다. 워낙 신앙심이 깊은 분이니 하나님께서 꼭 살려주실 것으로 믿고 기도하며, '살 수 있다'는 긍정적인 생각을 버리지 않으신 것은 물론이다.

그 암울했던 시절에 난 어머니께 이런 글을 보낸 적이 있다.

일전에 마지막으로 뵌 어머님의 얼굴이 떠오릅니다. 전에 볼 수 없었던 깊은 주름과 창백한 낯빛이 제 가슴을 아프게 합니다. 저는 큰 죄를 진 자식인 것 같습니다. 모든 고통과 희생을 감내해 오신 부모님……. 만일 어머니께 무슨 일이 생긴다면 아마도 전 제 자신을 용서할 수 없을 것 같습니다. 어머니가 설명하시던 긍정 철학과 가훈의 뜻을 되새겨봅니다. '세상에 진정 값진 것은 눈에 보이는 것보다 보이지 않는 것에 있다'고 정신적인 차원의 중요성을 강조해 오신 어머니야말로 이제 강한 정신력으로 육체의 병을 이겨내셔야 합니다. 긍정적으로 적극적인 삶에 대한 어머니의 확신을 결코 포기하셔서는 안 됩니다. 어머니를 믿습니다. 강인한 지혜로 스스로의 삶을 지켜내시리라 확신합니다.

가족들, 특히 아버지가 곁에서 늘 극진한 간호를 하셨다. 매일 병원까지 손수 음식을 가져가셨고, 어머니가 드시고 싶어하는 음식이라면 먼 거리를 마다하지 않고 직접 가서 구해 오셨다. 이곳저곳에 수소문해 암에 좋다는 민간 치료법이라면 무엇이든 받게 하신 것도 아버지셨다. 수술 후 거동이 불편하신 어머니를 아버지는 직접 씻겨주기까지 하셨다.

5년 간의 투병 기간 동안 온 가족, 특히 부모님이 겪으신 물리적·정신적 고통은 하나하나 나열할 수 없을 정도이다. 나는 더 이상 당시의 상황을 묘사하고 싶지 않다. 아무리 지난 일이라지만 책에 소개해 다시 한 번 가족 모두의 마음을 아프게 하고 싶지 않기 때문이다.

5년의 투병은 그만큼 길고 어두운 시간이었다. 1992년 11월 어머니는 서울대학병원에서 완쾌 통보를 받으셨다. 기적이었다. 나는 어머니처럼 신앙심이 깊지는 않았지만, 그 놀라운 기적은 우리 가족에게 하나님이 계신다는 걸 분명히 깨닫게 했다. 비로소 그때 난 어머니가 자주 하시던 말씀을 되새겨보게 되었다. '하나님이 주시는 시련에는 모두 의미가 있다.' 그랬다. 어쩌면 어머니의 병을 통해 우리 가족은 서로를 더욱 깊이 사랑하고 이해하게 되었는지 모른다. 그 사랑을 확인시키기 위해 고통을 주신 것일 게다.

1막 4장   Portrait of a Young Man

젊은 삶, 젊은 초상

> 청년이여, 네 젊음을 즐거워하며 네 청년의 날을 마음으로 기뻐하라. 그리고 마음이 원하는 길과 네 눈이 보는 대로 좇아 행하라. 그러나 하나님이 이 모든 일로 인하여 너를 심판하실 줄을 알라.
>
> ──《성경》 전도서 11:9

NBC 수습기자로서 만난 한국

'노도스'와 더불어 3학년 3학기를 마친 나는 좋은 성적과 함께 우수한 SAT 점수를 따낼 수 있었다. 그리고 심적인 여유가 생기자 내 머릿속은 병마와 싸우시는 어머니에 대한 생각으로 가득했다. 물론 다른 가족들과 친구들도 그리웠다. 그러던 차에 내게 좋은 기회가 주어졌다. '88 서울 올림픽, 민족의 저력을 세계에 과시하는 거국적 행사가 한국에서 치러지게 되었던 것이다.

역사적인 행사를 지척에서 지켜보고 싶었던 나는 올림픽을 취재할 예정인 언론사에 지원하기로 결심했다. 그 중에서도 미국의 NBC (National Broadcasting Company)는 서울 올림픽의 중계권을 획득한 공식 media sponsor였다. 나는 서울 주재 NBC에 이력서를 냈다.

만일 채용이 된다면 대학 지원에 유리한 경력이 될 수 있었다. 동시에 어머니와 가족 곁에서 시간을 보낼 수 있는 기회이기도 했다. 나는 주변의 도움으로 NBC Seoul의 책임자인 홍기수 부장을 만날 수 있었고, 홍 부장은 고맙게도 고등학생인 내게 유급 인턴기자의 직책을 맡겨주셨다.

문제는 대학 입학을 위해 가장 중요한 학기인 4학년 1학기를 건너뛰어야 하는 점이었다. 그러나 우수한 성적과 과외 활동, SAT 점수까지 갖춰놓은 상태에서 이처럼 좋은 기회를 놓칠 수는 없었다. 항상 새로운 도전을 열망해 온 내게 올림픽 기간 동안 유일한 고등학생의 신분으로 NBC에서 일할 수 있는 기회란 더없이 매력적이었다.

난 설리반 교감을 비롯하여 학생처의 책임자들에게 장문의 편지를 썼다. 대학 입시는 전적으로 내 책임이므로 학교 측이 나의 한국행을 반대하지 않으면 감사하겠다는 내용이었다. 그리고 NBC Seoul의 홍 부장도 학교 측으로 글을 보내오셨다.

NBC의 성공적인 보도를 위해 우리는 최상의 자격을 갖춘 한국인 전문인력을 원하고 있습니다. 홍정욱 군을 그런 요건을 구비한 사람으로 인정해 저희 기술제작팀의 일원으로 고용하고자 합니다. 물론 단기간 휴학으로 학업 일정에 무리가 가긴 하지만, 이번 일이 홍 군 본인에게는 뜻깊은 경험이 될 수 있는 좋은 기회라고 보며, 아울러 본사에도 큰 보탬이 되리라 확신합니다…….

더불어 '삶은 경험의 묶음들이며, 각각의 경험은 우리를 한층 위대하게 한다'는 헨리 포드(H. Ford)의 명언을 삽입하는 것도 잊지 않았다. 결국 나는 5월 초 학교 측으로부터 허락 의사를 공식 통보받았다.

드디어 난 새로운 경험과 지식을 얻기 위해, 역사의 한 획을 긋는 장면을 목격하기 위해, 그리고 가족과 함께 있기 위해, 1988년 여름 서울로 떠날 수 있게 되었다.

'언론은 급박해진 문학'이라는 매튜 아놀드(M. Arnold)의 표현이 피부로 느껴지는 뉴스의 현장, NBC 보도본부에서 나는 언론계에 첫발을 내딛게 되었다. 나는 임시직으로서는 과분한 봉급을 받으면서 통역, 기재관리, 섭외, 기사 작성에 이르기까지 보조기자로서의 역할을 담당했다. 언론사의 분주하고 박력 있는 환경에 나는 곧 매료되었다. 올림픽 스타디움에서의 경기 생중계, 칼 루이스와 같은 유명 선수들과의 인터뷰, 그리고 한국의 사회와 문화에 대한 기획물 등을 제작하느라 바쁜 나날을 보냈다. 방송은 매력적인 업무였으며, 함께 일하는 기자들의 철저한 프로 근성은 내게 깊은 감명을 주었다.

물론 NBC 기자 생활을 하면서 긍정적인 점만을 보고 느낀 것은 아니었다. NBC의 취재는 어디까지나 올림픽에 중점을 두고 있었으나, 미국 본사의 임원들은 NBC Seoul의 의도와는 관계없이 한국이라는 사회가 안고 있는 정치적인 문제들에 대해 깊은 관심을 갖고 있었다. 따라서 '한국은 올림픽을 개최할 만큼의 선진국으로 무섭게 발돋움했지만, 내부적으로는 올림픽, 군부정권에 반대하는 학생, 시민들의 반정부 소요가 끊이지 않고 있다'는 그들의 기획의도에 충실하기 위해서 때로는 없는 시위 장면을 만들어내려는 노력까지 해야 했다.

당시 주로 나에게 떨어진 취재 명령은 학생집회에 관한 것이었다. 한 번은 집회와 시위가 있을 예정이라는 정보를 듣고 카메라 기자와 모 대학 앞에 일찍부터 진을 치고 있었다. 그런데 오후 4시가 넘도록 학내는 잠잠하기만 했다. 마감이 다가오는데 '데모' 사진 한 장 찍지 못한 우리는 난감한 처지에 놓이게 되었다. 그때 카메라 기자가 나에게 이런 제안을 했다. "데모 사진은 비슷할 테니 전에 찍어놓은 데모 클립을 그대로 쓰도록 하자. 누가 알겠느냐?"

게다가 단시간 있었던 시위를 마치 매일 대대적인 소요가 있었던 것처럼 확대 보도하는 것은 공정치 못한 태도였다. 특히 이런 보도는 미국뿐 아니라 전세계로 중계되는 것이었으므로 NBC 측의 편파성은 책임감이 결여된 위험한 요소이기도 했다. 당시 NBC 측의 보도자세에 대한 우리 국민들의 반발 역시 상당히 거셌던 것으로 기억된다.

NBC에 고용된 일부 한국인들 또한 간혹 일반인들에게 좋지 못한 인상을 주기도 했다. 관공서로 취재를 나갔던 NBC의 한 여기자는 우리 말을 익숙하게 구사하면서도 "영어 할 줄 아는 사람을 불러오라"는 요구를 했다고 한다. 자신의 조국에서 그렇듯 군림하는 태도를 보이는 직원이 있었으니 한국인들이 NBC를 어찌 껄끄럽지 않게 받아들일 수 있었겠는가.

9월 초 어느 날 오후, 모 대학에서 전국 대학생 연합 대회가 열린다는 소문을 듣고 현장에 진을 치고 있었을 때의 일이다. 대회장에서는 예상과는 달리 평화로운 집회가 진행되고 있었다. 가투 장면을 기다리던 취재팀은 더 이상 지켜볼 수 없었던지 내게 언제 본격적인 시위가 시작될지에 대한 정보를 구해달라고 부탁했다.

나는 할 수 없이 총학생회실로 찾아갔다. 방독면과 무전기를 허리에 걸친 채, 목에는 NBC 방송요원이라는 신분증을 매단 모습으로 나는 학생들에게 데모가 언제쯤 시작되느냐고 거침없이 질문했다. 질문의 내용도 그러했지만 나의 태도 역시 건방지기 짝이 없었을 것이다. 데모의 주된 이슈는 무엇인지, 왜 데모를 해야만 하는지 등 동기에 대해서는 전혀 궁금해하지 않고, 일정에 관해서만 관심을 보인 나를 향해 초췌한 한 청년이 물었다.

"한국인이십니까?"

그 순간 나는 무척이나 곤혹스러웠다. 한국말을 하고 있고 한국인의 모습을 하고 있는 나를 그가 미국인이라고 생각해서 그렇게 물었을 리는 없었다. 그는 나의 오만하고 무분별한 태도와 내 팔뚝에 달린 '매국적'인 NBC 견장을 보고 그렇게 물었던 것이다. 순간적으로 난 허를 찔린 것만 같았다.

"그렇습니다."

작은 목소리로 겨우 답한 나를 물끄러미 바라보다가 그는 이윽고 차분하게 말했다.

"데모는 안 날 겁니다."

나는 형언하기 힘든 부끄러움에 얼굴을 붉히며 제대로 인사도 하지 못하고 그 방을 나오고 말았다. 그의 질문은 아무런 의도 없이 무심히 던져진 것이었을지도 모른다. 그러나 그들의 눈빛 앞에 돌연 수그러질 수밖에 없었던 내 교만의 실체는 무엇이었을까? NBC의 최연소 요원, 케네디를 꿈꾸는 미국 유학생, 또래의 누구보다도 특별하다고 자부하던 나였지만 수치심에 사로잡혀 고개를 들 수가 없었다. 한국사회의 특수한 상황 속에서 나름대로 진실한 젊음을 영위하고 있던 그들 앞에 내 특권의식은 얼마나 한심한 것이었던가?

하버드 시절, 나는 1년 간 서울대에서 공부할 수 있는 소중한 기회를 얻었다. 당시 1년 내내 나의 뇌리에서 떠나지 않았던 고민은 한국인으로서의 정체성에 관한 문제였다. 후일 미국적인, 그리고 다분히 부르주아적인 나의 교육 배경이 결코 한국의 대학생들 앞에서 자랑할 만한 것이 못 된다는 결론을 내리게 된 것은 바로 '한국인이십니까?' 하는 그 질문에서 비롯된 반성의 결과였을 것이다.

그러나 고민이 항상 같은 방향으로만 흐른 것은 아니었다. 가투 현장에서의 일이었다. 비탈진 교문을 따라 학생들이 각목과 화염병을 들고 대열을 정비하고 있었고, 육교 위와 맞은편 보도에는 다수의 전경들이 무장한 채 대치하고 있었다. 폭풍전야와도 같은 상황이었다. 드디어 한 남학생의 구호 선창에 의해 선두에 선 학생들이 일제히 화염병을 들고 기습하기 시작했고, 곧바로 최루탄이 어두운 시대의 안개처럼 우울하고 서글프게 터져나왔다. 불바다 같은 혼란이었다.

대규모의 가투를 목격한 것은 처음이었으므로 나는 두렵기까지 했다. 나와 함께 있던 카메라 기자는 매운 안개 속을 뚫고 거리 한복판으로 뛰어들었다. 나도 하는 수 없이 그를 따라 현장 속으로 뛰어들 수밖에 없었다. 무수한 돌들이 내 발 아래와 머리 위로 날아왔다. 등줄기가 오싹했으나 난 한 가닥 남아 있는 프로 정신으로 공포를 떨쳐내야 했다. 바로 그때 처절한 외침이 내 귓전을 사정없이 때렸다.

"미 제국주의 물러가라!"

"NBC다, 저놈들부터 없애라!"

기자들이란 전쟁 중에도 보호를 받는 법이다. 그런데 우리들을 향해 조금 전보다 몇 배나 많은 돌멩이들이 화살처럼 날아들었다. 카메라 기자는 그 와중에도 쉬지 않고 카메라 셔터를 눌렀고, 참다 못한 나는 방독면을 벗고 그들을 향해 외쳤다.

"우린 NBC에서 취재하러 온 기자일 뿐입니다"

그러나 내 말이 채 끝나기도 전에 다시 날아온 것은 주먹만한 돌멩이였다.

"저런 놈들과 일하면서 너도 한국인이냐? 이 매국노야!"

'매국노' 라니! 한 마디로 참담했고 서글펐다. 물론 '반미 제국주의'를 투쟁의 목표로 하는 그들에게 편파 보도의 주역인 NBC와 그들의 하수인처럼 보이는 나라는 존재는 지극히 불쾌한 대상이었을 것이다. 하지만 결코 난 NBC에서 매국노로서 일하지 않았다. 나름대로 내 위치에 서서 NBC의 공정보도를 위해 노력을 기울였고, 한국 학생들의 우수성을 보여주려고 애쓰기도 했다. 내가 운동권 학생들을 처음 대했을 때 그러했듯, 그들도 나의 외양만을 보고 성급한 판단을 내린 것이 아닌가. 아울러 그들의 무분별한 과격성이 과연 '애국'에 어떤 기여를 할 수 있었을까. 가뜩이나 '폭력적인 한국의 학생운동'이라는 표제로 보도를 하려던 NBC 기자에게 돌 세례를 퍼부었으니, 이는 기름에 불을 붙이는 것과 다를 바 없었다.

카뮈(A. Camus)는 '나는 국수주의자가 되기에는 너무 내 나라를 사랑한다'는 말을 남겼다. 애국에는 꼭 한 가지 길만 있는 것은 아닐 것이다. 최루가스 속에서 화염병을 들고 투쟁하는 것이 애국이라면, 작은 임무나마 맡은 일에 최선을 다하는 것도 애국일 수 있다. 특히 세계화의 대세 속에서 폐쇄적인 민족주의를 '진보'라고 칭할 수는 없는 일이다. 국수적인 관점은 오히려 인류의 화해와 역사의 발전을 저해하는 크나큰 장애요소라고 할 수 있다. 결국 나는 카메라 기자와 음향 기술자를 잡아끌고 그 자리를 피해 나왔다. 그리고 나는 후일 이 경험을 토대로 하버드대학 입학원서의 에세이를 쓰기도 했다.

당시 나는 사회 초년생으로서 모든 생경한 체험을 호기심 어리게 받아들였고, 또 기자라는 직분에서 오는 우월감에 쓸데없이 우쭐해 있었다. 아무런 영양분 없이도 계속 자라는 유일한 것이 인간의 교만이라고 룸스텐(M. Lumsten)이 말했던가? 나 역시 별다른 이유 없이 오만했으며, 업무 태도 또한 건방지기 짝이 없었다. 내 일이 아니면 절대 관여하지 않았고 남과 어울리는 것도 상당히 경계하는 편이었다.

그 시절 나는 또 다른 세계와 접하게 되었다. 그간 학업에 모든 힘을 쏟아온 나에게는 어쩌면 성인의 길목에 들어서는 과정이 필요했는지도 모른다. 난 선배들과 더불어 술집도 자주 다녔고, 그 낯선 경험을 매우 흥미롭게 받아들였다. 그래서 밤늦게 혹은 아침 일찍 귀가한 적도 많아 식구들을 심려케 하곤 했다. 업무조차 소홀히 한 때도 물론 있었다.

올림픽이 중반으로 치달을 즈음 밤새워 올림픽 주경기장을 지키라는 상부의 명령을 무시했던 적이 있었다. 선배와의 술 약속을 더욱 중요하게 여겼던 나는 무단으로 사무실을 비웠고, 그런 나에게 문책이 떨어진 것은 당연한 일이었다. 물론 평소의 교만했던 거동 역시 좋게 보였을 리 만무했다. 그러나 이로 인해 해고된다면 내 계획과 일정에 큰 차질이 있을 것임은 분명했다. 그때 홍 부장은 다시 한 번 내게 잊을 수 없는 도움을 주셨다. 상부의 지시를 어긴 이튿날, 오후 늦게 출근한 내게 한 여직원이 새파랗게 질린 얼굴로 귀띔해 주었다

"어젯밤 도대체 어디 갔었어? 미국 본사에서 이곳으로 급한 연락을 취했었는데 아무도 안 받더래. 그래서 담당 직원이 누구였는지를 물었다는 거야. 그리고는 당장 홍정욱 씨를 해고하라는 본사의 지시가 떨어졌대. 그런데 홍 부장님이 직접 나서서 '한국사람은 내가 고용했으니 너희 마음대로 해고시킬 수는 없다. 홍정욱 씨는 여태 잘 해왔으므로 지금 해고시킨다는 것은 말이 안 된다' 면서 싸우셨어."

나는 겨우 해고를 면하게 되었다. 홍 부장이 아니었다면 더 이상 NBC에서의 근무가 불가능했을 것이다. 그는 나뿐만 아니라 NBC에서 일하는 모든 한국인들에게 대부와도 같은 존재였다. 그는 내 실수와 결점에도 불구하고, 나의 가능성을 인정해 주셨고, 오히려 부족한 면을 우회적으로 일깨워주시곤 했다. 이후로도 홍 부장은 그 문제에 대해서 일체 언급하시지 않았다.

'경험이란 모든 이들이 그들의 실수에 붙이는 이름이다.' 이는 오스카 와일드(O. Wilde)가 〈윈더미어부인의 부채〉에서 한 말이다. 나의 탈선과 무책임은 '성장에 필요한 경험'이라는 미명으로 스스로에 의해 용서받았다. 민족의식에 대해 생각해 볼 기회를 가졌다는 것은 큰 수확이었지만, 나의 교만은 버나드 쇼와 오스카 와일드 못지않았으며, 이미 어른의 세계를 다 경험해 버린 듯한 나의 설익은 자신감 또한 하늘을 찌를 듯했다.

NBC 근무 기간이 끝나고 미국으로 돌아가는 날, 3개월 간의 내 한국 생활을 지켜본 어머니의 차분한 음성을 편지 속에서 만날 수 있었다.

정욱아, 네가 어떤 길을 걷든지, 나는 네가 다시 제자리를 찾을 수 있으리라고 믿는다. 언제나 그랬듯이 정욱이, 너는 자랑스럽고도 현명한 내 아들이니까.

부모님은 그동안 별 말씀 없으셨지만, 내 죄(?)를 모두 꿰뚫듯 알고 계셨던 것이다. 어머니를 보살펴드린다고 한국에 나와서는 마음 내키는 대로 행동한 것이 뒤늦게 후회되었다. 또한 지나치다 싶을 정도로 깊은 관심과 기대를 가지고 계심에도 불구하고, 지난 3개월 간 아무런 꾸지람 없이 묵묵히 나를 지켜봐주신 아버지의 믿음과 여유에도 놀라지 않을 수 없었다. 뉴욕에 도착한 나는 곧 철없었던 내 행동을 부모님에게 고백하고 얼마나 부모님을 사랑하고 있는지 말씀드리기 위해 전화를 했다.

"어머니, 저 정욱입니다……."
"그래, 미국에는 잘 도착했니?"
"네……."

"정욱아, 이 엄마가 얼마나 너를 사랑하는지 알고 있지?"
"네……."
"그래, 그럼 몸 건강하고 또 연락해라."
"네, 안녕히 계세요."

'딸까닥……'. 차가운 신호음이 들리고 난 한참을 수화기를 든 채 망연히 서 있었다. 어머니에게 '사랑한다'고 말할 수 있는 기회를 또 놓치고 말았던 것이다. 그러나 오히려 마음 한 구석 묵직한 편안함이 자리를 메워갔다. 부모님의 한결같은 신뢰와 애정은 다시 한 번 내 어깨에 무거운 짐을 올려놓았고, 나는 예전처럼 그 짐을 즐겁게 받아들일 준비가 되어 있었다. 무겁지만 즐거운 책임감. 그렇다. 부모님의 기대는 내게는 늘 '행복한 짐'이었다.

Welcome to Harvard!

석 달 간 서울에서의 경험을 뒤로 하고 뉴욕행 비행기를 탄 나는 하버드대학의 조기입학제(early action)에 지원할 결심을 굳히고 있었다. 합격과 동시에 그 학교 진학이 의무화되는 early decision 제도와는 달리, 하버드를 비롯한 일부 대학에서는 해당 학교에 합격이 되더라도 후일 타 학교에 진학할 수 있는 early action 제도를 도입하고 있었다. 하버드의 경우 early action 제도를 통해 합격한 학생들이 나중에 의사를 바꿔 예일이나 프린스턴으로 가려 해도 아무런 문제가 없었지만, early decision 제도를 활용하는 대학의 경우 합격이 되면 반드시 그곳에 가야 하는 제도적 규제가 따랐다.

조기 입학은 특차 전형과도 같은 것으로 한 학기 일찍 입학 여부가 결정된다는 이점이 있었다. 동시에 그만큼 위험 부담이 큰 일종의 도박이었다. 조기 전형에서 탈락하면 물론 일반 전형에 응시할 수 없었다. 그러나 '세상에 유일한 죄악은 평범해지는 것'이라는 마사 그레이엄(M. Graham)의 명언을 적은 종이를 지갑에 넣고 다닐 정도로 자신감에 차 있던 나는 하버드 합격을 조금도 의심치 않았다. 오히려 어린 시절부터 꿈꾸어온 하버드 합격이 현실이 된다는 생각에 걱정은커녕 흥분 속에 원서를 써 내려갔다.

나는 유일하게 하버드에만 원서를 냈다. 전형은 학교 성적 외에도 SAT와 TOEFL 점수, 과외 활동 기록, 직업 경험, 교사 추천서, 그리고 7~8개의 에세이가 포함된 원서 등이 필요했다. 하버드에 들어가려면 우선 성적이 우수해야 했다. TOEFL은 만점에 가까워야 했고, SAT 성적이 높아야 함은 물론, 학교 성적 또한 최상위권에 속해야 했다. 각종 서클 활동과 운동 실력, 직업 경험 등의 과외 활동 또한 매우 중요했다. 공부만 잘 하면 좋은 대학에 합격할 수 있다는 우리의 고정 관념과는 상당한 차이가 있었다.

나의 경우 초우트에서 쌓은 다양한 경력이 도움이 되었다. 신문사 편집장, 국제학생협회 회장, 학생회장, 운동부 주장, 기숙사 사감 등의 활동과 NBC 및 변호사 사무실에서의 직장 경험, 그리고 각종 수상 이력은 충분히 화려하다고 할 수 있는 부분이었다. 문제는 이런 요소들을 어떻게 잘 포장해 심사에서 통과하느냐 하는 것이었다. 한국에 있는 동안 부모님은 나에 관한 소개서를 책자로 만들어보는 것이 어떻겠느냐는 아이디어를 제시해 주셨다. 물론 그것이 가능했던 것은 어린 시절부터 나의 일기장, 성적표, 상장, 사진, 그림 등을 부모님이 하나도 버리지 않고 모아놓으셨기 때문이었다. 나는 모든 자료를 짜임새 있게 편집하고 그것을 책자로 만들어 'The First Act'라는 제목을 붙였다.

'제1막'이라는 뜻의 제목은 이제 내 인생의 한 막이 끝나고 다음 단계로 넘어간다는 의미가 담긴 것이었다. 사실 입학 원서 외에 자신에 대한 책자를 펴낸다는 것은 지나친 자기과시로 보일 수도 있는 일이었다. 자칫 심사위원들의 거부감을 산다면 오히려 역효과만 불러일으킬 것 같았다. 그래서 나는 심사숙고하여 조심스러운 편지를 책자에 동봉했다.

이러한 책자를 만든 것이 다소 오만하고 건방진 행위로 보일지는 모르나, 저를 가장 효과적으로 알릴 수 있는 방법이라고 확신합니다. 여러분이 시간을 할애하여 이 책자를 검토해 주신다면 무척 감사하겠습니다.

입학 전형에서 가장 어려운 관문은 에세이였다 '가장 인상 깊었던 경험', '자신의 인생에 가장 큰 영향을 준 사람' 등의 구체적인 주제에 대해 자신의 생각을 옮겨야 하는 에세이는 며칠 밤을 고심하며 완성시켜야 했다. 나는 비교적 진솔하고 패기에 찬 내용으로 에세이를 썼다. 그리고 하버드에 들어가고자 하는 나의 의지를 확고히 밝혔다. '나는 한국인이며, 다시 한국으로 돌아갈 것이다. 그러나 훗날 한미관계에 크게 이바지할 것이다' 라는 내용이었다.

아무튼 나는 입학 원서를 마감 직전에 속달로 부쳐야 했을 정도로 마지막까지 정성을 다했다. 심혈을 기울여 작성한 원서를 하버드로 보낸 만큼 남은 일은 결과를 기다리는 것뿐이었다. 다른 학교에 지원할 생각은 꿈에도 없었다. 만일 불합격한다면 재도전할 각오마저 되어 있었다.

그러나 발표 날이 다가오자 점차 자신감이 없어졌다. 원서를 보내기 전까지는 완벽한 준비를 했다고 자부했는데 시간의 흐름과 함께 왠지 초조하고 두려워지기 시작했다. 입시 담당 지도교사였던 스미스 선생은 내가 아니면 하버드에 합격할 사람이 없다는 말로 나를 격려했지만 불안하기는 마찬가지였다. 예일, 스탠포드, 프린스턴 등에 원서를 낼 걸 그랬나 하는 생각마저 들기 시작했다.

조기 전형의 발표일은 12월 16일이었다. 응시자는 19일경 우편으로 결과를 받아볼 수 있었으며, 전화로 결과를 묻는 것은 원칙적으로 금지되어 있었다. 그러나 더 이상 참을 수가 없었던 나는 용기를 내어 친구 제이슨과 함께 15일 오후 하버드에 전화를 걸기로 했다.

"겁나면 내가 걸어줄까?"

수화기를 든 채 머뭇거리고 있는 나에게 제이슨이 걱정스런 눈빛으로 물었다. 다이얼을 돌리지 못하고 계속 망설이고 있는 내게서 그는 수화기를 뺏어 들었다.

"답답하게 그러지 말고 내가 걸어줄 테니까 수화기 이리 줘."

하지만 나쁜 결과라도 직접 아는 편이 나을 것 같았다.

"아니, 내가 할게."

우리는 전화 앞에서 5분 간 실랑이를 벌였다. 더 이상 시간을 끌기도 애가 탔고 결국 제이슨이 먼저 다이얼을 돌려서 내 이름과 생년월일을 말했다. 곁에서 기다리고 있던 나는 재빨리 수화기를 잡아채고, 제이슨을 전화박스 밖으로 밀어냈다.

"……"

수화기 저편에서는 컴퓨터를 두드리는 소리가 났고, 그 짧은 순간이 영원처럼 길게 느껴졌다. 어디론가 사라져버릴 수만 있다면……. 입 안에 침이 말랐다.

"Ryan?"

전화 저쪽의 음성이 나를 불렀다.

"Yes, I'm here."

"Welcome to Harvard!"

나는 그 이후의 말을 듣지 못했다 "Welcome to Havard!"란 말을 듣는 동시에 수화기를 내동댕이치고 밖으로 뛰어나갔기 때문이다.

"나, 됐어! 됐다구!"

나는 펄쩍펄쩍 뛰며 문 밖에서 기다리고 있던 제이슨에게 외쳤다

"난 네가 될 줄 알았어, 알았다니까!"

우리는 서로 껴안고 메모리얼 하우스 2층 복도를 뛰어다녔다. 제이슨은 눈물까지 흘리고 있었다.

4년 동안 기다려온 일임에도 불구하고 믿어지지 않았다. 서울에 있는 부모님에게 이 사실을 알려드려야 한다는 생각이 들었다. 미국으로 떠나올 때부터 간절히 염원하던 하버드 입학이 아니었던가. 이 소식을 듣고 얼마나 기뻐하실지 눈에 선했다. 지난 4년 간 온 가족이 날 위해 쏟은 정성과 노력에 이제야 보답할 수 있을 것 같아 난 목이 메기까지 하였다. 난 흥분된 마음으로 다이얼을 돌렸다. 먼저 전화를 받으신 분은 어머니였다.

"어머니, 저 하버드에 합격했습니다!"

"……."

의외로 어머니는 아무 말씀도 하시지 않았다. 못 알아들으신 것 같아 다시 한 번 크게 외쳤다.

"어머니, 하버드에 붙었다니까요!"

"그래, 정말 수고했다. 잠깐 아버지 바꿔주마."

이어서 아버지의 근엄하고도 자상한 목소리가 들렸다.

"정욱이냐? 합격했다니, 정말 축하한다. 언제 한국으로 올 테냐?"

"당장 내일 서울로 갈 겁니다."

"그래, 그럼 모레 보자."

난 전화를 끊고 잠시 망연하게 서 있었다. 기뻐서 어쩔 줄 몰라 하실 줄 알았는데 부모님의 음성은 너무도 평온하고 담담하기만 했다. 나중에 들은 이야기이지만 두 분은 그 소식을 듣고 새벽에 거실로 나가 눈물을 흘리며 기도하셨다고 한다. 그리고 이른 시간임에도 불구하고 그동안 나를 아껴준 모든 사람들에게 전화로 합격 소식과 함께 감사의 인사를 일일이 전하셨다고 한다. 그 순간 어머니는 어린 나를 데리고 미국에 와서 겪었던 수많은 고충이 떠오르셨을 것이다.

투병 중인 어머니에게 하버드 합격 소식은 큰 기쁨을 안겨드렸을 것이다. 그 곁에서 아버지 역시 감회가 새로우셨으리라. 과거 자신이 이루지 못한 유학의 꿈을 아들이 대신 이루었고, 아들의 유학을 위해 엄청난 고뇌와 시련을 겪으셨을 테니 말이다. 내 꿈의 실현은 물론 그 희생의 대가로 얻어진 것이었다.

재영, 제이슨, 그리고 크리스 등 친구들과 함께 축하의 밤을 보낸 나는 다음날 서울행 비행기에 올랐다. 그리고 14시간 동안 한숨도 자지 않으며 합격의 기쁨을 만끽하고 또 만끽했다. 그 순간 나는 그야말로 선택받은 사람이었고 신의 자리가 부럽지 않은 청년이었다. 와일드(O. Wilde)가 '평생의 로맨스'라고 지칭한 자기애(自己愛), 당시의 내 상태야말로 자기애의 결정체였던 것이다.

교지 편집장과 기숙사 사감

이미 하버드 입학이 확정된 후였기 때문에 나의 4학년 마지막 학기는 비교적 편안한 시간이었다. 학업도 궤도에 올랐고, 이젠 가식적인 노력을 하지 않아도 엘리트 그룹의 일원으로 확고부동한 자리를 굳히게 되었다. 신문사 편집장, 국제학생협회 회장, 학생회 재무위원으로서 난 동료들과 후배들 사이에서 빼놓을 수 없는 인물이 되었다. 이제 난 주어진 역할에 충실하면서 다시 올 수 없는 고교 시절을 차분하게 마무리짓고 싶었다.

당시 내가 맡은 직책 중의 하나는 학보의 편집장이었다. 3년 간의 지독한 훈련을 마친 내게 영어는 더 이상 넘어야 할 산이 아니었다. 더욱이 다른 학생들보다 문학에 대한 애착과 관심이 높았던 나는 문장력을 연마하기 위해 다방면의 책들에서 어려운 문장과 시적인 표현을 골라 암기해 두었고, 또 정통 고급 영어를 구사하기 위해 끊임없이 노력해 왔다. 3년 간 난 아무리 바빠도 학보의 편집회의에 빠짐없이 참석했음은 물론이었다. 그러나 아마도 내 열의가 선배들로 하여금 나에게 편집장을 맡기게 한 가장 큰 요인이었으리라.

거의 3개월 여 만에 들어서는 신문사 편집실의 분위기는 1학년 시절 떨리는 마음으로 처음 문을 밀고 들어섰을 때의 인상과 여지없이 닮아 있었다. 어쩌면 시간은 그렇게 똑같은 모습으로 반복되는지 썩은 피자 냄새, 카펫을 뒤덮고 있는 쓰레기더미들, 잘 조준되어 벽에 꽂힌 볼펜들, 5분마다 꺼지는 전등, 거기다 잠시 자리를 비웠던 편집장 선배를 오랜만에 바라보는 후배들의 애교 띤 시선까지, 모든 것이 예전과 다름없었다.

신문을 만드는 일은 늘 생동감 있게 진행되었다. 마감을 앞두고 우리는 정신 없이 펜을 움직였고, 이것저것 준비하느라 분주히 몸을 놀렸다. 누군가 인화해 놓은 사진이 찢어졌다고 낙망한 표정을 지었다. 다른 쪽에서는 컴퓨터가 땅에 떨어져 굉음이 울렸고 그에 따른 비명 소리도 들렸다. 구석에서는 동료 크리스가 1학년생을 감언이설로 꼬드기는 데 여념이 없었다. 그리고 열 번째 돌고 있는 에릭 클랩턴(E. Clapton)의 '원더풀 투나잇'이 한데 엉키어 편집실은 구성에 실패한 이류 영화처럼 어설프게 돌아가고 있었다.

새벽 3시가 지나자 쉴새없이 자신들의 충성심을 떠벌리던 1, 2학년 참새들은 자취를 감춰버렸다. 하나 둘씩 사라지면서 설마 자신들이 없어진 줄 모를 것이라 안심했겠지만, 지난 세월 같은 행동을 했던 내가 눈치 못 챌 리 없었다.

도대체 100미터도 안 되는 기숙사에서 4시간 전에 기사를 갖고 떠났다는 데이비드는 왜 여태 안 나타나는 것일까? 하는 수 없이 만화로 그 자리를 메우고는 다음주에는 기필코 그 녀석을 해고시키리라 마음먹었다.

"자, 다시 시작합시다!"

졸음을 참으며 내가 크게 소리를 질렀다. 자리에 늘어져 있던 취재부의 부장들이 김빠지는 신음을 내뱉으며 다시 컴퓨터 앞에 몸을 당겨 앉았다. 약속 시간인 8시 전에는 무슨 일이 있어도 완성된 신문이 넘어가야 했다. 일주일 간의 제작 기간은 이 마지막 3시간으로 압축되었다. 결국 신문이란 것은 수백 명이 질러대는 함성을 소수에 의해 움직여지는 펜에 담아 완성시키는 단시간의 문학이 아닐는지. 우리는 활자와 씨름하며 지면을 빽빽하게 메워가고 있었다.

마침내 8시가 되자 한차례의 폭풍이 휩쓸고 지나간 들녘의 평온처럼 편집실은 밀려드는 피곤함으로 고요하기만 했다. 아마도 그 시절의 혹독한 글쓰기 훈련이 훗날 리포트나 논문 작성에도 한몫을 단단히 했을 것이다. 표현의 극대화를 노리는 언론의 센세이셔널리즘 역시 그때 익힐 수 있었다. 마감이 생명인 기자생활을 했던 덕분에 나는 후일 '하버드 11년 간 마감 바로 전에 논문을 낸 유일한 사람'이란 교수의 이례적인 칭찬까지 듣게 되었던 것이다.

또 다른 나의 역할은 신입생 기숙사의 사감이었다. 20명이나 되는 장난꾸러기 1학년생들을 지도하는 사감의 권력은 흥미로운 것이었지만, 하급생들을 보호하고 감찰하는 통솔의 어려움뿐만 아니라 처벌의 의무도 있었다. 때론 말썽을 피우는 후배들에게 체벌을 가해야 했고, 서로를 골탕먹이는 장난에 가담해야 하는 일도 있었다.

폭군 브라이언에 대한 아이들의 장난은 내가 끼어든 완전 범죄 사건 중의 하나였다. 어느 날 장난꾸러기 녀석 몇 명이 내 방으로 들어와 덩치 큰 브라이언을 혼내줘야겠다고 씩씩거리고 있었다. 브라이언은 한밤중에 찾아와서 피임에 대해 물어봐 나를 당황하게 만든 엉뚱한 녀석이었다. 사감인 나는 단지 모른 척하기만 하면 된다는 것이었다. 아이들의 흉계란 잠자는 브라이언의 팬티를 벗기고 그 부분에 면도 크림이나 치약을 발라놓겠다는 것이었다. 터져나오는 웃음을 억지로 참으며 난 마지못해 허락한다는 듯한 얼굴로 고개를 끄덕였다. 후배들이 환호성을 지르고 나간 몇 분 후 브라이언의 방에서 갑자기 기숙사가 떠나갈 듯한 괴성이 들려왔다. 브라이언은 그 일 때문에 이틀 간 양호실 신세를 져야 했다. 나를 포함해 아이들 모두 그 사건에 대해 입을 꾹 다물었다. 만일 내가 입을 열었다면 브라이언의 복수로 기숙사는 쑥대밭이 되고 말았을 것이다.

때때로 나는 엄중한 사감의 신분을 벗어던지기도 했다. 기숙사는 10시 이후 외출이 금지되는 규칙이 엄격히 지켜졌는데 언젠가 통금이 훨씬 지난 시각에 후배 녀석들을 이끌고 학교를 빠져나간 적이 있었다. 네온사인이 번쩍이는 시내의 한 샌드위치가게에서 먹음직스러운 햄버거를 시켜놓고 허기진 배를 채우려던 찰나였다. 길가에서 요란스런 불빛이 눈에 띄었다. 순찰차가 나타난 것이었다. 기숙사에서 도망나온 것이 발각되면 당장 퇴학이었다. 우리는 허겁지겁 햄버거를 내려놓고 순찰차를 피해 달아났다. 이를 알아챈 경찰들이 어두운 숲으로 도망치는 우리를 열심히 쫓아오고 있었다. 쫓고 쫓기는 긴박감이 재미있어 숲에서 거리로 줄행랑을 치며 우리는 신나게 달렸다. 그렇게 두 시간이나 숨바꼭질을 했을까. 우리는 경찰들을 보기 좋게 따돌리고 학교로 되돌아왔다. 아리스토텔레스(Aristotle)도 그런 말을 했다지 않는가. '남자가 해야 하는 경험 중에는 도덕적이기 불가능한 일도 있다' 라고.

'와인은 입으로 들어오고, 사랑은 눈으로 들어온다. 그것만이 우리가 알아야 할 진실의 전부이다' 라고 예이츠(W. Yeats)가 노래했듯, 술과 이성에 취하고, 젊음에 취해 있던 우리에게 늦은 봄날의 유혹이 코끝으로 스며들고 있었다. 동남아 문학사의 필독서인 《천개의 섬》을 읽고 있던 나는 어디선가 바람에 실려오는 봄냄새를 맡았다. 열린 창틈으로 신선하고도 은은한 향수의 내음이 유혹의 손길을 뻗쳐 오는 것이었다. 묵직하게 내려앉아 있었던 충동심이 발동해 난 더 이상 그대로 있을 수가 없었다. 곧 옆방의 제이슨을 불러내었다.

여학생 기숙사로 침투해 보는 거다! 구호처럼 외치고 우리는 화장실 창문을 통해 밖으로 나갔다. 그 순간 아버지의 음성이 내 발목을 붙잡는 것만 같았다. '자고로 남자는 큰 길과 대문으로만 다녀야 한다.' 그러나 아버지는 멀리 계셨고 유혹은 곁에 있었다. 한 번쯤의 뒷문 출입이야 어떨라고! 우리는 메모리얼 필드를 지나 가시덩굴을 헤치면서 아치보드를 향해 뛰고 있었다. 바로 그때였다. 저쪽 어디쯤에서 낮은 음성이 들려왔다.

"Who's there?"

이어서 우리의 움직임을 포착한 경보 소리가 귓전을 요란하게 울리기 시작했다. 우리는 즉시 수풀 가운데에 몸을 엎드렸다. 축축한 진흙에 배를 깔고 꼼짝도 하지 못한 채 허공에 귀를 기울였다. 짧은 경보 소리가 사정없이 주위를 맴도는 사이 우리는 숨소리조차 내지 못하고 공포에 떨고 있었다. 발각되어 우리에게 가해질 일들에 눈앞이 깜깜했다. 학교 재판에 회부되어 영락없이 정학당할 판이었다. 게다가 하버드 합격이 취소될지 모른다고 생각하니 아찔했다.

그런데 갑자기 주위가 쥐죽은 듯 조용해졌다. 어찌된 영문인지는 몰랐지만 제이슨과 나는 숲 속을 헤치고 나와 기숙사를 향해 죽을 힘을 다해 달렸다. 무사히 방 안까지 돌아와 보니 팔다리가 온통 상처투성이었다. 게다가 흙탕물에 뒤범벅이 되어 온몸에서 악취가 풍겨 나왔다. 사실 그곳을 도망쳐 나올 수 있었던 것은 우리가 졸업을 앞둔 4학년인 것을 감지한 경비원이 한 번 눈감아 준 덕택이었다.

이렇게 마음 편하게 지냈던 졸업반 시절에도 소중한 경험을 할 수 있었다. 봄방학 때 김정원 변호사의 사무실에서 아르바이트를 한 일이었다. 김정원 변호사는 유학을 떠나겠다고 하던 나를 부모님이 극구 만류하실 때 두 분을 설득해서 유학의 꿈을 실현시켜주신 분이었다. 자료 정리와 심부름을 하기 위해 그분의 사무실에 드나들면서 나는 NBC 시절처럼 무책임한 행동을 할 수 없었다. 원래의 출근 시간보다 한 시간 일찍 출근해서 한 시간 늦게 퇴근했고, 직무에 대한 엄격한 책임감도 배웠다. 복잡한 뉴욕의 전철에 시달리며 느낄 수 있었던 샐러리맨들의 삶과 브로드웨이의 분방함 뒤에 숨어 있는 애환을 조금은 성숙한 눈으로 바라보기 시작했다.

삶의 1막을 내리며

추억으로 가득한 고교 시절도 막바지에 이르렀다. 나는 전체 졸업생의 1% 안에 드는 석차에 포함되었고, 영어와 미술에서 우등상을 받게 되었다. 입학 초기에 힘겨웠던 영어에서 상을 받게 되었음은 내겐 뜻깊은 일이었다. 투지 하나로 영어와 고된 싸움을 벌여왔고, 기어이 그 장벽을 깬 것이었다.

졸업 시즌이 임박하자 한 가지 고민이 생기게 되었다. 초우트의 전통처럼 되어 있는 졸업생들의 스트리킹에 참여하느냐 하는 문제였다. 여학생들과 교사들이 모여 티 파티를 할 때 남자 졸업생들이 그 앞을 완전히 벌거벗고 달려가는 풍습은 하나의 관행처럼 되어 있었다. 그것은 산에서 출발하여 다시 건너편 산까지 뛰어가는 1킬로미터가 넘는 장정이었지만, 멋진 추억거리를 놓칠 수는 없었다.

결국 나를 비롯해 함께 몰려다니던 악동들은 새벽부터 산꼭대기에 올라가 머리에 비닐봉지를 뒤집어쓰고 행렬의 한가운데 끼게 되었다. 그날 우리는 사상 가장 많은 남학생들이 참여했다는 기록까지 세우면서 여학생들 앞에 '늠름한 자태'를 드러내게 되었다. 우리들이 용맹스레 여학생들의 티 파티장을 지나는 순간 30~40개의 카메라 플래시가 폭죽처럼 터졌다. 우리는 얼굴을 비닐 속에 감추고 카메라를 향해 승리의 손짓을 지어보였다.

다음날 태연하게 식당에 나타난 우리들 주변으로 아이들이 모여들었다. 한 아이가 경의의 시선을 보내며 내게 물었다.

"라이언, 너도 어제 뛰었다며?"

난 대답 없이 식사를 마치고 자리를 떴다.

졸업식은 화사한 6월 아침, 잔디밭에서 성대하게 치러졌다. 삶의 한 계단을 오르는 아들을 지켜보시기 위해 먼 길을 건너오신 부모님 앞에서 나는 쿰 라우디(cum laudi: 영예 졸업, 미국 고등학교에서는 보통 졸업과 영예 졸업으로 나눔)로 졸업을 했다. 성장의 행로를 뒤돌아볼 틈조차 없이 질주해 온 4년, 하버드 합격이란 목표를 이룸으로써 일단락을 맺게 된 것이었다. 아직 무엇을 얻었고, 무엇을 잃었는지 고려해 볼 여유는 없었다. 삶은 달콤한 약속들로 가득 차 있었고, 나는 곧바로 2막을 열어야 하는 촉박한 상황 속에 있었기 때문이다.

졸업 후 이틀 간 친구들과 함께 졸업 파티에 참석했던 나는 부모님과의 약속을 위해 남들보다 하루 먼저 뉴욕으로 떠나야 했다. 제이슨, 크리스, 실비아, 그리고 대니, 온갖 기쁨과 고통을 함께 나눈 그들이 나를 혼자 떠나보낼 리 없었다. 우리는 대니가 운전하는 지프차에 올라타고 월링포드 역으로 향했다. 첫 기차는 새벽 5시 10분에 있었다. 아직 40분 정도 여유가 있었기에 우리는 기숙사에서 새벽 탈출을 했을 때 자주 들렀던 레스토랑으로 들어가 커피와 아침식사를 시켰다.

"내년 동창회 때 올 거지?"

실비아가 푸른 눈을 반짝이며 물었다.

"글쎄……."

나는 말끝을 흐렸다. 아마도 오랜 시간, 이곳에 되돌아오지 못할 것이다.

"참, 너는 앞으로 뭘 하고 싶다고 했지?"

나는 대화의 주제를 바꿨다.

"잘 몰라, 법대나 갈까?"

순간 재채기를 거듭하던 크리스가 대니의 말을 끊었다.

"미래에 대해 생각할 필요없어. 왜냐하면 안 그래도 너무 빨리 오니까……. 아인슈타인이 한 말이야."

우리는 '우와……' 하고 놀람이 반쯤 섞인 감탄사를 내뱉었다. 이윽고 실비아가 다시 놓이 반쯤 섞인 말을 꺼냈다.

"라이언, 너는 성공할 거야. 아마도 신문에서 볼 수 있겠지. 하지만 넌 조심해야 해. 하나님은 자신이 사랑하는 이들을 빨리 데려간다고 하잖아."

"이 녀석은 비행기가 터져도 혼자 살아남을 놈이야. 걱정할 것 없어, 실비아."

제이슨이 내 어깨에 손을 얹으며 말했다.

"자! 이제 가봐야겠다."

기차 시간을 10여 분 앞두고 우리는 자리에서 일어났다. 새벽 하늘은 어슴푸레 밝아오고 아담한 거리는 이슬에 촉촉이 젖어 있었다. 그들은 나를 역전까지 배웅하고 싶어했지만 나는 거절했다. 혼자 걷고 싶었다.

나는 그들을 한 명씩 모두 껴안았다. 내 소년기를 나누었고 내 도전과 승리, 그리고 성장을 지켜봐준 벗들에 대한 최소한의 예의였다. 그리고는 울먹이는 실비아, 서운해하는 다른 녀석들을 뒤로 하고 발길을 재촉했다. 헤어짐에 익숙한 나는 이번에도 역시 뒤를 돌아보지 않았다. 이번에는 멋있게 보이기 위한 연기가 아니었다. 1막을 깨끗하게 내리고 싶은 의지의 표현이었으며, 칼로 자르듯 명쾌히 삶의 단계를 구분지으려는 의도였다.

'아마도 다시는 저들을 볼 수 없으리라…….' 철로변에 홀로 걸터앉아 나는 속으로 되뇌었다. 묘한 일은 그런 생각을 하면서도 전혀 서운하거나 안타깝지 않았다는 것이다. 돌아올 수 없기에 소중한 추억, 그것이 감사했고, 소중했을 뿐이다. 그저 내게 주어졌던 젊음의 1막과 그 성공적인 결말이 자랑스러웠다. 그러나 1막보다 훨씬 원색적이고 격동적인 2막, 3막, 아니 무수한 막들이 나를 기다리고 있었다.

 내 젊음은 그토록 풍요롭고 의미 있는 약속들로 충만해 있었던 것이다.

 오라, 삶이여! 나는 나아간다. 경험과 현실을 백만 번째로 맞이하고, 내 영혼의 노(爐)에 내 동족의 존재하지 않는 양심을 주형하기 위하여…….
  ─ 제임스 조이스(J. Joyce) 〈젊은 예술가의 초상〉 중에서

1_ 1983년 초등학교 졸업식 당시. 졸업생 대표로 상을 받았다.
2_ 어머니는 언제나 내게 가장 큰 힘이 되어주셨다.
3_ 외국 대사 부부들과 함께한 만찬에서. 부모님은 내가 아주 어릴 때부터 정장을 입고 몸가짐을 단정히 하라고 가르치셨다.

4_ 초우트 졸업을 앞두고 입학처 입구에서.
5_ 초우트 3학년 시절 친구들과 함께 뉴욕에서.
6_ 초우트 졸업반 시절 친구 제이슨과 함께.

7

8

9

7_ NBC 인턴기자 시절 서울 올림픽 광장에서 투데이(Today)쇼 앵커 브라이언 검블(B. Gumble)과 함께.
8_ 잘못한 신입생들에게 기합을 주는 것은 기숙사 사감이던 당시 내게 가장 큰 낙이었다.
9_ 디어필드데이(Deerfield Day) '86.

10

11

10_ 초우트를 처음 찾았던 날, 힘든 인터뷰를 마치고 어머니와 함께.
11_ 초우트를 졸업하던 날, 부모님 그리고 나를 아껴준 샤니 선생님과 함께.

2막

2막 1장
꺼져가는 불빛에 맞서
Against the Dying of the Light

> 나는 존재하는 일체는 아니다.
> 나는 허무와 싸우는 생명이다.
> 나는 허무는 아니다.
> 나는 허무 속에 타오르는 불이다.
> 나는 영원한 싸움이다.
> 전투를 창공에서 내려다보는 영원한 운명이란 없다.
> 나는 영원히 싸우는 자유로운 의지다.
>
> ── 로망 롤랑(R. Rolland)

L'etranger*

올리버 웬델 홈스(O. W. Holmes)는 '프레지던트(president)라 함은 워싱턴에 있는 일개 관료를 지칭하는 것이 아니라 하버드대학의 총장을 가리키는 것이다'라는 말을 남겼다. 하버드대학의 학문적 권위와 문화적 위상이 타의 추종을 불허하는 것임은 길게 설명하지 않아도 널리 알려져 있다. 이 거대한 무기체 속에 세계 각국에서 모여든 지성과 저명 인사, 그리고 내일의 리더를 꿈꾸는 젊음들이 웅크리고 앉아 도약할 순간을 고대하고 있는 것이다.

초우트와 마찬가지로 뉴잉글랜드식으로 지어진 건물들이 주는 친

* 카뮈(A. Camus)의 소설 《이방인》의 원제.

숙함에도 불구하고 하버드의 첫인상은 낯설기만 했다. 첫날 나는 차가운 기숙사 침대에 누워서 하버드라는 거대한 성에 들어온 벅찬 감정에 잠을 이루지 못했다. 오랜 목표가 현실이 되었을 때의 어리둥절함 같은 것이었을까. 게다가 이제까지 사립 고등학교에서의 구속된 생활에 익숙해 있던 나의 자아는 더욱 넓고 원대한 삶이 펼쳐질 하버드라는 곳에 와서 시작부터 위축된 것만 같았다. 그것은 앞으로 내 앞에 펼쳐질 자유로운 대학생활에 대한 막연한 두려움과 불안함을 예감처럼 품은 것이기도 했다.

하버드대학에는 입학식이 따로 없다. 간단한 신입생 오리엔테이션이 끝나고 기숙사 방을 배정받으면 바로 대학생활이 시작되는 것이다. 며칠이 지나서야 나는 기숙사 내의 신입생들과 인사를 나누기 시작했다. 동급생들 중에는 좋은 배경을 가진 아이들이 많았다. 솔제니친과 루스벨트 대통령, 스리랑카 국무총리 등 정계 유명 인사의 후손들과 세계 최고의 부자라는 샘 월튼, 그리고 그리스 선박왕의 손자 손녀들도 있었다. 또 초우트에서 열등그룹으로 취급받던 이들, 즉 자기 분야에서 뛰어난 재능과 개성을 가진 외곬수들이 하버드에서는 절대적인 다수를 차지하고 있었다. 비벌리힐스에서 온 오른쪽 옆방의 그렉은 컴퓨터를 직접 만들어 사용하는 과학의 천재였고, 위층의 말린은 뉴욕 시립 발레단의 프리마돈나였으며, 왼쪽 옆방의 짐은 혼전 성관계나 음주를 죄악시하는 독실한 기독교 신자인 동시에 알래스카의 레슬링 챔피언이었다. 그들은 집요하리만치 자기만의 독특한 삶을 추구하는 열정파들이었다.

그들에 대한 내 반응은 다분히 양면적이었다. 우선 그런 친구들을 알게 되면서 최고의 엘리트 집단에 속해 있다는 자부심을 느낄 수 있었다. 그러나 동시에 나 자신이 그들과 다르다는 느낌도 갖고 있었다. 이미 고등학교 때 '어른의 세계'를 경험했다고 확신했던 나는 그들의 열정을 풋내기들의 흥분쯤으로 취급했다. 모든 면에서 나는 냉소적이었고 호의를 베푸는 사람들 사이에서 곧잘 고독감을 느끼기도 했다.

한 마디로 하버드를 위해 앞만 보고 질주해 온 삶에 제동이 걸린 셈이었다. 뚜렷했던 삶의 행로가 걷잡을 수 없이 희미해지기 시작했다. 어쩌면 삶에 대한 빚을 갚고 있는지도 몰랐다. 하버드라는 목표를 위해 저당잡혔던 사춘기, 이제 성장이라는 과정에서 미뤄두었던 매를 맞아야 했는지도 몰랐다. 젊음을 바쳐 숭상한 미, 그 아름다움을 바라보고 선 나, 그리고 알 수 없는 허탈감⋯⋯. 나는 스트린드베리와 체호프의 글을 읽으며 기대와 실망이라는 생(生)의 교훈을 처음으로 실감하고 있었던 것이다.

10년 간 이곳에 서기 위해 기울였던 노력과 오랜 꿈의 흔적, 난 케임브리지의 한 벽돌 건물 속에 둥지를 틀고 앉아 가슴속을 파고드는 실의의 정체를 스스로에게 캐묻고 있었다. 나는 하버드에 실망한 것이 아니었다. 이 무형의 위대함과 무언의 품위에 의기소침해진 것도 아니었다. 또 이 도시의 수많은 수재들의 재능과 그들이 베푸는 친절에 흥미를 잃은 것도 아니었다. 단지 삶의 한 계단을 오르고 난 후 찾아오는 허무와 상실감, 다음 계단을 찾지 못하는 내 자신의 무력감에 한없이 실망하고 있었던 것이다.

'나는 누구인가', '무엇을 위해 살고 있는가'라는 성장의 대의문, 존재와 존재자와의 차이에 대한 하이데거(C. Heideger)의 질문에 나는 속수무책으로 빠져 들어갔다. 고민하는 주체의 지적 수준만 달랐을 뿐 열일곱 살 소년이 느꼈을 법한 존재의 허망함, 그리고 이상과 현실 사이의 괴리감, 바로 그것이 단기 목적을 상실한 내 고민의 이름이었다. 이 같은 나의 고민은 옛 친구가 고교 2년 시절 보내주었던 편지를 다시 한 번 읽어보며 재확인할 수 있었다.

시간을 앞서 간다는 것은 고통이 아닐까. 언제나 이상과 현실 속에서 방황하지만 내게 남는 건 무(無)일 뿐, 요즘은 도저히 세상과 타협을 할 수 없을 것만 같다……. 신은 내게 지나친 감성과 욕심을 주셨으면서 왜 그것을 통제하고 등 돌릴 수 있는 힘은 주지 않았는지, 현실에 노예가 되어 버린 나에게는 그것이 형벌처럼 고통스럽기만 하다. 어쩌면 시간이란 함께 공유하는 것이 아니라, 각자의 절대적인 시간이 제각각 소유되어지는 것 같은 생각이 든다. 모든 사람이 한 번씩 거쳐가는 고통의 시간, 이것을 외면한다면 결코 세상에 대해 눈뜨지 못할 것임을 잘 안다. 하지만 요즘은 어두운 밤의 별마저도 내게는 구속이라는 느낌이다. 대학이라는 관문, 그것을 뛰어넘기 위해 이렇게 밤과 싸우고 있어야 하는 것인지 난 모르겠다.

수치스러웠다. 나의 벗이 고교 시절 겪었던 방황을 나는 이제서야 맞이했던 것이다. 어떻게 보면 삶의 근원적인 물음들 속에서 자아를 확인하고자 하는 욕구는 당연한 일일 수도 있다. 하지만 내 사춘기는 미국이라는 곳에 와서 그 상황에 적응하기 위한 몸부림으로 점철되어 왔고, 나의 감성은 '상황' 과 '나' 라는 개체와의 갈등에서 오히려 '상황' 편에 서 있었던 것이다.

목적의 상실보다 더 심각한 독(毒)은 갑자기 주어진 엄청난 자유였다. 버지니아 울프(V. Woolf)는 '자유를 만끽하기 위해서는 먼저 스스로를 통제할 줄 알아야 한다' 고 했다. 철저히 규제된 고등학교의 생활에 익숙해져 있던 내게 하버드가 주는 자유를 영위할 능력이 있을 리 없었다. 수업을 빼먹는 재미도 하루 이틀이었고, 화려한 도시의 거리를 헤매고 다니는 것도 한두 번이었다. 나는 한 달도 채 되지 않아 자유라는 미명 아래 놓인 길고도 지루한 시간 앞에 서서히 무릎을 꿇어갔다.

또다시 내게는 젊음을 화려하게 불태우고, 식은 피를 뜨겁게 달아오르게 할 무엇인가가 필요했다. 나는 그 해답을 외부 세계에서 찾으려 했지만 도저히 발견할 수가 없었다. 나는 서서히 지쳐갔다. 물론 고뇌는 의식의 유일한 증거라고 한 도스토예프스키(F. Dostoevski)의 말을 위안 삼으며 방황에서 지적 만족을 얻으려고도 해보았다. 그러나 쓸모없기는 마찬가지였다.

노력에 비해 믿기지 않을 정도로 좋은 중간고사 성적 또한 나의 허무감을 부채질했다. 고교 시절 닦아놓은 기초 때문인지, 아니면 행운인지, 기숙사 친구들이 밤을 새워야 받을까 말까 한 A를 나는 쉽게 받을 수 있었다. 이제 학업은 더 이상 내게 도전의 고난과 승리의 기쁨을 주지 못했다. A를 받지 못했어도 초조하지 않았을 것임은 물론이다. 성적은 이미 내 관심사가 아니었다.

하루하루가 무미건조하게 흘러가고 있었다. 하지만 일상에 신선한 충격을 안겨줄 일이 전무했던 것만은 아니었다. 나는 그해 10월에 보스턴 케이블 텔레비전의 '주디 자르비스쇼'에 출연하게 되었다. 주제는 '학교 내의 언론자유 침해'에 관한 것으로 나는 타학교의 두 상급생과 토론을 벌이게 되어 있었다.

처음 TV에 출연하는 나는 사실 무슨 준비를 해야 할지도 몰랐다. 하지만 도전해 보는 수밖에 없었다. 함께 참석했던 상급생들은 교내 언론자유의 침해는 인간의 기본권을 박탈하는 일이라고 강한 어조로 반박을 했다. 공통된 의견을 가진 상급생들을 상대로 나는 다른 논리를 전개해 나갔다. '학교는 교육이 목표인 특수 성격의 기관이므로 그 목표에 맞도록 학생들을 이끌어주고 지도해야 할 의무와 책임이 있다' 라는 내용의 주장이었다. 지금 생각해 보면 터무니없는 논리였지만 왠지 상급생들의 주장을 반박하고 싶은 충동을 느꼈던 것 같다. 어찌되었건 다방면에서 뒤틀린 사고를 가지고 있던 시기였다. 다행히도 토론회가 끝나자 사회자인 자르비스 씨는 내게 2주 후 마약에 관한 대 시정부토론회에 참석해 줄 것을 요청했다.

고작 TV 토크쇼 출연이 가장 기억에 남을 만큼 나의 학창생활은 생기 없는 것이었다. 목표가 불투명한 상태에서 찾아오는 결핍감이 나를 뿌리째 흔들고 있는 것만 같았다.

목적 의식의 상실과 갑작스런 자유, 거기다 이성 문제까지 겹쳐 내 방황의 폭은 걷잡을 수 없이 깊어만 갔다. 나는 심한 불면증에 시달렸으며 밥을 먹기 위해 식당으로 가는 것조차 귀찮아했다. 폐와 간이 점차 나빠져 혈색이 예전 같지 않았고, 몸무게는 12킬로그램이나 줄었다. 운동을 좋아했던 내가 방 안에 틀어박혀 꼼짝도 하지 않았다. 늪처럼 가라앉은 시간이었다.

내 유일한 낙은 밤새워 일기를 쓰는 일이었다. 참을 수 없을 정도로 고통스런 밤들이 허다했지만 이미 고교 시절 4년 동안의 철저한 자아 조절을 통해 메마를 대로 메말라버린 눈물샘이 내 감정을 허락할 리 없었다. 나는 내 눈물과 땀, 고독, 그 모든 것을 백지 위에 토해냈다. 어느덧 새벽이 밝아오면 나는 스스로에게 '다시 해보자'는 최면을 걸기도 했고, 젊은 영혼을 위한 고뇌처럼 아름다운 것은 없다는 오스카 와일드(O. Wilde)의 속편한 소리를 되새겨보기도 했다. 그러나 불면의 밤은 어김없이 다시 찾아왔고, 나는 삶의 의욕을 잃은 가난한 청년의 나태를 지울 수가 없었다.

1990. 1. 26

낮과 밤이 바뀌었다. 휘몰아치는 뉴잉글랜드의 바람 소리를 더 이상 견뎌내지 못하고 머리맡의 등을 켠다. 수화기를 들었다가 그대로 내려놓는다. 아무에게도 알리고 싶지 않은 내 모습인 탓이다.

창 틈으로 스며드는 바람 한줄기에도 싸늘해지는 가슴. 고독은 치유될 수 없는 병이며, 채워지지 않는 잔이다. 얼어 뭉그러진 의식을 단 한순간이나마 쉬게 하려고 나는 얼마나 간드러지는 웃음을 팔고 있는가. 결국 돌아오는 것은 더 두꺼워진 틀 속에서 나를 경멸하듯 지켜 서 있는 쓸쓸함의 무게뿐.

누군가 나에게 알릴 수 있는 사람 있는가.
어디로 내 목숨 더듬어가는지를.
나는 진실로 태풍 속에 떠돌며
연못을 집으로 하는 물결은 아닐는지.
목은 또 창백하게 살얼음 끼는
이른 봄의 저 벚꽃은 아닐는지.

— 릴케 《구시집》 중에서

무작위의 혼란을 가중시키는 감상의 도전에 등을 돌리려 한다. 연소(燃燒)의 고귀함과는 동떨어진 젊음의 소실(消失), 그 소실을 막으려 뿌려대는 의지의 물줄기가 예의 기운을 잃었다. 하지만 서 있으려 한다. 쭈그리고 앉으면 다시는 두 발 버티고 설 수 없음을 알기 때문이다. 고독이 생의 영원한 동반자임을 알면서도, 벗어나려 발버둥치는 지친 몰골이 저편에서 내 영혼을 비웃고 있다. 적막이, 이 어둠이 내 피를 빨아 마신다.

2. 12

열 장의 논문을 반나절 만에 끝냈다. 애꿎게 연거푸 태운 담뱃재가 무의미한 글월 위에 흩날린다. 오늘 생명의 한 조각을 잉크병 안에 떨어뜨리고 있다는 톨스토이의 고백을 나 역시 되뇌이지 않을 수 없다. 경험이라는 마술과, 언어의 장난으로 쓰여진 얄팍한 보고서, 이 크리스탈처럼 정교히 깎여진 지성의 날림 앞에서 귀하신 자아는 당혹해하지도 않는다.

원대한 우주 공간 속에 커봐야 6척 되는 자리를 차지하며 숨쉬다 간 인간들의 다듬어진 언어로 내 생명을 틀어막는다. 명시된 진리란 없는 것, 한 뼘 남짓한 가슴의 공허함조차 채워주지 못하는 것이 언어의 학문이 아닐까? 쉴새없이 배우고 또 배우고 싶지만 배움의 세계가 보이질 않는다. 인간을 만물의 영장이라고 일컫는 신화적 의미의 상실은 지성인이 되기 위한 필연적 과정인가? 이처럼 존재의 허탈감을 직시하면서도 삶에 미련을 두는 것은 비겁일까, 용기일까?

생존이라는, 고뇌라는 아름다운 낱말들은 큰 뜻을 위해 당당하게 싸울 훗날을 위해 아껴두어야 한다. 버텨나감, 그저 사사로운 감상의 극복을 위한 노력이라 일컫자. 그리고 권태로운 모퉁이에 웅크리고 앉은 내일이란 악취를 맡으며 코를 훔치자. 오늘을 버린 휴지통을 비우고.

2. 15

이상(李箱)의 글을 읽는다. 스스로 명(命)을 끊으며 무슨 생각을 했을까? 태양의 빛이 두려웠을까? 아니면 달의 순결이 쓸쓸했을까? 시(時)와 식(識)을 떠난 공(空)의 사념 속에서 죽음, 아니 승화하고자 하는 강한 유혹을 느꼈을까? 아마도 생(生)의 굴레를 떠난 영(靈)의 날개를 달고 싶었을 게다.

뫼르소(Meursault: 《이방인》의 주인공)의 살인을 이해한다. 빛과 선의 사랑과 입신이 오히려 인간을 죽이는 세상이다. Coup de grace, 그의 살인은 자아(自我)의 해방, 인간의 본능을 풀어주려는 사명감의 표출이었을 것이다.

나는 신의 아들이고 싶다. 내가 끌려다니는, 힘들어하며 세상 속의 내 위치를 자문하는 몰골을 차마 바라볼 수가 없다. 행복을 위해 태어났다고 믿는 것이야말로 어리석은 일일지 모른다. 그렇게 믿는 것이야말로 모든 사람이 태어나면서부터 지니는 과실의 하나라고 쇼펜하우어(A. Schopen hauer)는 말했다. 석가모니도, 또한 실러(F. uon Schiller)도 생은 고(苦)라 하였다. 그렇다면 내가 스스로 행복하지 않음을, 불행히 여김은 그들보다 배움이 모자라는 탓일까?

아무도 나를 해치려하지 않는데 나는 내 자신에 의해 무너지려 하고 있다. 내 젊음을 연소시켜 이루고픈 그 뜻은 무엇인가? 그 굵은 삶의 에센스가 어디엔가 반드시 존재할 텐데, 나의 인간적인 모습이 나를 역겹게 한다.

2. 22

바이킹들은 사랑하는 이의 죽음을 함께 축하했다. 시신을 배에 실어 바다에 띄워보내고 불화살을 쏘아 아름답게 불태웠다. 삶은 한 편의 꿈 같은 것이기에, 그 종말 또한 한줌의 재로 망망대해에 퍼져나가게 함으로써 꿈에서 깨어나듯 남김 없는 의미로 만들려 했던 것이다.

물 위의 불, 산산히 흩어진 삶의 흔적……. 아름답다.

밤의 향기가 진하다. 칼라스와 디 스테파노의 듀엣이 어둠을 가른다. 아침 나절 폴린의 전화를 받고 멍하니 앉아 있던 기억을 떠올린다. 하버드라는 거대한 상대를 마주하며 가슴 벅차하던 때가 불과 수개월 전이었음이 상기되었기 때문이다.

젊음을 잃은 삶을 살아보지 않았기에 이 시간이 언제 끝날는지 알지 못한다. 이 시간이 얼마나 그리워질는지도 알지 못한다. 그러나 언젠가 나도 모르는 새 사라져버릴 것이라는 사실을 알고 있다. 그 순간 떠나는 시간에 매달리는 초라한 인간이 되어서는 안 된다. 여유 있는 웃음, 그리고 추억을 가득 지닌 채 젊음을 보내줄 수 있는 풍요로운 사람이 되어야 한다.

사회에 던지는 의문, 인간들에 대한 실망, 자아의 무력함이 삶을 다시 생각하게 하고, 참다운 지성과의 만남을 고대하게 하는 밤이다. 흙을 밟아본 지 오래, 생활에 찌들어가는 내 그림자를 때묻지 않은 바닷바람에 툭툭 털어내고 싶다.

나의 젊음이 끝나지 않았음이 얼마나 다행스런 일인지.

3. 7
抽刀斷水水更流 擧杯鎖愁愁更積
칼을 뽑아 물을 베어도 물은 다시 흐르고,
지우려던 시름은 술잔을 들어도 쌓여만 가누나.

— 이백(李白)

침묵으로 곁을 지키는 펜과 같은 벗을 가졌다면.

이백의 시를 접고 법정 스님의 글을 읽는다. 말과 글은 그 사람의 성품이라 했던가. 이 흉폭한 세상에 대한 스님의 청명한 애정이 퇴색하지 않기를 바라는 마음이다.

눈이 내리면 따뜻한 아랫목과 아늑한 추억, 정담을 주고받는 연인 따위가 연상되어야 한다. 그것이 저 아름다운 창조물을 뿌려대는 신의 배려에 감사하는 자연스런 인심이리라. 온통 희어서 검고, 밝아서 적막하다. 썰렁한 방과 타향 특유의 쓸쓸한 냄새, 퍼붓는 폭설이 고립감을 부추긴다. 멀거니 앉아 있는 내게 시간은 버림받아 내던져진 작은 인형인 듯, 찰나에 매몰되는 감상의 결집에 혹 신이 나를 시험하는 것은 아닌지 두려움을 갖는다.

문제 해결은 곧 문제를 정립하는 일이라는 누군가의 충고, 누구나 겪는 평범한 고민들로 채운 하루, 아무에게도 손을 내밀지 않는 내 차가움, 이 모든 것이 나를 안타깝게 한다. 그러나 찾아야 한다. 어딘가에 더 있을 듯한 삶의 의미를, 내가 이 세상에 태어난 뜻을 홀로 찾아내야만 한다.

〈삶에 관하여〉가 귀에 친숙하다. 절망과 미련으로 가득한 오늘을 보내면, 감사와 기쁨으로 충만한 내일이 오리라는 한 가닥 소망, 내일이라도 늦지 않을 거다. 내 뭉그러진 가슴에 빛을……

지성과의 만남

학교라는 거대한 구조 속에서 이방인으로 머물며 방황하고 있던 나였지만 새로운 지적 경험의 기회마저 거부하고 싶지는 않았다. 나는 무한대로 주어진 시간과 자유를 학업 이외의 독서에 쏟아 붓기 시작했다. 첫 번째 탐구의 대상은 존 F. 케네디(J. F. Kennedy)였다.

존 F. 케네디는 1917년 아일랜드 출신 가톨릭계 집안의 차남으로 태어났다. 그리고 유복한 어린 시절과 초우트 로즈마리 홀, 하버드 대학의 사립 교육과정을 거쳐 29세에 하원의원에 당선되었다. 이어 35세에 상원의원, 43세에 대통령에 당선된 그는 이후 '카멜롯 시대(Camelot years)'라고도 불리는 3년 간의 통치 기간 동안 아이젠하워의 국제정책을 개혁하고 '뉴프런티어'(New Frontier)와 '진보를 위한 동맹'(Alliance for Progress) 등을 주창하여, 양극체제를 견고히 하는 데 큰 역할을 했다. 쿠바 사태에서의 용기와 결단력, 우주계획에 관한 집념, 그리고 무엇보다도 인권 문제에 관한 진보적 시각으로 세인의 존경을 받았으나 1963년, 아직도 풀리지 않은 음모에 의해 암살되었다.

케네디는 내 삶에 특별한 영향을 준 인물이었다. 대학 졸업을 앞두고 케네디를 좋은 추억의 일부로 여기게 될 때까지 거의 15년 동안 그는 내 생활의 규범이었고, 내 삶의 지표를 설정해 준 벗이었다. 결국 케네디를 좇아 겁도 없이 유학을 떠나 그의 모교인 초우트와 하버드를 거치게 된 내가 그에 대해 다시 생각해 볼 기회를 가진 것은 어쩌면 당연한 일이었다.

1학년 늦가을이었다. 도서관 앞을 거닐던 나는 지난 15년 간 우상으로 여겼던 케네디를 철저하게 해부해 봐야 할 필요성을 느끼게 되었다. 이제 막 자라기 시작한 비판의식과 방황기에 접어든 지성이 나로 하여금 이제 그의 절대적인 신화로부터 벗어나야 한다는 필요성을 느끼게 했기 때문이었다.

나는 케네디에 관한 책을 탐독하기 시작했다. 그가 집필한 《용기의 윤곽》, 《조류를 바꾸기 위하여》 등은 물론, 로버트 F. 케네디(R. F. Kennedy)가 쓴 《13일》과 《더 새로운 세계를 찾아서》, 쿠바 사태와 케네디의 인종정책에 관한 책, 심지어는 그의 사생활을 논한 글까지 모조리 읽었다. 그러나 이 같은 노력에도 불구하고 그의 신화적인 매력은 사라지지 않았다. 물론 그에게도 결점이 없었던 것은 아니지만, 자세히 파고들수록 매력적인 인간이었으며 존경할 만한 지도자였던 것이다.

그의 정치적 행보에 대한 평가는 엇갈린다. 그러나 내게 중요한 것은 '케네디'라는 존재가 그 시대와 오늘날에 갖고 있는 '상징성'이다. 그는 시대를 초월한 '젊음, 진보, 용기'의 살아 있는 상징이며, 그의 존재는 아직까지 많은 젊은이들에게 더 나은 세상에 대한 희망을 주고 있다. 케네디는 《용기의 윤곽》에서 다음과 같이 말했다.

> 해야 할 일은 해야 한다. 어떠한 고난과 장애와 위험, 그리고 압력이 있더라도 그것이야말로 모든 인간 도덕의 기본인 것이다.

케네디는 보수 기득권의 역풍에 맞서 '진보하는 세계'라는 비전을 제시했다. 용기와 젊음으로 그 이상을 이루기 위해 투쟁했던 그는 동(同)세대에게는 믿음을, 후(後)세대에게는 희망을 심어주었으며, 자신의 죽음마저도 투쟁의 일부로 승화시켜 인류 역사 속에서 영생을 얻었다. 케네디가 암살된 이후인 1966년 10월, 그의 친동생인 로버트 케네디 상원의원은 버클리대학 학생들에게 다음과 같은 충고를 했다.

> 제군들이야말로 역사의 가장 드문 한 시기, 즉 우리 주위를 둘러싼 낡은 질서가 괴멸되고 새로운 세계가 탄생하는 시기를 맞이하는 세대이다. 제군들이 이 투쟁과 고난으로부터 물러선다면 그것은 자네들에게 주어진 믿음을 배반하는 일인 것이다.

대학 졸업을 앞두고 나는 다시 한 번 케네디를 생각할 기회를 가졌다. 그리고 더 이상 그를 전설로 여기지 않는 나 자신을 발견하게 되었다. 그럼에도 불구하고 서정시의 한 구절처럼 싱그러운 그의 의미를 나는 아직도 삶의 구석구석에서 찾을 수 있다. 내 삶이 어떤 모습으로 형성되어가든, 그가 상징했던 젊음과 용기, 진보의 정신을 잊을 수가 없다. 그 가치들이야말로 인류의 역사를 전진시키는 유일한 힘이라고 확신하기 때문이다.

> 그때 용감한 호라티우스
> 대문의 수장은 외쳤다.
> '죽음은 빨리, 혹은 늦게 찾아온다.
> 그리고 어찌 남성이
> 그의 아버지의 재와
> 그의 신의 사원을 위해
> 두려울 정도의 승산에 대항하는 것보다
> 훌륭하게 죽을 수 있겠는가.'
> ― 〈고대 로마의 노래〉 '호라티우스' 중에서

겨울이 중반부로 접어들 즈음, 나는 예전부터의 관심 분야인 문학과 철학에 몰입하기 시작했다. 당시 나를 사로잡은 이는 니체(F. von Nietzsche)였다.

신은 죽었다. 그러나 인류가 놓여 있는 상황을 고려할 때, 아마도 그의 그림자가 나타날 동굴은 오랜 세월 동안 존재할 것이다.

기독교적인 성장 배경과 프로테스탄티즘에 기초한 사립교육, 그 속에서 안온히 자라온 내게 그의 선언은 일종의 지적 쇼크였다. 니체의 사상은 주로 삶보다는 죽음을 중시하는 현실도피적 이념으로 파악되고 있으나, 내게는 매력적인 표현주의일 뿐이었다. 그러나 니체는 풀기 어려운 숙제였다. 《차라투스트라는 이렇게 말했다》에 이르러 나는 초인 이론의 난해함에 두 손을 들고 말았다. 그리고 곧 카프카, 만 등의 독일 낭만주의, 표현주의 쪽으로 시선을 돌렸다. 릴케의 감각적인 시어에 반하게 된 것도 이 즈음이었다.

내가 흥미를 느끼는 분야에는 일관된 흐름이 있었다. 여느 젊은이들처럼 전통의 틀에서 벗어난 혁명적 사상이나 문학 사조에 강하게 이끌렸다. 신고전주의에 반기를 든 낭만주의 문학에 심취되었던 것도 그렇고, 기독교의 아성에 도전한 니체의 반(反)기독교적인 표현주의에 매료된 것도 그 맥락일 것이다.

'잃어버린 세대(lost generation)'로 불렸던 영미 현대작가들을 다시 읽기 시작한 것도 그 범주에 속했다. '인간은 세상과 언어, 현실, 그리고 각자의 실존으로부터도 고립된, 소외된 존재이다.' 이 얼마나 신입생의 욕구를 충족시켜주는 현학적인 이야기인가? 나는 이미지즘의 창시자인 에즈라 파운드(E. Pound)에게 먼저 빠져들었다. 말기에는 파시즘과 반(反)유대주의의 비판적인 수용으로 물의를 빚었던 파운드는 주로 전쟁과 서구 상업주의의 무용성을 주제로 깨끗하고 절제된 시를 쓴 작가다.

내가 관심을 가졌던 또 한 명의 시인은 엘리엇(T. S. Eliot)이었다. 엘리엇은 하버드뿐만 아니라 영미권의 학계에서 가장 신화적인 칭송을 받는 작가이다. 〈황무지〉, 〈잿빛 수요일〉 등의 장시(長詩)와 〈대사원에서의 살인〉과 같은 시적 희곡에 나타난 인상적인 표현법과 산업혁명의 비판 – 엘리엇의 혁신성을 요약하는 이 두 가지 특징이야말로 그의 이름이 버지니아 울프와 함께 아직까지 문학도들의 대화에 단골 소재로 등장하게 하는 요인이라 할 수 있다.

스타인, 오든 등 닥치는 대로 읽었던 당시의 내 편력이 남긴 가장 큰 수확은 예술관의 정립이었다. 시간과 공간의 개념을 초월한 작품을 감상하며, 나는 예술이란 얼마나 위대한 책임을 지니고 있는 것인가를 깨닫게 되었다. '생명이 없는 예술은 불쌍한 것'이라는 헨리 제임스(H. James)의 말처럼 삶과 인간을 사랑하지 않는 예술이란 허영이요, 사치에 불과했다. 압력과 유혹 앞에서도 진실에 대한 사명감과 생명에 대한 사랑을 잃지 않는 자세, 그것이 참 예술의 정신이요, 혼이라고 나는 확신하게 되었던 것이다.

그러나 내 호기심을 사로잡았던 철학과 문학도 혼란했던 삶에 의욕을 불어넣어주기에는 역부족이었다. 오히려 니체와 엘리엇은 비판적인 시각의 틀을 제시해 줌으로써 내 사춘기적 허무주의를 더욱 부채질했다. 이렇게 나는 무서운 속도로 생전 처음 방황 속으로 빠져 들어가고 있었다.

내 방황의 끝은 어디?

조셉 크러치(J. Krutch)가 청교도주의보다 더 심각한 문제라고 생각했던 뉴잉글랜드의 겨울은 정말 길고 우울했다. 2월에 하버드에서 할 수 있는 일은 독서와 눈 치우는 일뿐이라는 우스갯소리가 실감날 정도로 케임브리지는 연일 폭설과 어둠침침한 대기 속에 휩싸여 있었다.

불규칙한 생활에다가 수면 부족까지 겹쳐 나의 건강은 점차 악화되었으며, 급기야 3월 초에 이르러서는 폐와 간이 좋지 않다는 진단을 받게 되었다. 병원에 가기 위해 두툼한 목도리에 얼굴을 파묻고 버스를 기다리면서 나는 생전 처음 패배감과 절망감을 맛보게 되었다.

우수한 성적은 오히려 내 절망감을 부채질했다. 합격률이 50%를 밑도는 컴퓨터 고시와 합리측정 고시를 나는 첫 학기에 패스했으며, 건성으로 공부했던 1학기 성적 또한 최상위 그룹에 속했다. 내 관심을 끌 만한 것은 하버드의 어느 구석에도 없었다. 결국 나는 모든 시간을 자폐적인 고뇌에 철저히 쏟아 붓기 시작했다.

절망으로부터 도망칠 유일한 피난처는 자아를 세상에 내동댕이치는 일이라고 톨스토이(L. Tolstoy)는 말했다. 그러나 이제 막 성숙하기 시작한 자아를 난 차마 던져버릴 수가 없었다. 그런 내게 남겨진 자위의 방편은 친구들과 대화를 나누며 고민을 망각하는 일이었지만, 주변의 학우들을 어리게 여기고 깊이 사귀기를 꺼려했던 내가 그들에게 내 문제를 털어놓을 리 만무했다.

어두운 하루하루를 보내던 즈음, 나의 생일을 전후해 오랜 벗 재영과 대일이 하버드로 나를 찾아왔다. 당시 재영은 컬럼비아대학과 브라운대학에 합격했는데도 자신의 마음에 든 소규모의 웨슬리안대학을 선택해 다니고 있었으며, 대일은 막 유학을 와 언어 연수에 한창 노력을 기울이고 있을 때였다. 나는 그들을 보며 오랜만에 고향에 온 것 같은 편안함을 느꼈다. 그러나 고집스런 나는 자신의 내면 세계를 벗들에게 드러내보이고 싶지 않았다. 내 표정만 봐도 나의 심리 상태를 감지할 수 있었던 재영이 어느 날 내게 물었다.

"난 네가 무엇을 고민하고 있는지 모르고, 또한 알고 싶지도 않다. 네가 이야기해 줄 녀석도 아니고. 다만 불만족이란 늘 의지의 쇠약에서 오는 것이란 생각이 든다. 강한 의지 하나 때문에 남들과 달랐던 너의 쇠약해진 모습이 정말 보기 싫다."

나는 아무런 감정 없이 대답했다.

"한 번은 거쳐야 하는 과정임을 알고 있기 때문에 겪고 있는 것인지도 몰라. 필요없는 일은 절대로 하지 않는 내 성격 알잖아?"

"너같이 삶에 집착이 강한 녀석이 이 정도로 무릎을 꿇진 않겠지. 하지만 네 건강은 좀 심각한 것 같다. 어때, 잠시 학교를 떠나는 것이?"

1년 전만 해도 상상조차 할 수 없는 일이었다. 감상의 사치가 이 정도로 큰 대가를 요구하는 것인지도 몰랐고, 그 해결책으로 '도피'라는 수치스런 방법을 고려해 보는 것도 예측하지 못한 일이었다. 그러나 솔직히 내가 하버드에 남아 있어야 할 이유는 없었다. 목적 의식도 성취욕도 없이 학점 메꾸기에만 급급하느니 차라리 집어치우는 게 낫다는 생각이 들기 시작했다. 나는 허무주의라는 사치를 즐기고 있었으며 거기에 안주하려는 자아로부터의 유일한 탈출구는 사람들이 흔히 찾는 '환경의 변화'인 것 같았다.

나는 휴학을 했다. 휴학계에는 구차한 이유를 쓰지 않았다. 내가 자신감과 목적을 되찾았을 때 다시 돌아와 곱절의 성과를 거두면 그만이라고 생각했다. 하버드에 내 상황을 상세히 설명하고 그 허락을 얻어야 할 필요는 없었다. 그들 역시 방황하는 젊은이를 수백, 수천 명은 보아왔을 테니 내게 큰 관심은 없었으리라.

휴학계를 내고 기숙사로 돌아오는 내 마음은 착잡했다. 그러나 동시에 해방의 희열과 새로운 기회에 대한 기대 또한 서서히 밀려왔다. 나는 가슴 가장 깊은 곳에서 철저한 정적을 감지할 수 있었다. 최초의 좌절을 맞이했음에도 내 양심은 한 치도 동요하지 않고 있었다. 홍정욱은 잠시나마 더 이상 하버드인이 아니었다. 삶 또한 정체된 모습이었다. 그러나 나는 다시 한 번 내 운명의 주인이요, 내 영혼의 주재자였다. 나는 자유로웠다.

저 친절한 밤의 속으로 부드럽게 들어가지 말라.
일어서라, 일어서라, 빛의 사그라짐에 맞서.
— 딜런 토머스(D. Thomas) 〈저 친절한 밤의 속으로〉 중에서

아버지에게 휴학 소식을 말씀드리는 일은 물론 쉬운 일이 아니었다. 내 삶을 위해 당신의 모든 것을 희생하고 계신 아버지에게 어떻게 가벼운 마음으로 일시적이나마 이 아들이 멈춰 섰음을 전해드릴 수 있었겠는가. 아버지의 분노는 얼마든지 참아낼 수 있었다. 그러나 당신의 실망만큼은 견뎌내기 힘들었다.

"아버지, 저 학교 잠시 쉬고 싶습니다."

"깊이 생각해 보았느냐?"

"네……. 용서하십시오."

"그래, 그렇다면 시간 낭비하지 말고 어서 한국으로 오너라."

의외였다. 아버지는 단 한 마디 이유도 묻지 않으시고 오직 결정에 대한 나의 책임감만을 재확인하셨다.

나는 아버지의 믿음이 고마웠다. 그것은 설사 내가 잘못된 길로 접어든다 해도 반드시 제 궤도로 되돌아올 것임을 확신하지 않고서는 보일 수 없는 여유와 신뢰였다. 아버지는 비행기표도 좋은 자리로 예약해 주셨다. 고개가 절로 숙여지는 깊은 배려가 아닐 수 없었다.

한국으로의 도피

한국에 도착하자마자 나는 얼마 안 되는 여비를 들고 동해로 떠났다. 때는 이른 봄, 자연은 긴 침묵을 마치고 다시금 생명의 교전에 임

하려 하고 있었으며, 여행자의 길은 아직 썰렁하기만 했다.

나는 텅 빈 고속버스에 올라탔다. 담담한 아버지의 반응과는 달리 걱정이 되어 어쩔 줄 몰라 하시던 어머니의 모습이 떠올랐다. 인간은 모험을 통해서만 스스로에 대해 깨닫고 발견할 수 있다고 지드(A. Gide)가 말했던가. 나는 가슴에 키우던 별, 그 색 바랜 빛을 되찾아야만 했다. 새로운 무엇을 발견하거나 창조해야 할 필요는 없었다. 단지 본래의 모습을 되찾는 것만으로 충분했다. 그것이 여행의 유일한 목적이었다.

강릉에서 일박을 하고 동해시에 이른 나는 해변가의 여인숙에 짐을 풀었다. 주인 아주머니의 경상도와 강원도 말씨가 뒤섞인 사투리와 심부름꾼 중학생 아가씨의 당찬 웃음이 정겹게 느껴지는 곳이었다. 왠지 그들은 '태양처럼 의지함이 없이 홀로 사귀고 홀로 빛내며 뜻없이 소박해 절대적 섭리를 완수' 하는 에밀리 디킨슨(E. Dickinson)의 '작은 돌'과 같은 사람들이란 생각이 들었다. 그들의 표정과 움직임에는 우주의 평화가 깃들어 있었다. 그리고 초여름의 오후 같은 안정과 정적의 아름다움이 있었다. 나는 그들의 단조로운 삶에 감격했으며, 그 싱싱한 생명의 향기를 행복한 마음으로 들이마셨다.

동해시에는 마침 폭풍이 몰아쳐서 파도가 거세게 일고 있었다. 방파제에 올라가는 것은 위험한 일이었지만 다행스럽게도 나를 막는 이는 아무도 없었다. 나는 장엄한 파도의 유혹을 견디지 못하고 방파제 끝으로 걸어나갔다. 물과 물이 부딪히는 곳에 생명의 실체 같은 물보라가 터져 내리고 있었다. 바다는 푸르다 못해 검었으며, 하늘은 차가운 무색으로 빛을 걷고 있었다. 장관이었다.

나는 순간 '나는 바다를 앞에 두고, 혹은 바다 위에서 죽고 싶다. 그리하여 죽고 나면 부표(浮漂) 속에 묻히고 싶다' 라는 모네(C. Monet)

의 절규를 떠올렸다. 불똥 같은 서러움이 치밀어올랐다. 젊음을 연소시킬 의미를 찾지 못하는 메마른 자신에 대한 분노였다. 그리고 전진만을 거듭해 온 내 삶의 원초적인 실체에 대한 그리움이었다.

그러나 단 한순간도 죽음의 충동을 느낄 수는 없었다. 아니 오히려 그 처절한 몰골과 악취에 혐오감마저 느꼈다. 삶을 향한 막연한 동경이 움트기 시작했다. 다만 어디까지나 뼈와 눈이 없는 환상 속의 삶이었다. 혼란스러웠다.

홀로 여행을 떠나 본 이들은 공감할 수 있겠지만 생각을 위한 여행이란 결코 오래가지 못한다. 자유와 해방의 희열도 잠깐, 곧 권태와 혼돈이 밀려들고 생각 그 자체에 진력이 나게 된다. 나 역시 일주일 만에 여행에 대한 환상을 잃고, 오히려 '사색을 위한 여행'이 사색하는 능력을 마비시키는 듯한 느낌을 받게 되었다.

경주, 대구를 거쳐 부산에 이른 나는 더 이상 참지 못하고 친구 영훈에게 전화를 걸었다.

"영훈이냐? 나다."

"야, 너 어디 있어? 말해. 곧 그리로 갈게!"

"여기 광안리다."

그로부터 7시간 후 영훈은 거짓말처럼 내가 묵고 있는 숙소로 나를 찾아왔다. 우리는 체면 불구하고 서로를 얼싸안았다. 그만큼 사람이 그리웠고, 그만큼 벗이 소중했던 것이다. 사려 깊은 영훈은 내게 아무것도 묻지 않았다. 그저 평소의 과묵한 모습으로 내 곁을 지켜줬으며, 내 남루한 순례의 벗이 되어주었다.

그러나 여행이 2주째 계속될 즈음 우리는 잊고 지낸 민생고 문제를 걱정하지 않을 수 없었다. 숙박비에 술값까지 쓰다 보니 주머니에 남은 돈이라곤 단돈 7천 원밖에 없었다. 무전여행이라고 바람같이 떠났는데 열흘 만에 다시 서울로 돌아갈 수는 없었다. 하는 수 없이 우리는 서귀포에 계신 어머니 친구 분에게 구조 요청을 보내고 제주도로 향했다. 그분에게 여러 모로 신세를 많이 졌는데 떠날 때는 감사하게도 여비까지 두둑이 주셨다.

그러나 여행을 마쳐야 할 운이었는지 영훈이 갑자기 눈병이 나고 말았다. 제대로 눈을 뜰 수도 없는 영훈과 계속 여행을 하는 것은 무리였다. 결국 한달도 채우지 못한 무전여행은 아쉽게 끝맺을 수밖에 없었다.

여행의 결론마저 맺지 못하고 돌아와야 했던 서울, 그곳에서 나를 기다리고 있던 것은 여전히 엉켜 있는 실존의 고민들이었다. 결국 아무것도 바뀐 것은 없었다. 이유 없는 방황, 2주 반 동안의 그럴싸한 감상의 사치를 마친 지금, 그것은 해결되지 않는 고독의 덩어리로 내 삶에 계속해서 그림자를 드리우고 있었다.

다만 여행의 유일한 수확은 문제 해결을 위해 외부적인 · 구체적인 목표를 찾아 헤매는 대신 내부적인 · 개인적인 과제를 먼저 해결해야 한다는 자각이었다. 몸이 굽으니 절로 구부러지는 파스칼(B. Pascal)의 그림자처럼 불행의 원인은 늘 정신 세계 속에 존재하고 있었다. 외부에서 젊음을 연소시킬 굵은 뜻을 발견하려는 것은 모자란 생각이었으며, 어떤 유형적인 대상에 인생을 거는 것 또한 헛된 일이었다.

불행은 내 마음이 만드는 것이었으며, 내 마음만이 그것을 치료할 수 있었다. 나는 예전의 흐트러짐 없는 모습으로 평화를 기다려야 했다. 곧 내 생활은 다시 새로이 설정된 야망에 의해 뒤흔들릴 것이며, 그 같은 흥분 속에서 나는 모순적인 마음의 평안을 찾을 수 있을 것이다. 기다려야 했다. 강인하고 차가운 모습으로 새로운 도약의 때를 기다려야 했다.

> 나의 태양은 다시 떠오르기 위해 진다.
> ― 로버트 브라우닝(R. Browning)

여행에서 돌아온 후 삶이 또다시 권태스러워질 무렵 항상 그러했듯이 내게는 새로운 기회가 주어졌다. 그것은 영어 경제 주간지를 발행하는 비즈니스코리아(Business Korea)사에서 일하게 된 것이었다. 당시 비즈니스코리아에서는 '비즈니스코리아 연감'이라는 통계 자료를 준비하고 있었고, 나는 자료를 조사하는 인턴 역할을 맡게 되었다. 증권회사 같은 곳에 자료를 수집하러 다녔고, 나를 친동생처럼 아껴주던 담당 부장을 비롯해 선배기자들과 야근도 하면서 지냈다. 매일 출근길 전철에도 시달려보고, 상사의 꾸지람에도 익숙해지면서 짧은 시간이나마 직장인의 애환과 고충을 느낄 수 있었다. 또한 집단에 속해 있다는 강한 소속감을 맛보기도 했다.

직장인으로서의 생활, 그리고 부모님의 따뜻한 배려와 관심 속에서 점차 나는 표면적으로나마 안정을 찾아가고 있었다. 벼랑 끝에 서 있는 사람처럼 강퍅하고 불안한 정신의 위기는 생활이라는 공간 속에 파묻혔으며, 나는 정신적인 방황을 망각한 채로 살아갔다. 내 집, 내 나라에서 느끼는 안온함……. 서울에 있는 대학에 교환학생 형식으로 편입해 보는 것은 어떨까 하는 생각이 떠오른 것도 바로 그 즈음이었다. 물론 막연한 구상에 불과했다.

근원적인 해결책은 찾지 못하고 한국을 떠나야 했던 내게 떠오른 생각은 '이제는 더 이상 물러설 곳이 없다'는 절박한 책임감뿐이었다. 나는 다시 하버드로 되돌아가 학업을 계속하기로 결정을 내리고, 그해 9월 복학 수속을 밟았다.

> 모든 사람의 기대와 선망을 짊어지고 이 자리에 다시 돌아온 지금, 이 자리가 내 자리이건 아니건 나에겐 이미 선택의 자유가 없다. 남은 것은 내 스스로의 의지와 능력뿐이 아닌가. 나는 이 자유가 좋다. 가슴이 뻥 뚫린 듯한 공허함과 외로움 속에서도 내 삶을 스스로 컨트롤할 수 있는 이 자유가 난 고맙다.

1990년 9월 18일 일기에 쓴 글이다. 하버드로 돌아온 나는 완벽한 자유를 가진 개체로서 홀로 서고자 기숙사를 나와 조그만 아파트를 얻었다. 비로소 나는 오직 나만이 스스로를 책임질 수 있고, 또 책임져야 하는 완벽한 자유의 상황 속에 놓이게 된 것이었다.

그때는 서울예술고등학교에서 바이올린을 전공하던 막내 나리까지 독일로 스카우트되어 떠나는 바람에 우리 집에는 유학생만 세 명이 되었다. 비싼 학비를 대야 하는 부모님의 고생을 생각하니 하버드에 내는 등록금이 아깝게 느껴져 나는 장학금 신청을 했다. 장학금 신청 규정에는 영주권이나 시민권 소유라는 조건이 들어 있었지만 영주권 없이도 장학금을 받은 학생들도 소수 있었다. 하버드와 같은 대학들은 본래 재단이 튼튼해 장학금 혜택을 받을 수 있는 기회가 상대적으로 많은 편이었다. 결국 나는 학비의 2/3에 해당하는 장학금을 받을 수 있었다. 초우트 2학년 시절부터 계속 학비를 면제받아 온 나였지만 하버드에서 주는 장학금은 감회가 새로웠다.

아방가르드에 무릎 꿇다

9월의 하버드에는 어느 새 가을이 성큼 다가와 있었다. 키 큰 마로니에 나뭇잎이 노랗게 물든 사이로 파란 하늘이 깊어 가고 있었고 교정을 오가는 사람들의 복장에서도 가을을 만날 수 있었다. 뉴잉글랜드 특유의 긴 겨울이 계속되던 3월과는 모든 것이 달라져 있었다. 그러나 6개월 전 나를 괴롭혀 끝내는 서울로 떠나게까지 했던 고통스러운 질문은 여전히 그림자처럼 내 곁에 머무르고 있었다.

내 정신세계는 점차 교만해지고 편협해지며 부패해 갔다. 이러한 내 의식을 단 한 방에 침몰시킨 책이 있었다. 《말도로르의 노래》가 그것으로, 19세기 말 요절한 이지도르 뒤카스(I. Ducasse, 필명은 Comte de Lautréamont)의 글이다. 《말도로르의 노래》는 기존 문학계의 현실주의·고전주의적 사고와 표현, 그런 문학에 의해 능란하게 조작되어 온 '인간성'과 '도덕'의 개념, 더 나아가 오랜 세월 세뇌를 통해 창작력과 개인성이 결여된 '의식'에 대해 전쟁을 선포한 아방가르드(Avant-Garde)의 시조였다. 그 성상 파괴적인 로트레아몽의 콤플렉스는 나를 몸서리칠 정도의 희열에 만취하게 했다.

속수무책이었다. 나는 방어할 겨를도 없이 현실과 표면의 극복이라는 아방가르드의 명제 앞에 십자군처럼 무릎을 꿇었다. 1990년 10월, 겨울이 문턱에 다다른 듯 메마른 한 새벽녘의 일이었다.

로트레아몽, 아폴리네르, 발레리, 말라르메, 그리고 랭보의 시적 혁명, 나는 고전주의 예술의 벽을 무자비한 폭력으로 허물어뜨린 이들의 천재성에 호흡마저 죽이고 감탄했다. '현실주의'란 수식이 들어간 예술은 철저히 부정되었다. 내게 로트레아몽의 혁명은 니체와 졸라의 혁명을 폭동으로, 스트린드베리의 노래를 소란으로 격하시키는 무한

한 힘을 가졌던 것이다. 예술의 목적은 삶에 그 모양을 부여하는 것이라고 하지 않았던가? 나는 진부한 현실주의의 틀에서 벗어나 현대 예술이 제공하는 자유와 도전의 철학으로 내 삶을 정의하려 했다.

미학을 전공하는 친구들의 도움으로, 미래주의와 표현주의에 관한 일람을 마친 나는 아무 망설임 없이 다다이즘(Dadaism)에 빠져들어 갔다. 사람들은 다다를 생각할 때 흔히 피카비아의 모욕적인 세잔이나 시와 그림을 포괄한 알프의 천재성을 떠올리곤 한다. 그러나 내게 다다의 생명은 뒤샹이었다. 기계주의와 반(反)예술사상, 그리고 우상 파괴의 신념으로 끊임없는 진화를 시도했던 뒤샹은 예술을 넘어선 예술을 발견하기 위해 선각자적인 고뇌를 자청했으며, 결국은 모든 예술 행위의 중단을 통해서만 그 해결책을 찾을 수 있었던 비운의 천재였다. 다다의 상징이요, 현대 표현 예술의 선구자가 아닐 수 없었다.

막스 에른스트(M. Ernst)는 다다를 가리켜 '창의력이란 약속의 땅을 되찾기 위한 성전(聖戰)'이라고 표현했다. 그러나 다다는 글자 그대로 파괴의 철학이요, 예술이었다. 그것은 해결책이나 대안이 없는 충격과 분노의 폭발이요, 비난과 경멸의 사상이었다. 파괴를 위한 파괴란 파괴의 희열이 사라졌을 때 더 이상의 의미를 줄 수 없다. 결국 파괴 속에서 건설을 추구하고 건설 속에서 파괴를 추구하는 것이 인간의 지적 본성이 아닌가? 바로 그와 같은 다다의 약점을 보완하여 무너진 예술의 폐허 위에 새로운 사회적 선과 예술적 선을 재정립하려는 포부를 가지고 출발한 다다의 자식들이 있었으니 곧 초현실주의자들이었던 것이다.

'발작적이지 않은 미는 더 이상 미로 존재할 수 없는 것이다.'

초현실주의의 아버지 브르통(A. Breton)의 자전적 소설 《나디아》의 마지막 문장이기도 한 이 말은 초현실주의의 미학관뿐만 아니라, 이념이 추구하는 혁명적인 삶의 모습까지 정의하고 있다. 즉흥성과 개인성을 숭상하며 미(美)와 추(醜), 현실과 환상의 구분을 부정했던 낭만주의적 성향, 그리고 예술을 벗어난 예술을 추구했던 다다이즘의 파괴성과 모험성을 그대로 상속한 초현실주의는 이에 프로이트의 정신분석론, 마르크스의 공산주의론, 달리의 비판 파라노이아론을 가미함으로써 사회와 예술, 양 전선에서의 반란을 추구했던 총체적인 혁명이었다. 이 같은 초현실주의에 대한 내 관심과 열정의 정도는 상상을 초월했다. 브르통과 페레, 그리고 엘뤼아르의 환상과 열정, 에른스트의 끝없는 변신과 달리의 광적인 상징주의, 미로의 생체 묘사, 맨 레이의 〈유리눈물〉, 아르토와 무뉴엘의 충격적인 영상 등 불후의 대작들을 읽고, 보고, 느끼기 위해 나는 시간과 노력을 아끼지 않았다.

그해 늦가을 나는 그 어느 때보다 절약해서 생활을 했다. 주말마다 현대미술관이 있는 뉴욕에 가기 위해서였다. 5년 전 어머니의 얼굴을 보기 위해 거의 매주 뉴욕으로 향했던 것과는 달리 이번에는 드 치리코와 달리, 그리고 뒤샹과 에른스트를 보기 위해 비행기를 탔다. 고교 시절 지루한 견학 장소였던 현대미술관이 어느 새 메카나 갠지스 강 같은 성지처럼 느껴졌으며, 입구를 들어설 때의 감상은 바로 신을 만날 때의 경이로움과 흥분이었다. 그리고 남은 돈으로는 책, 사진, 그림, 평론집에 이르기까지 초현실주의와 관련된 모든 것들을 사들였다. 케임브리지에서는 외식을 할 여유조차 없었지만 내 마음은 예술에의 동경으로 가득했고, 주말에의 기대로 충만했던 것이다.

머지않아 나는 마르크시즘과 초현실주의 간의 이념적 딜레마, 후기 아방가르드의 몰락 등 전위 예술의 현실적인 문제에 대해 공부함으로써 초현실주의를 점차 역사적이고 객관적인 시각으로 바라보게 되었다. 그러나 파리 뒷골목 카페의 담배 연기와 전후 좌익 지성의 낭만,

기존의 도덕과 가치관에 도전한 그들의 용기와 신념, 그리고 폐허 속에서 새로운 자유의 개념과 무한한 삶의 모습을 정립하고자 했던 야망 등, 초현실주의의 진정한 매력은 쉽게 망각할 수 없는 것이었다.

1990년 가을과 겨울, 나는 나의 새로운 발견에 어느 누구보다도 행복해 했다. 나에게는 마약도, 술도, 여자도 필요없었다. 이 모든 환락이 브르통의 소설과 뒤샹의 그림 속에 있었던 것이다.

삶을 지켜가는 용기

초현실주의 예술에 심취해 있던 중에도 물론 전공인 동북아지역학에 대한 공부를 소홀히할 수는 없었다. 하버드에는 영예 졸업과 일반 졸업이 구분되어 있는데, 학생들 스스로 선택해서 결정할 수 있도록 되어 있다. 영예 졸업 코스를 선택하면 일반 졸업의 경우보다 학점을 더 많이 따야 하고, 논문도 반드시 제출해야 한다. 단 쿰 라우디 등의 영예를 받으며 졸업을 하려면 필수적으로 영예 졸업 코스를 선택해야 한다. 영예 졸업 코스를 선택했다가도 논문을 포기하거나 논문 심사에서 탈락하게 되면 일반 졸업 코스로 격하된다. 나는 당연히 영예 졸업 코스를 선택했다.

전공으로 택한 하버드의 동북아지역학은 작고한 일본 분야의 라이샤워 교수, 중국 분야의 페어뱅크 교수에 의해 정립된 학과로서 버클리대학과 함께 미국 내에서 최고의 권위를 자랑한다. 동북아지역학과의 양대 지주이던 두 교수 중 라이샤워 교수는 주일대사를 역임했고, 페어뱅크 교수는 생전에 정부의 대 중국 정책 수립에 많은 영향을 끼쳤다. 일본학과 중국학의 여세를 몰아 와그너 교수라는 분이 하버드대학 내에 한국학을 정립시킴으로써 한때 미국 내 동아시아지역학 붐을 일으키기도 했다.

나의 지도교수인 카터 액커트(C. Eckert) 교수는 한국학 분야를 전공한 분으로, 일제 식민시대의 경제에 관한 연구에 정통하다는 평을 듣고 있는 학자이다. 또한 한국전쟁의 기원을 연구하면서 '미국의 정책이 북한의 남침을 간접적으로 유발했다'는 새로운 학설을 들고 나와 학계의 논란을 불러일으키기도 했던 브루스 커밍스(B. Cummings) 교수와 함께 수정주의적인 시애틀 학파의 리더로 불려지기도 한다.

나는 중국학을 전공하기로 했다. 내가 중국학을 택한 데는 몇 가지 요인이 작용했다. 첫째, 나에게는 광대한 대륙과 그 대륙을 품은 고전 속의 영웅들에 대한 동경이 있었다. 초우트 2학년 때 처음 '제대로 된' 《삼국지》를 읽고는 그 뒤 매년 여름방학 때마다 한 번씩 다시 읽을 만큼 강한 인상을 받았는데 그때 새겨진 대륙의 이미지가 전공을 선택하는 데 있어 크게 작용을 했다.

둘째, 미국에서 보게 된 중국인들은 대개 경제 형편이나 문화생활에서 매우 낮은 수준을 면치 못하고 있었는데, 그럼에도 불구하고 그들은 근원적인 자부심과 당당함을 지니고 있었다. 초우트 시절 내 가치관을 버리면서까지 '프레피' 문화에 융화되려 노력했던 경험을 가지고 있는 나로서는 그들의 당당함이 두렵게까지 느껴졌다.

셋째, 급격히 신장하고 있는 중국의 힘이다. 정치·경제적으로 한반도에 가장 큰 영향력을 행사할 국가는 미국이 아니라 중국이었다. 나는 중국을 이해하지 못하고서는 한국의 통일이나 선진국으로의 도약을 논의할 수 없으리라고 굳게 믿었다.

넷째, 중국이 아직 미개척 분야로 남아 있었기 때문이다. 선배나 부모님은 내게 차라리 일본학을 공부하라고 권하셨지만 중국이야말로 아직까지 연구의 손길이 미치지 않은 분야라는 점이 내 결심을 굳히게 했다.

나는 중국의 근·현대사와 전통사상에 관한 고찰로부터 출발, '중국 정복의 길'을 서서히 밟아나갔다. 내 일차적인 관심사는 중국의 정치사상이었다. 나는 곧 신문화운동, 한페이쯔(韓非子)의 법가사상, 그리고 마오쩌둥(毛澤東)사상 등의 이념체계에 심취하기 시작했다.

동시에 나는 후스(胡適)와 루쉰(魯迅) 등의 대문호들의 작품에 흠뻑 빠져들었다. 문화혁명을 주도함으로써 천두슈(陳獨秀), 차이위안페이(蔡元培)와 함께 신문화운동의 3대 사상가로 일컬어지는 후스는 존 듀이의 영향을 받아 실험주의를 제창했던 선구적인 인물이다. 한편 중국이 낳은 20세기 최고의 작가인 루쉰은 공화정시대의 사회악 및 미신을 타파해 쓰러진 중국을 바로 세우고자 했던 비판가이다. 후스의 철학과 루쉰의 문학은 현대화의 파도에 부딪혀 힘없이 무너져버린 중국을 고뇌하고, 젊은이들에게 희망과 책임감을 불어넣어주려는 구국의 이상으로 가득했다.

이 같은 희생과 진보의 사상은 하버드로 돌아와 재출발을 시도하려던 내게도 위로와 격려가 되었다. 그러나 '싸우다가 죽자'라는 마오쩌둥의 주장에 비해 '생각하다 죽자'라는 루쉰의 사상, 그리고 모든 이념의 중요성을 부인하는 후스의 실험주의는 각기 구국사상의 극단적인 일면만을 강조하고 있어 총괄적인, 즉 행동과 이념이 결합된 사상을 찾고 있던 내게 완전한 만족을 주지는 못했다.

2학년 때 처음으로 택한 전공 필수과목은 '중국문명'이었는데, 그것은 4천 년의 장구한 중국 역사를 한 학기 동안에 모조리 훑어내리는 강좌였다. 수업 중 잠시 정신을 팔다 보면 중국 역사는 내 머릿속에 100여 년의 긴 세월을 빈공간으로 남겨놓은 채 흘러가고 있었다. 따라서 잠시도 방심할 틈이 없었는데, 때문에 출석 체크를 하지 않아도 수업을 **빼먹는** 학생은 한 사람도 눈에 띄지 않았다. 오히려 필기하는 것으로 그치지 않고 강의 내용을 녹음하는 학생도 있었다. 하버드의 대단위 수업은 모두 비디오로 녹화되어 원하는 학생들에게 대여되기도 한다.

강단에서 멀어질수록 높아지는 반원형의 계단식 강의실은 마치 교수라는 한 절대적 스타의 공연장과도 같았다. 수업 시작을 알리는 종이 울리고 교수가 교단에 올라서면 마이크를 놓는 시점까지 학생들은 그의 박학다식함과 매력적인 달변에 매료되어 숨소리조차 크게 내지 못한다. 노벨상, 퓰리처상 등을 수상한 세계적인 석학들의 이론을 그 이론의 창안자들이 직접 설명하는 하버드의 강의실은 그야말로 '학문' 그 자체만으로도 흥미진진한 연극 무대와 같다. 한 학기가 끝나면 학생들은 모두 자리에서 일어나 기립 박수를 보냄으로써 교수에 대한 존경과 감사의 마음을 대신하기도 한다.

인기 있는 교수들은 능란한 화술과 함께 누구에게도 뒤지지 않는 학문적 진지함과 열정을 갖고 있는 것이 사실이다. 중국의 천안문 사태나 동구권 혁명, 심지어는 미국의 콘트라 스캔들이나 걸프전쟁과 같은 최근의 현안들을 즉시 학문적으로 연구, 정리해 강의의 주제로 삼는다. 최신 자료를 근거로 한 연구가 더해져서 같은 제목의 강좌도 지난해와는 많이 달라진 내용으로 이루어진다.

엄격한 '교수평가제' 또한 강의의 수준을 높이는 데 크게 기여하고 있다. 학기가 끝나면 학생들에게 교수의 강의를 여러 항목에 걸쳐 평가할 수 있는 일종의 평가서가 한 장씩 배부된다. 그동안 교수의 압제(?)에 시달리며 책 속에 청춘을 저당잡혔던 학생들에게 교수의 운명을 결정지을 수 있는 기회가 주어지는 것이다. 학생들이 교수를 평가한 점수는 교수들이 학생들을 평가한 학점만큼이나 짜고도 냉정하다. 그리고 학생들의 평가서를 한 권의 책으로 묶어 학기 초에 학생들에게 배포한다. 그리하여 실력 있는 교수의 강의에 수강 신청이 집중되는 일종의 '빈익빈 부익부' 현상이 나타나게 되는 것이다.

교수의 의무 중에는 학생과 끊임없는 개인적·학문적 교류를 가져야 한다는 조목이 분명히 명시되어 있다. 이같이 교수와 학생 사이의 활발한 교류는 미국 교육의 가장 큰 장점 가운데 하나라고 생각된다.

학문적으로 명망이 높은 교수들 중에는 물론 까다롭고 성격도 고약해서 학생들 사이에 악명이 높은 교수들도 더러 있다. 사뮤엘 헌팅턴 (S. Huntington) 교수도 그 중의 한 사람이었다. 깡마른 체격의 헌팅턴 교수는 우리말로 표현하자면 '바늘로 찔러도 피 한 방울 나오지 않게' 생긴 사람이었다. 세계의 민주화운동에 관한 한 독보적인 전문가였지만 성격이 원만하지 못한 것이 흠이었다. 나는 그 교수에게서 '현대 민주주의'라는 과목을 수강했는데, 학기말시험 때문에 그와 교육사정위원회에 올라 한판 싸움을 벌인 기억이 있다.

시험을 이틀 앞두고 나는 몸이 아프기 시작했고, 시험 당일까지 완쾌될 기색이 보이지 않았다. 공부는커녕 시험 시간에 제대로 자리에 앉아 있기조차 힘겨울 것 같아서 나는 결국 시험 당일 아침 병원에 가서 진찰을 받았다. 지독한 독감이었다. 나는 대학의 규정대로 시험 연기를 신청하기 위해 진단서를 들고 헌팅턴 교수의 연구실을 찾아갔다. 굳이 아픈 모습을 보이고 싶지 않아 애써 밝은 얼굴로 인사를 했더니 헌팅턴 교수가 아주 불쾌한 표정으로 나를 쳐다보았다.

"자네, 시험 기간에 도대체 여기 와서 뭐하나?"

"네, 교수님. 몸이 안 좋아서 진단서를 떼어 오느라고……."

"자넨 하나도 안 아파. 내가 보니 멀쩡한데 뭘 그래?"

내가 채 말을 마치기도 전에 헌팅턴 교수는 시험 연기 신청서에 절대로 사인할 수 없다며 밖으로 나가버리는 것이었다. 들고 간 병원 진단서는 한 번 내보이지도 못한 상태로 땀이 밴 내 손에 들려 있다. 그 후로도 보충 시험을 볼 수 있게 해달라고 빌다시피 간청을 했지만 헌팅턴 교수는 일주일 후 일방적으로 '보충 시험 기회를 줄 수 없으며, 그 과목은 중도 포기하는 것으로 처리된다'는 통고를 해왔다. 나는 말도 안 되는 교수의 독단에 화가 치밀어 그날로 교육사정위원회에 심사를 제청했다. 병원 진단서 등 모든 증거 자료를 갖춰서 제출했지만 사정위원회의 심의는 생각보다 길어져 그 다음해까지 이어졌다.

나는 결국 서울대학교에 교환학생으로 있던 이듬해 3월 말 하버드의 중간고사 기간에 맞추어 재시험을 볼 기회를 주겠다는 사정위원회의 통지서를 받게 되었다. 하버드의 봄 학기는 2월 1일에 시작해서 5월에 끝나는데 중간고사는 바로 3월 말이었다. 학교에서 지정한 시험일까지 남은 기간은 3일. 꼬박 이틀밤을 새우며 시험 준비를 해야 했다.

하버드 교무당국은 서울대 측과 협의를 거쳐 시험을 감독할 조교를 결정하고 학교로 시험지를 발송해 왔다. 동봉된 안내서에 의하면 나는 시험을 미국의 본교생들이 시작하는 저녁 8시에 함께 시작해서 11시에 함께 끝내도록 되어 있었는데, 시험 당일 감독을 맡은 조교의 사정으로 시험을 한 시간 앞당겨 시작해야 했다. 시차와 장소에 관계없이 동일한 시간에 시험을 실시하는 것은 부정을 막기 위한 하버드의 철저한 규율이었다.

하버드의 시험 시간은 꼬박 3시간으로, 소위 '블루 북'이라고 불리는 12쪽짜리 노트북 2~3권을 시간 안에 모두 채워야 한다. 시험 문제는 모두 내가 준비한 것들이었다. 나는 블루 북 3권을 빽빽하게 채울 수 있었다. 시험이 끝난 뒤 시험 시작 시간과 종료 시간을 기록해 봉한 뒤 서울대학의 직인을 찍어 다시 미국으로 발송했다. 자신 있게 시험을 치른 나는 편안한 마음으로 결과를 기다렸다.

일주일쯤 지난 어느 날 밤 집으로 느닷없이 국제전화가 걸려왔다. 하버드에서 내 생활지도를 담당했던 신입생 교무처의 직원인 키이스가 심상치 않은 목소리로 말했다.

"Ryan, you are in deep trouble!"

하버드 측에서 지정한 시간을 어기고 한 시간 일찍 시험을 시작한 것이 문제가 되었다는 것이다. 아찔한 순간이었다. 어떻게 치른 시험인데……. 시험 감독을 맡았던 조교의 사정으로 시험을 일찍 보게 되었음을 설명하자 키이스는 즉각 그 조교에게 연락해 사실을 확인하고 그제서야 내게 문제가 해결되었음을 알려줬다.

그리고는 또 며칠이 지나고서야 시험 결과가 나왔다. 어이없게도 B⁻였다. 헌팅턴 교수가 감히 자신에게 도전한 건방진 학생에게 학점으로 징계 처분을 내린 것으로밖에 해석할 수 없었다. 내 성적표에 오른 유일한 B⁻는 이런 과정을 통해 얻어진 것이다.

헌팅턴 교수의 '현대 민주주의' 강의는 가장 힘들었지만 덕분에 가장 많이 배운 강의이기도 했다. 하버드의 강의는 대체로 수업 한 시간을 빼먹으면 혼자서 아무리 오랜 시간 공부를 해도 만회하기 어려울 정도로 내용이 충실하다. 또한 강의 시간 중에 학생이 얼마나 능동적으로 참여하는지가 성적의 높은 비중을 차지하기 때문에 예습과 복습을 철저히 해야만 한다.

따라서 학생들 중에는 학업의 부담을 견디지 못해 수강을 포기하거나, 심지어 학교를 그만두는 경우도 있다. 내가 목격한 한 여학생의 경우도 그런 케이스였다. 학기 초부터 '뭐라고?', '무슨 소리야?', '이게 뭐야, 난 못 참아', '너무 힘들어, 이게 무슨 고생이야' 등등 계속 투덜거리던 그녀는 점차 그 불평의 농도가 짙어지더니, 급기야는 일종의 신경증 증세까지 보였다. 그녀는 어느 날 강의 도중 교수 앞을 당당히 지나 문을 열고 나가버렸다. 그리고 다시는 돌아오지 않았다.

그녀처럼 자진해서 학업을 포기할 용기가 없는 사람 중에는 간혹 자살까지 시도하는 사람들도 있었다. 내가 재학 중일 때에도 그런 학생이 한 명 있었는데 그의 자살 이유는 기가 막히게도 성적표에 최초로 B가 나왔다는 것이었다. 고등학교를 졸업할 때까지 한 번도 1등을 놓쳐본 일이 없는 그는 하버드에 들어온 이후 자기만큼 똑똑한 사람들이 많다는 사실을 알게 되었다. 언제나 최고이어야 만족하던 그의 자존심은 큰 상처를 받게 되었다. 어느 날 모두 A로만 채워지던 성적표에서 최초의 B를 발견한 순간, 그는 하늘이 무너지는 절망감을 느끼게 되었던 모양이다. 절망을 이겨내지 못하고 자학하던 그는 급기야 기숙사 창밖으로 몸을 날려 아까운 젊은 삶을 마치고 말았다. 진정한 용기는 죽음이 아닌 삶이라고 《오레스트》에서 알피에리(V. Alfieri)가 말한 것처럼 삶이 죽음보다 두려운 상황에서 고결한 젊음을 지켜내는 것이 참된 용기인 것이다. 우수한 동료들이 모인 치열한 경쟁 사회에서의 심리적 압박감을 긍정적으로 승화시키지 못한 비극이라 하겠다.

하버드대학에서는 비록 자주 있는 일은 아니지만 만약 그런 사건이 발생하면 같은 방을 쓰는 룸메이트에게 그 학기에 한해 모두 A를 주도록 학칙으로 규정하고 있다. 숙식을 함께하던 친구의 죽음으로 받은 충격을 성적으로나마 보상해 주기 위한 제도이다.

많은 사람들은 어떻게 성적 또는 학업의 부담 때문에 자살까지 하느냐고 생각하겠지만 그 부담을 직접 느껴본 나로서는 이해가 안 되는 것도 아니다. 그것은 단지 B가 나왔기 때문이 아니라 그로 인한 심리적 상처를 극복하지 못하고 계속해서 강박감, 우울증, 자기비하로 자신을 몰아갔기 때문일 것이다. 학업의 스트레스는 인생의 커다란 흐름 속에서 보면 보잘것없는 것이다. 그러나 매일매일의 끔찍한 도전을 이겨내야만 살아남을 수 있는 사람들에게 그것은 전세계의 고뇌를 모두 합쳐놓은 것만큼의 막대한 하중을 갖게 할 수도 있는 것 같다.

내 항해의 목적을 찾아

당시 나는 기숙사를 나와 아파트에서 혼자 생활하고 있었다. 고등학교 시절 '프레피 문화'에 유입, 동화되어 가는 과정에서 많은 정신적 갈등을 겪어야 했던 나는 하버드의 기숙사에 남아 또다시 그런 실수를 되풀이하고 싶지 않았다. 물론 하버드 시절에도 유사한 '백인 남성 우월주의 문화'의 일원이 될 기회가 있었다. 특히 신입생 시절에는 그런 유혹이 많았는데, 바로 '우수한 사람들의 모임(Finers' Club)'이라고 불리는 일종의 '귀족 클럽'에의 가입 권유가 그것이었다. 이 클럽들은 앞으로 미국사회의 지도층을 형성할 남학생들이 모여서 사교를 즐기는 곳으로, 남녀평등이나 인종차별의 반대를 주장하는 이들에게는 끊임없는 공격의 대상이 되어온 곳이다.

이 같은 클럽의 회원이 되려면 기존 회원들의 추천 및 선발 과정을 거쳐야 하는데, 회원의 명단은 대부분 비밀이다. 때문에 많은 신입생들은 이런 클럽에 호기심을 느끼고 선배들의 눈에 들려고 암암리에 노력을 하기도 한다. 그러나 나 자신을 팔면서까지 미국 귀족사회의 일원이 되려고 노력하는 어리석음을 두 번 다시 되풀이하지 않겠다고 결심한 나는 그들이 보내온 손짓을 끝내 뿌리쳤다.

힘겨운 수업을 소화해 내기 위해 최선을 다했던 학기 중에는 잡념에 사로잡힐 여유가 없었다. 그러나 시험이 끝나고 서서히 학업의 부담이 사라지면서 낯익은 칸트(E. Kant)의 질문이 가슴속을 화살처럼 파고들었다.
'나는 무엇을 배울 수 있고, 무엇을 배워야 하는가? 그리고 무엇을 희망해야 하는가?'
목적지 없는 항해가 불가능하듯 지향하는 바가 정해지지 않은 상태에서 기계적으로 공부를 한다는 것은 견딜 수 없는 노릇이었다. 동북아지역학을 전공으로 선택하고 그 중에서도 특히 중국 연구에 관심을 집중한다고 해도 그것 자체가 목적일 수는 없었다.
한 가지 생각으로 며칠을 보낸 어느 날 어렴풋하게나마 생각이 정리되었다. 그것은 첫째, 내가 무엇을 배우고 연구하건 그것은 부와 명예, 즉 물질적인 외양의 목적보다는 젊음의 내면적인 가치를 위한 것이어야 한다는 사실이었고 둘째, 그 목표를 추구하는 한 과정으로 중국을, 또는 다른 어느 나라를 택해 공부를 계속한다고 해도 언젠가는 내 뿌리인 한국을 반드시 경험해야 할 것이라는 판단이었다. 생각이 거기에 미쳤을 때 한 가지 나 자신에게 묻고 싶었다.
'나는 우리나라에 대해 얼마만큼이나 알고 있는가.'

행동이 결여된 사색은 감상의 향락에 불과했다. 나는 내 나라를 배워야 한다는 명제의 당위성에 대해 고민하며 시간을 낭비하기보다는 어떤 방법을 통해 배워야 하는지를 고민하기 시작했다. 우선 미국에서 한국에 관한 자료를 수집하는 작업부터 시작할까 하는 생각도 있었지만 한국을 알기로 결심한 이상 직접 보고 느끼면서 배워야 한다는 쪽으로 기울었다. 인류학자인 루스 베네딕트(R. Benedict)는 일본 연구의 입문서로 널리 알려진 《국화와 칼》이라는 명저를 남겼으면서도 정작 일본에는 한 번도 가본 일이 없다고 한다. 그 자신의 눈으로 보는 단편적인 현상에 현혹되는 것을 피하기 위해 자료를 통해서만 연구했다는 것이다. 그러나 나의 경우는 달랐다. 남의 나라를 연구하는 것이 아니라 내가 태어나고 성장한 조국을 공부해야 했던 것이다.

결국 1990년 비즈니스코리아에서 아르바이트할 당시 구상했던 바처럼 교환학생으로 편입해 한국을 경험하기로 결심하게 되었다. 결심이 서면 차선을 염두에 두지 않는 내 성격이 당장 서울로 다이얼을 돌리게 했다. 나의 발전을 위한 제안이라면 어떤 가능성도 부인하지 않으시는 아버지가 내 결심을 묵살하실 리 없었다. 아버지는 바쁜 업무를 제쳐두시고 서울대 편입 과정을 알아보셨고, 곧 내게 긍정적인 대답을 주셨다.

"뜻이 서 있다면 한 번 해보자. 성적표와 서류들을 즉시 팩스로 보내거라."

아버지한테 전화를 받고 나는 한걸음에 학교로 달려가 서류들을 준비한 뒤 그날로 모든 편입 신청을 마쳤다.

많은 이들이 좌절과 실패가 없던 내 학창생활에 부러움을 표시하곤 한다. 또한 그에 못지않은 많은 이들이 주어진 기회를 붙잡으려 하고 무슨 일이든 도전해 보려 하는 내 성취욕을 칭찬해 주곤 한다. 그러나 이러한 과정 속에 부모님을 비롯해 얼마나 많은 분들의 도움과 격려가 있었는지를 알고 있는 사람들은 그리 많지 않다. 좋은 기회는 신의 별명이라는 말이 있다. 기회를 현실로 전환하는 과정에서 수많은 이들의 협조를 얻을 수 있었던 것 또한 신의 은총이라면, 나는 더없이 많은 신의 축복을 받으며 살아온 사람이다.

어쨌든 나는 이로서 하버드 2학년생 라이언 홍에서 서울대학교 정치학과 3학년 홍정욱으로 바뀌게 되었다. 이제 나는 오랜 방황의 실타래를 풀 수 있는 한 가지 열쇠, '한국'을 내 손에 쥐고 있었다.

| 2막 2장 | Breathing Life |

생의 순간순간을 살아 숨쉬며

> 한 인간이 이상을 위해 일어설 때마다, 혹은 타인의 운명을 향상시키기 위해 행동할 때마다, 혹은 불의에 맞서 투쟁할 때마다 그는 아주 자그마한 희망의 물결을 일으킨다. 그리고 수백만이나 되는 힘의 중심으로부터 파생된 서류를 가로지르며, 도전하며, 그 물결들은 가장 강력한 탄압과 저항의 벽마저 허물어내릴 수 있는 조류를 형성하게 되는 것이다.
>
> —— 로버트 케네디(R. Kennedy)

정치학과 '89학번

서울대에서 공부한 1년은 나의 대학 시절에서 가장 따뜻하고 행복한 시간이었다. 소로(H. Thoreau)가 고독처럼 정겨운 벗은 없다고 했던가. 서울대 정치학과에 편입한 나는 그다지 사교적이지 못한 성격 탓으로 혼자서 다니며, 혼자서 공부했지만 외롭지는 않았다. 잔디밭에 앉아서 바라보는 생면부지의 학생들이 전혀 낯설지 않았고 오히려 다정하게 느껴졌다. '행복을 추적하고 있는 동안 우리는 행복할 수 있을 만큼 성숙해 있지 않다'고 헤세(H. Hesse)는 《밤의 위안》에서 말했다. 이제 안식을 찾은 나에게 행복은 고요의 목소리로, 아침의 색깔로 찾아오고 있었다. 내게는 다시 꿈꾸는 정열과 사색의 감격이 있었다. 대학 3학년 봄, 그 눈부신 계절에 나는 긴 항해를 마친 범선의 평안으로 잔잔한 삶의 물결을 즐기고 있었다.

   1991. 5. 9
   이 밤이 좋다. 아다지오가 좋고, 정적이 좋고, 싸늘한 초봄의 고독이 좋다. 오랜만에 느껴보는 평화……. 행복은 곧 마음의 평화라는 키케로의 지혜가 가슴을 채우고, 창문을 열면 어둠이 걷혀가는 새벽 거리의 따스함이 내 번민을 잠재운다. 행복은 찾아내야 하는, 좇아야 하는 허상이 아니다. 젊은 날, 그 시간에 충실하는 것이 행복인 것이다.
   새벽 거리가 어느덧 환하게 밝아온다.

서울대에는 하버드와는 다른 독특한 지성의 냄새가 있었다. 막걸리향의 순수라고나 할까? 나는 그 순수와 지성의 시간을 고향에 돌아온 시인처럼 껴안고 또 껴안았다. 풀냄새가 싱그러운 잔디밭에 큰대자로 누워서 자다가 소나기를 만났던 오후엔 5월의 유혹을 견디지 못해 강화도로 훌쩍 떠났던 기억도 있다. 계절은 푸르렀고 삶은 아름다웠다.

   그 시절, 나의 말은 노래였고 나의 걸음걸이는 춤추고 있었다. 하나의 리듬이 나의 사상을 낳고 나의 존재를 다스렸다. 나는 젊었던 것이다.
                              — 앙드레 지드(A. Gide) 《일기》 중에서

수업이 끝나면 공연히 대학로로 나가곤 했다. 가로수는 온통 연록색으로 물들어 봄 햇살 아래 마치 깃발처럼 흔들렸고, 나는 동숭동의 문화적 분위기에 취해 오후 내내 그 거리를 쏘다니곤 했다. 혼자서 연극도 보고 카페에 들어가 식사하며 책을 읽기도 했다.

수강 과목은 중국정치, 동아시아정치 등을 택해 들었는데, 하버드에서 계속 공부했던 분야들이라 특별히 어려운 점은 없었다. 단 학기 초에 수강 과목에 대한 설명 자료가 책자로 만들어져 배포되는 하버드와는 달리 강의에 관한 특별한 자료가 없어 선배들에게 귀동냥을 해야 했던 점이 아쉬웠다.

친구도 없었고 특별히 할 일도 없었던 나는 학기 초에 분배되는 참고서적 리스트에 들어 있는 책을 모두 사서 읽었다. 그리고 남는 시간에는 책방을 뒤지면서 관심의 영역을 넓혀갔다.

항상 혼자 다니던 나를 학교 식당 아주머니가 불쌍히 여겼는지 음식값을 100원씩 깎아주기도 했다. 하버드에서 워낙 혼자였으므로 나는 홀로 다니거나 식사하는 일이 어색하지 않았다. 나중에 가까워진 학우들이 왜 불쌍하게 혼자 식사했었냐고 물어왔을 때에도 나는 아무렇지 않게 "그게 어때서?"라고 대답하곤 했다. 그렇게 나는 많은 사람들의 의아해하는 시선에도 아랑곳하지 않으며 홀로 학교생활을 해나갔다.

그러나 벗이 필요하지 않았던 것은 아니었다. 이제 홀로 지내는 대학생활에 종말을 고하고 싶었다. 물론 학교 밖에서 삶을 나누는 친구들은 많지만 내게는 학교생활을 함께 영위하며 삶과 꿈을 논하고 지란지교를 나눌 수 있는 벗이 무엇보다도 필요했다.

나를 아는 모든 이여
내가 아는 모든 이여
혹은 미지의 사람이여
만나고 싶다.
온갖 허위의 허물 벗어버리고.

그대의 속내에
보름밤 쥐불처럼 호기심 불타는 것은
이 폭력과 정신병의 세상에
희망을 잃지 않고
함께 살아가기 위하여.

— 최두석

  1학기가 끝나갈 무렵, 드디어 나는 몇 명의 친구를 사귈 수 있게 되었다. 다시 만난 중학교 동창들과 정치학과의 선후배들이 그들이다. 그들을 통해 나는 물위에 뜬 기름처럼 겉돌던 정치학과의 국외자 노릇을 청산하고, 관악산과 신촌, 동숭동으로 이어지는 대학생의 일상으로 접어들게 되었다. 그들과 함께 지낸 시간 동안 나는 특히 '민중운동'이라는 충격적인 세계를 단편적으로나마 경험할 수 있었다.

  《노동의 새벽》,《타는 목마름으로》,《부활》,《후여 후여 목청 갈아》 등의 시집들과 문익환·백기완 씨의 글, 〈월간사상〉과 광주 민주화운동 관련 비디오 및 피해자 증언, 정치학과 선배들과의 대화, 그리고 무엇보다도 신대방동 빈민촌에 대한 강제 철거 시도를 목격하면서 나는 내가 알지 못했던 '또 다른 세상'을 배우게 되었다.

  '나의 깨달음이 혹시 가진 자의 여유나 도덕 놀음, 혹은 젊은 지식인의 정신적 사치는 아닐까?' 나는 그러한 경계심을 늦출 수가 없었다. 내가 사치스런 고민에 빠져 있을 때 땀과 눈물로 하루하루를 맞이한 사람들, 내가 동정의 눈으로 바라보고 있을 때 그 눈길을 거부하고 의연히 저항의 대열에 선 이들, 그리고 에어컨이 있는 시원한 방에서 내가 펜을 놀리고 있을 때 옥중에서 '타는 목마름'으로 글을 쓴 사람들, 이들에게 내 감상과 깨달음을 나열하는 것은 부끄러운 일일 게다.

사회의 어두운 면을 발견하면서 진보적 철학이나 좌익사상에 몰두하게 되는 것은 어쩌면 당연한 일인지도 모른다. 그러나 이미 초현실주의 입문 당시부터 마르크시즘에 깊은 관심을 가져왔던 나는 그것을 정치경제 및 사회체제의 이론으로 받아들이기보다는 정신적인 평등과 물질로부터의 자유를 추구하는 도덕적 이상으로서 여겨왔다. 즉 공산주의를 체제 이념으로 선언했던 레닌의 뜻과는 달리 나는 그것을 만하임이 정의한 유토피(Utopie), 곧 도덕체제로 파악했던 것이다. 서울에서, 그리고 하버드로 돌아온 이후에도 나는 마르크스—레닌주의와 마오쩌둥 사상에 깊이 파고들었지만 이데올로기에 관한 내 관심은 항상 제한된 것이었다.

1991. 5. 7

신대방동 철거 현장의 충격이 가시질 않는다. '나는 나의 조국을 사랑함과 동시에 정의를 사랑할 수 있어야 할 것이다.' 비판적 애국심을 주장한 카뮈(A. Camus)의 말만이 머릿속을 맴돌 뿐 온통 혼란스럽기만 하다.

번민하는 삶이란 풍족한 일상 속에서 관념적인 방황을 즐기는 것이 아니라 더욱 냉철한 눈으로 사회의 부정을 직시하는 것임을 이제야 깨닫는다. 설명하기 힘든 분노와 애정이 동시에 싹튼다. 뿌연 환상과 동경의 자리에 칼날 같은 현실 인식과 목적 의식을 정립하려 한다. 사회와 국가를 경멸하기 이전 나 자신을 경멸하자. 나 자신에게 먼저 돌을 던지자.

변해야 한다. 새로이 탄생해야 한다.

가을 대동제가 한창 무르익을 무렵, 나는 마산에 살고 있는 한 여고생에게서 편지를 받았다. 그 학생은 나에게 불공평한 세상과 가난에 찌든 10대들의 아픔을 아느냐고 물어왔다. 또한 잡지 인터뷰를 통해 '어려운 사람들을 돕고 싶다'고 하던 내 이야기를 읽고 과연 이 사람이 낮은 자세로 어려운 이들의 아픔을 함께 나눌 수 있을까 궁금했다고 썼다.

동포에 대한 사랑이 있다면 그가 국민이다. 인류에 대한 사랑이 있다면 그가 인간이다. 인간에 대한 인간의 사랑은 모든 사물에는 반드시 그림자가 있다는 소박한 진리를 이해하면서부터 싹트기 시작한다. 역사는 이 그림자를 보살필 줄 아는 지혜와 그로부터 피어나는 인간에 대한 애정, 그리고 삶에 대한 애착을 기반으로 이뤄져야 한다. 지난 몇 달 동안의 경험이 내게 선사한 소중한 가르침이었다. 성공을 향한 엘리트 의식만으로 가득했던 내 세계관의 중심을 새롭게 채운 진리였다.

보카치오(G. Bocaccio)가 쓴 《데카메론》의 첫째 줄에는 '불행한 이들을 동정하는 것이 인간이다'라고 쓰여 있다. 혜택받지 못한 사회의 다수를 보호하고 돕는 일은 가진 자의 베풂이 아니라 인간의 윤리적 의무인 동시에 필요에 의한 선택이기도 하다. '자유로운 사회가 가난한 다수를 돕지 못한다면 부유한 소수마저 구할 수 없을 것이다'라는 케네디(J. F. Kennedy)의 말은 빈부 격차의 해소, 즉 경제적 평등은 민주 도덕의 근본이자, 국가의 생존 원칙이라는 사실을 꿰뚫고 있다.

조선시대의 실학자인 정약용(丁若鏞) 선생도 《목민심서(牧民心書)》의 '봉공(奉公)'편에서 이렇게 썼다. '세상에서 지극히 천하고 하소연할 곳 없는 자도 백성이지만, 세상에서 무겁기가 높은 산과 같은 자도 백성이다.' 우리 선현들도 국가 사회를 유지하고 발전시키는 데에 있어서 '백성'이 얼마나 중요한지를 이미 터득했던 것이다. 힘없고 가난한 다수의 생활을 보호하고 발전시켜 사회를 안정시키는 일이야말로 모든 정치의 근본이었던 것이다.

　내가 생각하는 '진보'란 유심론이나 유물론이 아니다. 그것은 국민의 심판을 두려워하는 정치 세력이 정의로운 방법에 의해 형성되는 것, 국가의 적극 개입으로 빈부 격차가 최소화되는 것, 교육과 문화의 기회가 동등하게 주어지는 것, 그리고 민족 간의 세력 다툼이 세계 평화를 향한 도전으로 발전하는 것을 말한다. 물론 변혁을 추구하는 삶은 항상 힘들고 고통스럽다. 얼마나 많은 이들이 더 진보된 세상, 더 정의로운 세상을 만들기 위해 일어섰다가 꺾여야만 했는가? 마키아벨리(N. Machiavelli)마저도 '새로운 질서를 시작하려는 것만큼 실행하기 어렵고, 성공하기 힘들고, 다루기 위험한 것은 없다'라고 하지 않았던가.

　그러나 역사는 변화를 위해 초인이나 신(神)을 요구하는 것은 아니다. 다만 참다운 인간을, 세상을 이해하고 개선시키고자 하는 진보적 인간을 요구할 뿐이다. 권력과 힘에 대한 두려움보다는 역사와 인류에 두려움을 느끼는 인간, 이상의 실현을 위해 어떤 어려움에도 굴하지 않는 의지의 인간을 요구하는 것이다.

　나는 진보해야 했다. 브라우닝(E. Browning)의 표현처럼 신의 것도, 야수의 것도 아닌 오직 인간의 의무인 '진보'를 사람에 대한 사랑을 기반으로 이루어야 할 책임이 있었다. 대학 3학년 2학기 말, 나는 목적지에 휘날리는 깃발을 발견한 것처럼 흥분했고 초조했다. 나에게는 배우면서 행할, 뛰면서 생각할 의무가 있었다. 더 이상 지체할 수 없었다. 모든 변혁과 진보에는 그 시기가 있기 때문이었다.

　바람도, 조류도 우리와 항상 함께하는 것은 아니다. 그리고 우리가 헤쳐나가야 할 위험하고 어두운 바다의 항로 또한 항상 맑을 수는 없는 것이다. 그러나 우리는 닻을 올렸으며 수평선은 희망으로 가득 차 있다.

— 존 F. 케네디(J. F. Kennedy) 《조류를 바꾸기 위하여》 중에서

The Sorak Daily

여름방학이 되자 나는 친분이 두터운 비즈니스코리아사로부터 설악산에서 열릴 세계 잼버리대회의 소식지인 〈설악데일리(The Sorak Daily)〉를 함께 만들어보자는 제의를 받았다. 물론 매력적인 제안은 아니었다. 그해 여름에는 일을 하지 않겠다는 결심도 결심이었거니와 스카우트 운동에 관해 전혀 아는 것이 없던 나에게 사실 잼버리대회란 아이들의 행사쯤으로 여겨졌기 때문이다.

반면 부모님은 대회가 가까워지면서 그 제의에 관심을 보이셨다. 서울에 있어 봐야 별다른 할 일도 없을 테니 이런 기회를 놓치지 말라는 말씀이셨다. 게다가 이미 내 이름을 보도요원 명부에 등록시켰다는 비즈니스코리아의 실책(?)은 나에게 선택의 여지를 주지 않았다. 그리하여 나는 거의 타의에 의해 신문 제작에 참여하게 되었다.

비즈니스코리아 기획실장의 설명과 계획서를 통해 내 직함이 영어 코디네이터라는 것은 알고 있었지만, 나의 실제 임무에 관해서는 설악산에 도착하고 나서도 전혀 알 수가 없었다. 영어신문 편집국의 유일한 한국인이니 책임이 크다는 사실은 귀가 닳도록 들었다. 나보다 훨씬 손위인 기자들에게 어떤 식으로 기사를 독촉해야 하며 편집국장과는 어떤 관계를 유지해야 하는지 나로선 막막하기만 했다.

영어신문의 전체적인 편성을 도울 뿐, 한가할 것이라고 생각했던 나의 기대가 무너진 것은 설악산에 도착한 지 하루 만의 일이었다. 나

는 현장에서 뛰어야 하는 기자도 아니었고, 편집을 전적으로 책임져야 하는 편집국장도 아니었으며, 기자들을 좇아다녀야 하는 통역원은 더더욱 아니었다. 그러나 명시된 업무가 없다는 것은 곧 모든 업무가 나의 일일 수도 있다는 것을 그제서야 깨닫게 되었던 것이다. 기사 관리와 신문 편집에 관한 협조라는 계약상 의무 외에도 정보 파악, 기사 작성, 사진 관리, 번역, 통역, 그리고 편집 등의 의무가 주어졌다.

아침 8시경에 일과를 시작해서 밤 10시나 되어서야 숙소로 돌아오는 일정은 예상보다 힘들었다. 혼자만의 시간은커녕 서너 시간 동안 담배 한 대 피울 여유조차 없었고, 말이 마감 시간이지 온종일 마감을 의식해야 하는 숨가쁜 하루하루를 보냈다. 파견 인원과 시설의 절대적인 부족을 감안한다면 필연적인 결과였는지도 모른다.

인쇄 시설이 없는 강원도 산골에서 기사를 작성해서 컴퓨터에 입력한 뒤 전화선을 통해 서울로 전송하고 서울에서 조판, 제판, 인쇄 작업을 거쳐 새벽 2시경 다시 설악산으로 수송되는 과정은 벅찬 작업이었다. 130여 개국 1만 8천여 명의 대회 참가 인원들에게 주간지도 아닌 일간지를 제작, 배포하는 작업을 인쇄 시설조차 갖추지 못한 상황에서 완수하려 했던 것 자체가 무리한 시도라는 생각이 들었다.

부작용은 곳곳에서 나타났다. 심지어 실질적인 초판이었던 8월 9일자 〈설악데일리〉의 경우 신문이 모두 배포된 뒤에야 한글판 3면에 '새 소식란'이란 제목이 붙어 있는 것을 발견하게 되었다. 일간지에 '새 소식란'이라니! 모든 기사가 원칙적으로 새 소식이어야 하는 일간지의 일부분에 그와 같은 제목을 붙인다면, 나머지 기사들은 도대체 무엇이란 말인가?

열흘 동안 잼버리대회장에 머물면서 개영식과 폐영식 이외엔 대회 관람은 꿈조차 꿀 수 없기는 나뿐만 아니라 모든 직원들이 마찬가지였다. 또한 대회 기간 중에 사귄 사람들이라곤 몇 명의 기자들과 옆방에서 사진 현상을 하는 아가씨, 그리고 길 건너편 담배가게 학생뿐이었다. 그러나 이런 강행군 속에서도 보람을 찾을 수 있었던 요소는 함께 일했던 비즈니스코리아의 유능하고 인간미 넘치는 직원들이었다.

흔히 언론인, 혹은 저널리스트 하면 냉철하고 지성적이며, 특종을 위해서라면 도덕성이나 인간미도 서슴없이 내던질 수 있는 인간을 떠올리곤 한다. 그러나 〈설악데일리〉 제작팀은 어느 면으로 보나 보도 경쟁에 미친, 혹은 권위주의와 엘리트의식에 도취된 집단이 아니었다. 여유 있는 작업 태도와 능력에서 나오는 최선의 결과, 바로 그것이 비즈니스코리아의 장점이요, 특징이었다. 각자의 고된 직무를 이행하면서도 서로에게 충실하고자 노력하는 모든 이들의 따뜻한 태도는 내게 깊은 감명을 주었다.

대회 종반기에 접어들면서 〈설악데일리〉는 정상 궤도에 오를 수 있었다. 비록 기술적인 문제들이 남아 있었지만 비즈니스코리아에서 제작 과정에 적극 참여하고 자원봉사자들 또한 협조적인 태도를 보임에 따라 내일 신문이 나오지 않으면 어떡하나 하는 걱정만큼은 떨쳐버릴 수 있었다.

폐영을 며칠 앞두었을 때 나는 코디네이터가 아니었다. 기사거리 마련을 위해 자전거를 타고 대회 본부를 헤매기도 했고, 한글판 인터뷰를 담당했던 것은 물론 외국 기자들의 개인적인 부탁까지 도맡아 처리해 주는 잡일꾼이 되어 있었다. 그러나 대부분이 나 자신의 선택으로 이루어진 일이었기에 보람을 느낄 수 있었다. 내 자질을 믿는 사람들에게 자신을 실제로 증명해 보이는 것처럼 기분 좋은 일이 또 어디에 있겠는가?

불가능하리라 생각되었던 작업은 16일 새벽 마지막 신문이 무사히 배달되는 것으로 성공리에 마무리되었다.

삶을 채워준 친구들

2학기가 시작된 무렵, 언제나 사람 좋은 웃음을 띠고 다니는 한 선배가 교정에서 나를 불러세웠다.

"정욱아, 너 우리과 졸업여행에 함께 가지 않을래? 제주도로 가는데 아마 네가 가면 모두 좋아할 거야."

선뜻 대답이 나오지 않았다. 내성적인 나의 성격 탓이었다. 과 친구들이 나를 어떻게 생각하고 있는지도 알 수 없었고, 그들이 나를 적대시한다면 내 자존심에 그것을 견뎌낼 수 있을지도 의문이었다.

"글쎄요……."

"글쎄는 무슨 글쎄야. 무조건 같이 가는 거지. 너 아직 우리 과에서 모르는 사람도 많잖아? 이런 기회에 함께 어울려야 진짜로 서로 친해질 수 있는 거야. 알았지? 월요일 새벽 5시에 서울역으로 나와."

현섭 형의 따뜻한 마음이 고맙기도 했고 부모님도 적극 권하셔서 나는 동행하기로 마음을 정했다. 그러나 출발 당일 아침 늦잠을 잔 나는 홀로 비행기를 타고 제주도로 내려가야 했다. 내가 약속 장소인 커피숍에 도착했을 때 이미 그곳엔 우락부락한 동급생이 양팔을 쭉 편 채로 늘어져 있었다. 같은 과에 다니는 동급생인 것은 분명한데, 이름조차 모르는 형편이어서 먼저 말을 걸기도 곤란했다. 커피숍 안을 살펴보던 그의 시선이 나와 마주치자 몹시 못마땅해하는 듯한 기색이 언뜻 비쳤지만 나는 그의 그런 표정을 읽는 순간 알 수 없는 친근감을 느꼈다. 그가 먼저 뚜벅뚜벅 내게로 걸어와 악수를 청했다.
"나 이상철이야. 너 홍정욱 맞지? 학교에서 봤어."
"그럼 너도 늦게 온 모양이구나?"
"그렇다. 어쨌든 여기서 만나게 되었으니 합석하자."
대구가 고향인 상철은 부모님에게 먼저 들렀다가 뒤늦게 일행과 합류하는 길이라고 했다. 상철은 대뜸 이렇게 말했다.
"너, 내가 한 번 패주고 싶었던 거 아냐?"
"왜?"
"공연히 어깨에 힘주고, 혼자서만 다녔잖냐?"
"그건 오해야. 난 그저 먼저 말 걸기가 힘들어서 혼자 다닌 것뿐이다. 유치원 입학 때도 애들을 보고 놀라 어머니 치마폭으로 숨어들어 초등학교는 일부러 공립학교에 다니게 하셨대."
새벽녘 상록의 기운을 느끼며 청명한 하루를 직감할 수 있듯, 나는 그 순간 아주 오랜 세월 지속될 우정의 출발을 느낄 수 있었다. 삶의 길을 걸어가며 혼자이지 않을 수 있기에 고마운 우정, 서로를 가졌다는 사실만으로도 소중할 수 있는 무형무색의 의리가 싹트고 있었다.
"그래? 그 덩치에 수줍음을 탄다고? 너 좀 웃기는 자식이구나."
우리는 그날 커피숍에서 시작해서 밤늦게까지 술을 마시며, 서로의 벽을 완전히 허물 수 있었다. 공부만 하기에는 잡념이 너무 많고 나처럼 정신적인 방황을 멈추지 못하던 친구였지만, 나는 처음부터 그의 저력을 믿어 의심치 않았다. 친구는 제2의 자아라는 아리스토텔레스(Aristotle)의 말처럼 나는 지극히 절제되고 포장된 내 자아를 자유로운 그의 의식과 비교할 수 있었다. 그는 나의 절제를 동경했고, 나는 그의 자유를 부러워했다. 그리고 허물없이 삶에 접근하는 그의 존재는 한 치의 빈틈없는 전진이라는 명제로 규정된 내 일상의 환부를 치유하고도 남았다.

　졸업여행 중 나는 상철 외에도 여러 명의 좋은 친구, 선배들을 사귈 수 있었다. 중3 때까지 자동차는 구경도 못 해봤다는 한 선배, 지게질을 하면서 학교에 다녔다는 선배는 고향에서는 이미 입지전적인 인물이라고 했다. 행정고시를 준비하고 있던 그 선배는 순박한 촌사람 기질 그대로 후일 가끔씩 미국으로 편지를 보내 나를 향수에 젖게 하기도 했다. 나를 졸업여행으로 이끈 선배는 고등학교 때 교통사고를 당한 후 3년 동안의 투병생활을 이겨낸 강인한 의지의 소유자이다. 다른 학교를 다니다가 그만두고 재도전, 서울대에 합격한 또 다른 선배는 사법고시를 준비하고 있었는데 당시 법대 도서관의 불을 켜고, 불을 끄는 인물로 학교 내에 소문이 나 있었다. 후에 늘 도서관에서 내 자리를 맡아주었던 한 친구도 졸업여행에서 사귀게 된 벗이었다.

　정치학과의 선후배와 친구들, 짧은 졸업여행을 통해 나는 그들을 좋아하게 되었다. 거나하게 취한 채 함께 노래를 부르다가도 자신의 신념과 관련된 논쟁이 벌어지면 지칠 줄 모르던 그 정열과 지성을 나는 존경하지 않을 수 없었다.

　졸업여행을 통해 '운동권'에 대한 나의 그릇된 선입관을 바로잡을 수 있었던 것도 큰 수확이었다. 직접 대할 수 있었던 운동권 학생들의 진지하고 합리적인 태도는 NBC 시절 시위 현장을 목격하면서 가지게 되었던 그간의 편견을 치유하기에 충분했다. 나는 그들로부터 독선과 폭력을 발견할 수 없었다. 그들은 남의 말을 귀담아 듣고 존중할 줄 아는 너그러움을 가지고 있었으며, 나를 그들의 세계로 끌어들이려고 억지로 노력하지 않았다. 다분히 거부감을 줄 수도 있는 내 성장 과정과 견해에 대해서도 이성적인 비판 이상의 감정을 보이지 않았으며, 자신들의 한계와 단점을 인정하는 겸허함을 보이기도 했다.

롤랑(R. Rolland)의 벗은 대기의 호흡을 가능하게 하는 들창이었다. 그 열려진 창문을 나는 하나도 아니고 여러 개 갖게 되었다. 폐쇄되어 있던 나의 일상이 갑자기 신선한 공기로 충만하게 되었음은 두말 할 나위 없다.

졸업여행에서 돌아와 마주한 관악 캠퍼스는 이전과 완전히 다른 모습이었다. 오가며 마주치는 낯익은 얼굴들에게 내 쪽에서 먼저 아는 체를 할 수 있었고, 바삐 지나가면서 내 어깨를 툭 건드려주는 친구도 생겼다. 특별히 알아볼 일이 있을 때만 찾아갔던 과사무실이 특별한 일이 없을 때도 찾아가 머무는 곳이 되었다. 강의 중간의 빈 시간이나 갑자기 휴강이 되었을 때, 때로는 함께 한잔 할 친구가 필요할 때도 과사무실을 찾곤 했다. 도서관이 차갑고 건조한 곳이라면 과사무실은 뜨겁고 끈끈한 곳이었다. 냉정한 지성보다는 열띤 토론과 치열한 고민이, 자기와의 고독한 싸움보다는 음모와도 같은 수군거림과 왁자한 웃음이 있었다. 강의실과 도서관만을 오가는 쳇바퀴 같던 내 생활에 과사무실은 윤활유 같은 역할을 해주었다.

상철과는 졸업여행을 마치고 서울로 올라오던 날 밤새워 술을 마시며 삶과 미래를 이야기할 만큼 가까워졌고, 계절의 색깔과 함께 우정의 깊이도 진해져갔다. 우리는 특별한 약속이 없는 한 밤늦게까지 도서관에서 함께 공부했다. 나는 11시가 지나서야 도서관을 나서곤 했는데 어느 날 이상한 점을 발견하게 되었다. 함께 커피 한 잔 하자는 내게 상철은 화장실에 다녀와서 마시겠다며 계단을 뛰어내려가는 것이었다. 층마다 있는 화장실을 두고 왜 아래층으로 가는 걸까? 한참 만에야 상철이 돌아와 나를 툭 쳤다.

"야, 커피 한 잔 하자더니 혼자 마시고 들어와 있냐?"
"한참을 기다려도 오지 않기에 들어왔지. 어디 갔다 오는 거야?"

그는 대답 대신 씩 웃어 보이며 자기 자리로 돌아가 앉았다.
하루는 졸음이 쏟아져 책 몇 권을 포개놓고 손수건을 덮은 뒤 그 위에 엎드려 눈을 붙이고 있었다. 전날 술자리에 늦게까지 남아 있었던 탓에 발 뻗고 누울 만한 곳만 있다면 당장에라도 눕고 싶은 지경이었다. 누군가가 등을 두드려 깨웠다. 책에 눌려 얼얼한 볼을 쓸며 고개를 들어보니 상철이가 딱하다는 듯 쳐다보고 있었다.

"야, 나갔다 오자."

"어디를? 너나 갔다 와."

다시 편한 자세로 고쳐 엎드리려고 하는데 그가 강제로 나를 잡아끌었다.

"도대체 어디를 가자는 거야?"

복도로 나오며 짜증 섞인 목소리로 묻자 그가 계단을 향해 가며 대답했다.

"화장실."

그가 이끄는 대로 따라간 곳은 사회대 식당 뒤쪽에 있는 우거진 언덕이었다. 언덕 꼭대기에 올라서자 밤으로 뒤덮인 캠퍼스의 전경이 한눈에 들어왔다. 초가을의 쌀쌀한 밤바람이 이마에 맺힌 땀방울을 씻어주었다. 우리는 숨이 찬 것도 잊고 군데군데 빛을 뿌리며 서 있는 가로등 아래로 강물처럼 흐르는 진입로를 내려다보았다.

"여기가 내 화장실이야."

상철이가 갑자기 바지춤을 끄르고 볼일을 보기 시작했고 당연하다는 듯 나도 나란히 서서 일을 봤다. 그의 설명에 의하면 오랜 시간 공부를 하면 기(氣)가 승(昇)해 머리로 몰리게 되는데 이것을 보충해 주려면 산줄기에 올라서 대지의 기를 흡수해야 한다는 것이었다. 나는 기를 받아들이는 데 초보여서 그랬는지 몰라도 끝내 일찍 도서관을 나섰지만 그 뒤로는 상철과 함께, 때론 혼자서 공부하다가도 답답해질 때면 그 언덕을 찾아 오르곤 했다.

도서관에서의 하루는 도서관 문을 나서는 시간의 늦어짐과 피로도에 비례해 보람도 커진다. 언젠가 집으로 가는 길에 나 혼자 언덕에 오른 일이 있다. 눈 아래 펼쳐진 평화로운 풍경을 보고 있노라니 가슴이 뿌듯해짐을 느낄 수 있었다. 도서관은 물론이거니와 각 동의 연구실 창문마다 불이 켜져 있었다. 밤을 밝혀 진리를 좇는 젊음의 열기가 그곳까지 전해져오는 것 같았다. 쌀쌀한 가을바람에 섞인 밤기운의 흐뭇함, 하루를 열심히 살았을 때의 충만감에 자리에서 일어나 괴성에 가까운 고함을 질렀다. 초우트에서 '소리지르는 날' 내뱉었던, 억제된 욕망과 누적된 스트레스의 분출구 같던 그 괴성과는 질적으로 다른 함성이었다. 내가 오늘을 살고 있다는 것을 몸으로 느낄 때 외칠 수 있는, 출항을 앞둔 선박이 대양을 향해 울리는 고동 소리 같은 것이었다. 바로 그때 어둠에 흠뻑 젖어 나무들의 윤곽조차 뒤섞인 숲속에서 화답하듯 긴 함성 소리가 들려왔다. 그도 나처럼 캠퍼스를 뒤로 하고 집으로 가기 아쉬운 녀석이었을 것이다. 나는 집으로 향하던 걸음을 붙잡고 다시 그 자리에 앉아 자정을 맞았다.

Ars Amandi*

신은 그의 자비를 표현할 수 없어 오늘의 저 태양을 창조하신 것인지. 그 눈부심과 따스함에 도취된 나는 문득 계단 위에 발을 멈추고

---

*라틴어로 '사랑의 예술'이란 뜻.

미술대 동산 위에 다소곳이 내려앉은 5월을 둘러보았다.

토요일의 평화와 정적이 감사하기까지 했다. 그러나 그때 주차장 쪽에서 작은 파문이 하나 일기 시작했다. 여학생이었다. 차에서 방금 내렸는지 내딛는 발걸음이 무척이나 급해 보였다.

단정하게 빗어 넘긴 단발머리, 군데군데 검게 얼룩진 청바지 차림에 유난히도 크고 무거워 보이는 화판……. 1초가 아까운 듯 걸음을 재촉하는 그녀는 좁은 보폭이 아쉬운지 눈길은 이미 저만치 앞서가고 있었다. 넘어지기라도 할 것 같아 안쓰럽기까지 했다.

친구의 소개를 빙자한 내 공작(?)에 의해 나는 그녀를 직접 만나볼 수 있었다. 그리고 나는 그리 길지 않은 시간 동안 그녀를 통해 예술가의 긍지와 품격, 삶에 대한 애정, 그리고 안정된 지성의 모습을 발견할 수 있었다. 한 달에 두세 번 정도, 그것도 짧은 시간의 만남이었지만 나는 애정과 우정의 중간 지점에 서서 무척이나 행복할 수 있었다.

늦가을 저녁, 그녀는 좋은 친구로 지내자는 전화를 걸어왔다. 나는 수화기를 내려놓자마자 계절의 손길이 뺨에 느껴지는 거리로 나섰다. 형언할 수 없는 서운함에 학교를 향해 차의 핸들을 꺾었다.

그리고 얼마나 여러 번 나는
밤에 잠을 깨었던가.
밝은 달은
침상과 의자 위에 빛을 던지고
나는 바깥 골짜기를 바라본다.
꿈속에 서 있는 것은 너의 집.

나는 다시금 더 깊은 꿈에 젖어드나니.

— 한스 카로사 〈그리고 얼마나 여러 번〉

캠퍼스의 밤은 신비로운 고독으로 가득했다. 별, 나무, 학사의 불빛, 그리고 늦가을의 향기…… 로댕(G. Rodin)이 칭송한 '완벽한 조화, 그 진실한 아름다움'이 그곳에 펼쳐져 있었다. 그 고요함 속에, 그 쓸쓸함 속에 내 젊음이 무르익고 있었다. 나는 그 향기를 맡으며 그렇게 밤을 지새웠다.

1991. 6. 17.

정은 혈맥에 뻗치는 눈물이다. 화살이 관통한 가슴에 촛농으로 녹아 내린 안락이다. 그 속에 재가 되지 않은 곡조, 그 곡조를 한 결, 한 결 아려내어 사랑은 탄생한다. 우리 사는 세상에는 그리움을 엮어 묶은 목 쉰 노래들이 흘러 고인다. 내 가락이 둥지 틀 여울이 메마르지는 않았는지.

12. 29.

초롱불빛 지친 밤 미당(未堂)의 달이 뜬다. 지친 혼이 삶을 멀리하여 어둠에 묻혀 있을 시간이다. 불마저 끄면 이 정적이 가슴에 매어 단 거적마저 불어 제낄까, 시린 손을 사린다.

솔가지에 쏟아져내리는 저것은 윤동주의 별이 아닌가. 저 별을 쏘아내려 이 정적을 채우듯, 침묵의 빛이 언어를 대신할 수 있다면, 난 저 별을 쏘겠건만. 미천한 의식을 감싸려 언어를 토해내는 나, 언젠가 가쁜 숨을 몰아 쉴 내 언어를 쉬게 하자.

봄은 멀리 있어 태양을 감추고, 아침은 이슬마저 빼앗긴 초췌한 모습으로……. 보낼 곳 없는 그리움만 가득하니, 난 이 밤 저 불을 끌 수 없을 것만 같다.

1. 15.

파스칼(B. Pascal)의 사랑은 사랑하는 모습 자체에서 느끼는 행복이었다. 그리워서 그리워함에 어떤 보상을 요구할 수는 없는 것. 이기로 점철된 나의 흉물이 누군가의 앞에서 무너져내리고, 내 차가운 품으로도 타인을 따스하게 할 수 있음에 행복해야 할 일이다.

살아 있음으로 사랑했노라고 훗날 외치고 싶다면 이기적인 사랑을 비웃는 도도함을 지녀야 한다. 아픈 만큼 아파하고 그리운 만큼 그리워하자. 삶에 최선을 다하는 모습과 삶을 편리하게 조형하는 모습을 구분하는 양심의 눈을 가지자.

이제 나는 진실만을 갈구하며 진실만을 사랑해야 할 것이다. 초침 소리에 귀 기울이며 한순간이나마 감사해야 할 그리움을 덮어버리려 한 적이 없었는지를 고뇌해 보자.

사랑이란 얼마나 위대한 감정을 요구하는 감정인가. 사랑한다고 부르짖을 수 있다고 모두 사랑이 아님을 인간다운 삶을 지키려는 우리는 알아야 한다. 사랑이란 깊은 밤 한순간의 외침을 새벽까지 지켜나가는 것이다. 함께함의 공간이 있기를 기원한 지브란(K. Gibran), 무관심의 공간이 아닌 애정과 인내의 공간을 의미함이 아닐는지.

가식과 타협, 이기와 무지로 훑기에 사랑은 지나치게 소중한 인간성이다. Preter la vivo, 삶을 걸으며 젊음으로 사랑해야 한다.

2. 10.

어떤 타입의 여성이 좋으냐고 물어온다. 자신의 삶을 영위하는 여성이 좋다고도 대답하고, 칼라스(M. Callas)와 육영수(陸英修) 여사, 그리고 어머니를 융합한 여자를 찾고 있다고도 답한다. 그러나 부질없는 대답이다. 아까운 젊음을 허비하지 않아도, 이리저리 캐묻고 다니지 않아도, 혼자 있어야 할 운명이 아니라면 만날 수 있을 게다.

그 사람은 분명 내가 존경할 수 있는 여성일 것이다. 그리고 나의 일을 캐묻지도, 내 고통을 나누려 애쓰지도 않으며, 그저 나를 존경의 눈으로 지켜봐주는 여성일 게다. 하루도 안 빼고 만나고, 머리를 굴려가며 고민을 하고, 싸우고 술이나 마시며 푸념하는 모습은 있을 수 없는 일이다. 서로의 삶이 소중한 탓이다.

하늘의 명(命)을 소중히 여기는 믿음이 사랑이라고 해서 예외일 수는 없다. 칼라스의 음성을 처음 들었을 때, 그리고 클림트(G. Klimt)의 여인을 처음 보았을 때의 감동, 그 기쁨을 살아 있는 이에게서 느낄 수 있을 때, 나는 사랑을 시작할 것이다.

씻은 듯이 새벽이 오다

달빛이 밤을 탄다. 풍만한 고요가 오랜 벗처럼 익숙하고, 새벽은 탄생의 얼굴로 나를 맞는다. 정적을 흔드는 고독이 나를 강하게 한다.

사랑의 일순간, 호흡의 희열, 혹은 밝은 아침에 산책을 나서서 신선한 공기를 마시는 것이 삶이 암시하는 모든 고통과 노력에 비해 가치 없는 것이라고 감히 누가 말할 수 있겠는가?

삶을 찬미하던 에리히 프롬(E. Fromm)의 열정을 떠올린다. 그리고 이제 다되어 가는 시간을 뒤돌아본다.

2년 만에 찾아온 봄은 푸르렀다. 짙은 5월, 나는 처음으로 풀냄새에 취해 보았다. 담배를 마주 필 벗 하나 없었지만, 가슴은 가득했고, 나는 누구보다 감사한 마음으로 내 젊음을 되찾아갔다.

10개월이 스쳐갔다. '나'를 찾으려 애쓴 한 해도 이제는 추억으로 자리잡는다. 정치와 혁명에 관해서도 배우고, 여자 좇는 법도 익혔다. 과(科) 톱이다, 고시다 해서 도서관의 밀실에 박혀 보낸 시간이 반이었지만, 술집과 거리의 분주한 환락 속에서 삶의 기(氣)를 잃지 않았음은 다행스러운 일이다.

스물두 해 살아오면서 앞선 자리에서 누릴 수 있는 여유와 교만을 즐거워했다. 그리고 잠시라도 멈춰 서야 했던 사실에 괴로워했다. 고통스런 밤과 감사한 아침을 번갈아 맞이했던 시간은 짙은 삶을 지속하려는 발버둥이었는지도 모른다.

아직 아무것도 끝나지 않았다. 젊음과 변혁에 대한 환상도, 지식과 지혜에 대한 욕구도 그대로이고, 큰 뜻을 찾아 내 젊음을 연소하고픈 욕망 또한 과거의 감정이 아님을 안다. 그러나 이제 고민을 잊으려고도, 끝내려고도 하지 않는다. 고민도 젊음의 일부로 받아들이고, 감사와 도전의 자세로 부딪히려 한다. 죽음과 고통이 어둡게 느껴짐은 삶과 행복을 향한 희망이 살아 있기 때문이 아닌가. 빛 속에서만 살아가고 싶지도, 살아갈 수도 없는 것. 빛을 간직하고, 또 좇으며 살면 되는 것이다.

나태와 위선의 고단함을 잊는다. 좀더 가득한 의미이기 위해 고민하는 젊음을 택한 것을, 그 고통을 이기지 못한다면 그 또한 내 영혼의 죽음과 무엇이 다를까. 아물거리는 눈을 살며시 감았다가 떠보면 고독은 이미 추억으로 변하지 않았던가.

> 그래 함께 울고 노래하므로 깨어날
> 우리 새날에
> 처절하게 처절하게
> 그리고 씻은 듯이 새벽은 오리니.
>
> — 배창환

아무리 어두워도 아침을 기다릴 여유는 있다. 바다를 품고, 하늘을 잡자. 그래도 답답하면 차가운 바람에 얼굴 내밀어 씻으면 그만이다. 가식과 미련, 두려움과 초조함을 모두 버리고 내 삶의 광채를 지켜야 한다.

만남을 소중히 함이 곧 삶을 감사히 여길 수 있는 길임을 익힌다. 순수한 가슴으로 모두를 대하고 만남의 기쁨을 전하자. 벗들과 어울려 웃고, 마시고, 고민하는 시간의 행복을 무엇에 비길 수 있을까. 따뜻한 지성으로 서로를 받아들이는 우정이야말로 삶의 향기인 것이다.

추억이란 돌아올 수 없기에 아름답다. 그리고 항상 불완전하기에 애틋하다. 과거를 사랑하며 미래를 잊고 살아갈 수는 없다. 그러나 오늘을 아쉬워하지 않고서는 내일 추억을 견뎌낼 수 없을지도 모른다. 오늘, 오늘을 충분히 그리워하면, 내일, 오늘이 덜 그리울 수 있지 않을까? 더 이상 젊을 수 없게 된 순간에도 내 자신의 젊은 모습을 기억하고 사랑할 수 있다면 나는 결코 젊음을 잃은 것이 아닐 게다. 그렇기에 나는 멈추지 않는 삶으로 나의 젊음을 기억하려 하는 것이다.

아침이 밝아온다. 시린 바람 한 줄기가 가슴에 와 꽂힌다. 석양을 바라보며 삶의 의미를 깨달았던 슈바이처(A. Schweitzer), 그리고 삶은 지나치게 짧다던 니체(F. von Nietzsche)를 잊을 수 없다. 한 번 웃어제끼고 '이것이 바로 삶'이라고 마음속으로 외쳐본다.

지난 시간에 대한 추억과 다가올 시간에 대한 포부, 행복이란 멀리 있는 것이 아니지 않은가. 삶은 밝고 건강한 사람들의 것임을 안다.

다시 혼자로 돌아서는 이 시간이 소중하다. 고민하는 삶, 그리워하는 삶, 꿈을 꾸는 삶, 이 모두가 평안하게 느껴지기까지 한 인간이 겪어야만 하는 고통이 얼마나 긴 것인지 우리는 알지 못한다. 다만 젊음에 대한 믿음과 포부 하나로 삶을, 세상을 직시하려 하는 것이다. 어차피 한 판 붙기 위해 태어난 삶이 아니던가. 쓰러져도 쓰러지지 않은 모습으로, 부서져도 부서지지 않은 모습으로 삶의 순간순간을 살아 숨쉬리라. 누구보다도 많이 사랑하며, 많이 꿈꾸며, 그렇게 살아갈 것이다.

삶이 흐른다. 멈추지 않고 찬란히 흘러내린다. 이제 다시 시작하는 거다. 아, 나의 젊음이 눈부시다.

2막 3장   Paper Chase

하버드대학의 공부벌레들

> 아침 하늘을 펴는 찬란한 날개이게 하소서.
> 구슬 굴리는 찬란한 목소리이게 하소서.
> 눈바닥을 씻어대는 입성이게 하소서.
> 아, 온통 물을 차고 솟구치는 그것이게 하소서.
>
> —— 박재삼

다시 돌아온 하버드

나를 죽이지 않는 모든 것은 나를 더욱 강하게 만들 뿐이라는 니체(F. Nietzsche)의 확신처럼 하버드로 돌아온 나는 그 어느 때보다도 자신감에 차 있었다. 그러나 내게 주어진 의무가 몸에 꼭 맞는 옷처럼 편안했던 것은 결코 아니었다. 1년 동안 학교를 비웠으므로 남들과 같이 졸업하기 위해서 나는 5과목을 선택해야 했다. 그 학기는 그야말로 '도서관의 붙박이'처럼 살아간 처절한 시간이 되었다. 정신 집중을 위해 담배마저 끊었던 나는 2학년 때 경제학과로 편입한 한국인 친구와 함께 공부를 했다. 그는 '시험만 끝나면 이 지긋지긋한 도서관을 폭파해 버리자'는 애처로운 발언을 자주 하곤 했다. 우리들은 비인간적으로 책만 붙들고 있었지만 대부분 3학년들이 그러했으므로 외롭지는 않았다.

내가 첫 번째로 택한 과목은 '도덕 이성: 유교'로서 유교의 정치·사회·종교적 이념을 현대적 시각으로 재해석한 강의였다. 두 번째는 필수과목인 '중국 현대사'였는데 매주 강도 높은 토론에 참여하느라 진땀을 흘린 기억이 생생하다. 세 번째는 중국의 대중사회 및 정치문화를 다룬 '중국 현대사회'란 강의였고, 네 번째가 유명한 맥파쿠아 교수의 '중국 문화대혁명'이었다. 맥파쿠아 교수는 하버드 동북아지역학 분야에서 페어뱅크와 라이샤워 교수의 뒤를 잇는 석학으로, 강의마다 300~400명이 꽉꽉 들어차는 스타 교수로도 유명한 학자이다. 백발에 당당한 체구, 약한 영국 악센트를 지닌 이 노교수는 그의 카리스마만으로도 학생들을 압도하고 남음이 있었다.

연극이나 시의 한 부분을 인용해서 서두를 여는 그의 강의는 그 자체가 한편의 공연이었다. 말 한 마디 한 마디가 정보로 가득 차 있어 한순간도 주의를 게을리 할 수가 없었고, 녹음기를 갖고 들어오는 학생들도 상당수 있었다. 그는 많은 자료를 인용함에 있어서 한 치의 오차도 없었다. 게다가 가끔씩 누군가 지적 수준을 의심할 만한 질문을 해도 반드시 신중하게 귀를 기울이는 포용력을 보였다. 또 하버드의 다른 교수들과 마찬가지로 자신의 학설과 다른 논지를 펴더라도 명확한 설득력만 가지고 있다면 최고 점수까지도 주었다. 늘 새로운 학문적 도전에 대해 개방되어 있는, 겸허하고도 자신만만한 그의 태도를 나는 잊을 수가 없다. 안식년을 맞아 1년 동안 학교를 떠날 예정이던 맥파쿠아 교수의 마지막 강의는 다음과 같은 말로 끝을 맺었다.

"문화대혁명은 한 인간의 잘못된 판단에 의해 수만 명의 생명이 사라지고, 한 국가의 역사가 10~20년 퇴보하게 된 잘못된 정치의 좋은 실례입니다. 오늘, 우리가 이렇게 문화대혁명을 평가하듯이 나중에

제군들의 후손들도 우리가 만들어갈 역사를 냉정한 시각으로 평가하게 될 것입니다. 제군들은 언제나 역사의 주인공이라는 생각으로 후세를 염두에 둔 행동을 하며 살아가길 바랍니다. 항상 진실만을 바라보시오. 제군들의 건투를 빕니다."

그 말이 끝나자마자 계단까지 들어찬 수백 명의 학생들은 약속이나 한 듯 일제히 일어나서 박수를 치기 시작했다. 박수는 교수가 강의실에서 완전히 퇴장한 후에도 5분 동안이나 이어졌다. 웬만한 정부 고관이 와도 거들떠보지 않는 오만한 학생들이 노교수의 성실함, 박학함, 그리고 그들을 향한 깊은 애정 앞에 가슴 깊은 곳에서 우러나오는 찬사를 보내지 않을 수 없었던 것이다.

3학년 첫 학기에 마지막으로 택한 과목은 '고대 그리스와 18세기 프랑스의 성의 표현 비교'라는 일종의 사회학적인 예술사였다. 큰 부담 없이 들을 수 있었으나, 강의를 함께 들었던 페미니스트들의 눈치를 많이 봐야 했던 과목이기도 했다. 소포클레스(Sophocles)의 희곡을 읽고 난 후 고대 문학의 사회성을 현대적인 시각으로 비판해도 좋으냐는 토론을 벌이고 있을 때였다. 나는 겁도 없이 여학생들의 토론에 뛰어들었다.

"예술은 소속한 사회를 반영할 수밖에 없다. 여성의 사회 참여에 대한 근원적인 혐오와 남성 우월사상이 명제화되었던 사회의 대변자였을 뿐인 작가에게 비난의 화살을 돌리는 것은 비이성적인 일이다."

내 말이 떨어지는 순간, 강의실에 있던 모든 여학생들의 호전적인 시선이 내게로 모아졌다. 그리고는 약 30분 동안 나를 향한 '언어의 난타'가 시작되었다. 2000년 전의 죄악은 2000년 후에도 죄악이라는 입장을 지닌 그들이었다. 길고 참혹한 성차별의 역사를 생각하면 그리 놀라운 일은 아니었지만 나는 몹시 당황했다.

지식과 논리를 동원하려 했으나 처음부터 승산이 없는 싸움이었다. 내 옆에 있던 두 명의 남학생 중 어느 한 사람이라도 내 편을 들어주었다면 용기백배하여 싸웠겠지만, 녀석들은 모두 입을 굳게 다문 채 눈치만 보고 있는 것이 아닌가? 그리고 무엇보다 내 전의를 상실케 한 것은 여학생들의 진지한 태도였다. 그들은 자신들의 생존권이 침해를 받기라도 한 것처럼 결사적이었다. 나는 그저 지나가는 말로 한 마디 한 것인데, 그들에게는 결코 간과할 수 없는 문제였던 것이다. 네 번째 여학생이 나를 괴롭힐 즈음 나는 투항을 결심했다.

"현대 지성이라고 자부하는 하버드생이 그런 무책임한 역사의식을 갖고 있다니, 정말 그렇게 믿고 있니?"

"……."

"왜 대답이 없지? 이제껏 말 잘 했잖아!"

"잘못했다."

그 이후 나는 하버드에서 여성운동에 관한 토론이 벌어지면 절대로 참여하지 않았다. 경험에서 얻은 깨달음이었다. 하버드대학은 남녀평등을 넘어서 '여성 상위'에 가까운 독특한 환경을 갖고 있다. 남성과 다름없는 개인적 야망에다가 뿌리 깊은 피해의식을 지닌 그들에게 이론적인 뒷받침이 불가능한 남성 우월주의를 주장할 수 있는 '용감한' 남성은 하버드에는 없었다. 그렇기 때문에 간혹 '여자가 어떻게', '여자이기 때문에' 등의 표현을 쓰는 한국 남학생들을 볼 때 나는 무척 조심스러워졌다.

또한 대학 내에서는 '사랑과 결혼'보다는 '사랑과 동거'의 등식이 일반적이다. 일단 동거에 들어가면 경제적인 문제를 정확하게 나눠서 분담하는 편이며, 서로의 장래에 도움이 안 된다고 판단될 경우에는 대부분 미련 없이 헤어져 각자의 인생을 걸어가는 것이 보통이다. 자신의 인생에 대해서 철저히 계획하고, 책임지고, 노력하는 그 주체적인 자세만큼은 높이 평가받아 마땅하다.

하버드에서는 보통 한 학기에 4과목을 수강하지만, 나는 1년의 공백을 메우기 위해 5과목을 신청했다. 아침 6시에 일어나 우선 수업이 시작하는 9시까지 공부를 하고, 수업이 끝나면 르망 도서관으로 직행해 밤 12시 30분까지 공부에 몰두했다. 오후 2~3시면 대개 수업이 끝나므로 하루에 보통 9~10시간씩 도서관에서 자리를 지켰던 것인데, 그러다 보니 도서관이라면 신물이 날 지경이었다.

과중한 학업 부담으로 인한 정신질환 때문에 의사들을 찾아가는 학생들도 간혹 있었다. 정신과 상담을 수치스럽게 여기지 않는, 우리로서는 이해하기 힘든 관습을 지닌 미국인들은 이러한 카운슬링을 권장하기까지 한다. 하버드에서도 선후배 간의 상담 핫라인이 잘 홍보되어 있고, 정신의학적인 상담도 체계화되어 있다. 이는 정신분열이나 자살로 이어지는 극단적인 사태를 미연에 방지하기 위한 학교 측의 예비 조치라고 할 수 있다.

3학년 봄 학기부터는 대학원 입시, 혹은 취직을 앞두고 누구나 다 초인적으로 공부하기 때문에 그 흔한 파티도 한 번 없었고, 심지어 친구들끼리 외식하는 일도 드물었다. 기말고사 때는 종강 이후 3주 동안 특별 자습 기간이 주어지는데, 이 기간에 학생들은 밀린 독서를 끝내고 노트를 정리하는 등 본격적인 시험 준비에 돌입하게 된다. 시험 기간이 되면 거의 면도도 제대로 하지 못한 지저분한 몰골에 간편한 트레이닝복 차림이 대부분인데, 그때는 서로 상대방을 쳐다볼 여유가 전혀 없으므로 그런 흉한 모습에 대해 아무도 개의치 않는다. 나도 시험 전 1주 동안은 면도를 전혀 하지 않는 버릇과 시험 전날에는 3시간 이상 공부하지 않는 습관이 있었다.

학기말 고사 기간 중 어느 날, 나는 시험을 마치고 와이드너 도서관 계단에 앉아 있었다. 메모리얼 교회의 종이 정오를 알리고 있었다. 교회 앞 계단에는 너절한 녀석이 벌써 30분 동안 같은 방향을 응시하고 앉아 있었다. 내일 시험을 앞두고 과다한 공부에 부작용을 일으킨 경우라는 생각이 들었다. 진한 동지애에 내 기분이 좀 나아지는 것 같았다. 내가 이 계단에 앉아 있은 지도 30분은 족히 된 모양이었다. 나는 자리를 털고 일어나 르망 도서관으로 향했다.

도서관 지하 2층에는 벌써 함께 공부하기로 한 친구가 와 있었다. 그의 성격은 때로는 스스를 지치게 할 정도였다. 신발을 질질 끌며 들어선 내게 친구가 눈짓을 보냈다. 밖에 나가 커피 한 잔 하겠느냐는 뜻이다. 나는 고개를 끄덕였다. 커피는 바로 전에도 마셨지만 초만원을 이룬 열람실을 보는 순간 공부할 마음이 싹 가셔버렸다.

"이번 시험 끝나면 정말 폭파시켜 버릴까?"

돌아보니 피곤에 부은 그의 눈이 진지하다. 그는 피지도 못하는 담배를 빼끔거리며 말했다.

"이건 사는 게 아냐. 도대체 왜 이렇게 우리를 못 살게 구는 거지? 모든 학부생들이 졸업과 동시에 4년 동안 배운 지식의 60퍼센트를 깡그리 잊어버린다는 사실 알아? 결국 우리는 모두 잊어버릴 것들을 위해서 이렇게 악전고투하고 있는 거라고."

나는 계단에 걸터앉으며 한숨을 쉬었다. 나보다 더 조급한 사람을 봤을 때 상대적으로 느껴지는 안도감 같은 것이었다.

"참, 너 그 이야기 들었어? 내가 아는 여자애가 룸메이트의 논문을 그대로 베꼈다가 걸려서 정학을 당했다는 거야. 한 글자도 안 틀리고 그대로 베낀 그 애도 웃기는 아이지만, 그걸 고자질한 룸메이트도 대단한 아이야."

시험 기간에는 설사 달이 폭파되었다 해도 전혀 대단하지 않게 들렸을 것이다. 머리가 멍해져서 아무런 판단도 할 수 없었다. 그는 다시 비장한 표정으로 물고 있던 담배를 발로 비벼 끄면서 자리에서 일어났다.

"자, 그럼 이따가 보자."

예습, 복습, 스터디 그룹도 모자라서 조교까지 찾아가는 친구의 뒷모습에서 시선을 거두며 도서관 문을 열었다. 문을 열고 들어설 때면 언제나 느껴지는 특유의 정적. 그대로 뒤돌아 나와버리고 싶지만 내 발길은 어느새 적막의 한가운데로 빨려 들어가고 있었다. '성실에는 지나침이란 있을 수 없다. 단 마음의 여유를 가지고 일을 해야 자유로워진다'는 프로스트(R. Frost)의 말을 주문처럼 되뇌이면서.

"좋아, 가자!"

이틀 연속 시험을 치르느라 잠을 두어 시간밖에 자지 못한 나는 시뻘건 눈을 비비면서 다시 컴퓨터 앞에 앉았다. 여기저기 쌓여 있는 피자 상자들, 수십 권의 책이 뒤죽박죽 섞여 있는 책상, 펜조차 찾을 수 없어서 붉은색 사인펜을 뽑아든 내 모습이 처참했다. 내일 정오까지 써내야 하는 리포트, 〈덩샤오핑 개혁 이후 중국 사회 불평등의 새로운 역학관계〉라는 어마어마한 제목을 타이핑한 지 벌써 20여 분이 지나고 있었다.

문득 어제 귀가 길에 만난 스티브의 모습이 떠올랐다.

"라이언, 너 '국제수지 경제학' 작년에 본 시험지 있냐?"

일주일 동안 면도조차 하지 못한 내 모습이 그래도 그의 몰골에 비하면 나았다. 물어봐놓고는 대답조차 기다리지 않고 총총히 지나쳐버린 그가 시험은 잘 보고 있는지 궁금했다.

하버드 전체가 미쳐가는 시간, 1년에 두 차례 찾아오는 3주일, 그곳에서 혈색 좋은 인간이라곤 단 한 명도 찾아볼 수가 없었다. 나 역시 배수진을 친 기분으로 3주를 버텼다. '2기통의 엔진으로 440마력을 내는 것이 인생'이라고 밀러(H. Miller)는 말했다. 나는 그날 1기통으로 880마력을 내려는 무모한 도전을 하고 있었다. 마치 병든 사람처럼 창백한 안색의 동료들을 생각하자 다시 한 번 쓴웃음이 떠올랐다. '왜?' 누가 대답할 수 있을까? 시작이 반, 하지만 남은 반이 아직도 45장이나 되었다.

이렇게 시험 기간 내내 지옥 같은 생활을 계속해야 했던 우리는 시험이 끝나면 하고 싶은 일들을 서로 이야기하면서 그 시간을 견뎌냈다. 내 꿈은 첫 번째가 읽고 싶었던 책을 읽는 것, 그 다음이 좋아하는 그림을 보러가는 것, 그리고 세 번째가 서울에 있을 때 취미를 붙인 검도 연습을 하는 것이었다.

그러나 학기말시험이 모두 끝나자 나는 허탈감에 빠져 아무것도 할 수가 없었다. 시험이 끝나고 방학이 시작되자 친구들은 모두 집으로 돌아갔다. 학교는 마치 연극이 끝나고 관객이 모두 사라진 무대와도 같이 썰렁하기만 했다. 나는 해가 중천에 떠 있는 시간에 내 방으로 돌아왔다. 그 시간에 집에 있어 보기는 몇 주 만에 처음인 것 같았다. 그렇게 읽고 싶었던 책을 잡았는데 한 글자도 읽히지 않았다. 한 시간쯤 지났을까 전화벨이 울렸다. 기말고사를 마친 친구였다.

"정욱아, 난데. 너 지금 뭐하니?"

"응, 그냥 누워서 책 봐."

"시험도 다 끝났는데 기분이 왜 이럴까? 그저 허무하고, 도대체 이제부터 뭘 해야 할지 모르겠다."

"그래, 그 기분 안다."

우린 그토록 꿈꾸어 온 황금 같은 휴식 시간을 각자의 방에서 책과 잠으로 소모해 버리고 말았다. 그동안 계속 공부만 했던 탓에 갑자기 주어진 자유 시간이 도리어 낯설게 느껴졌다. 그렇게 며칠을 그냥저냥 보내던 친구는 급기야 이러느니 차라리 공부를 하는 것이 낫겠다며 다시 학기가 시작되기를 바라는 눈치마저 보였다. 일 중독증이라는 게 있다는데 아마 그때의 우리들은 공부 중독증에 걸렸던 것 같다.

어렵게 보낸 3학년 1학기가 끝나고 나는 드디어 성적표를 받아 보았다. 시간과 정력, 마음까지 모두 공부에 최선을 다한 학기였으므로 그 결과가 무척이나 궁금했다. 조심스레 봉투를 열어봤더니 A, A, A, A, A, 다섯 과목 모두 A였다. 가슴속 깊은 곳으로부터 뿌듯한 만족감이 차올라오는 것을 느낄 수 있었다. 도서관에서 책에 파묻혀 지낸 인고의 시간, 거기에 바쳐진 내 젊음의 열정을 한꺼번에 보상받는 듯한 기분이었다.

잠에서 깨어나는 사자

3학년 2학기 때부터 본격적으로 시작해야 하는 것이 졸업 논문이었다. 나는 현대의 한중(韓中)관계에 대해 깊은 관심을 갖고 있었다. 그 분야는 제대로 된 연구가 드문 미개척 분야였다. 이미 지나간 역사가 되어 버린 냉전시대의 한중관계에 대해서는 논문과 책들이 많이 나와 있었지만, 수교가 되기까지나 그 후의 관계에 대해서는 자료가 거의 없는 상태였다. 처음부터 험난한 항로가 예견되는 주제였지만 나는 출항을 결심했다.

기존의 연구 결과가 없는 자료는 직접 중국으로 가서 발로 뛰면서 구하는 수밖에 없었다. 지역학 분야의 논문을 쓰는 학생의 경우 대개 자료 수집 또는 견학을 위해 해당 지역에 한 번쯤은 다녀오는 것이 하버드의 보편적인 관례였으므로 나의 중국행은 이미 처음부터 예정되어 있었다고 볼 수 있다.

《삼국지》에 매혹되어 일곱 번이나 읽었던 내게 거대한 대륙, 중국을 직접 가본다는 것은 생각만 해도 가슴이 뛰는 일이었다. 3학년 여름방학을 맞아 나는 중국에 가기로 결심을 하고 부모님에게 허락을 구했다. 학업에 관한 일이면 언제나 최선을 다해 도와주셨던 부모님이 내 중국행을 반대하실 리 없었다. 당시까지만 해도 수교가 안 된 상태였기 때문에 개인 자격으로 중국을 방문한다는 것은 매우 어려운 일이었으나 아버지는 그간 맺어 온 화교들과의 돈독한 인간관계를 활용, 나의 중국 입국 허가를 받아주셨다.

나는 염려하시는 어머니를 안심시키고 화교 대표단과 함께 인천항에서 중국행 여객선에 올랐다. 꼬박 17시간을 항해해 웨이하이(威海) 시에 도착하는 배였는데, 특실이라고 해도 세수할 곳조차 마련되어 있지 않을 만큼 열악했다. 화교 대표단 사람들은 그런 나쁜 환경 속에서도 아무렇지도 않다는 듯 장판으로 된 바닥에 자리를 잡고 앉아 마작을 즐기며 흥겹게 시간을 보내고 있었다. 그러나 나는 흥분으로 인해 잠도 제대로 자지 못하고 갑판과 선실 사이를 오가며 밤새 서성거려야 했다.

웨이하이 시에 도착한 나는 화교 대표단에 끼어 시장, 부시장을 만날 수 있었다. 고급 승용차 4대가 항구까지 마중을 나오고, 14가지 코스의 오찬이 베풀어졌다. 그곳에서 나는 우리나라의 6, 70년대를 연상시키는 절대 권력의 그림자를 읽을 수 있었다.

그 후 롱쳉 시로 향한 우리 일행은 마오쩌둥의 개인 별장이 있었다는 영빈관에 머물렀는데, 주변에 펼쳐진 기가 막힌 절경과 관저에서 근무하는 수줍은 처녀 직원들의 환대로 안락한 시간을 보낼 수 있었다. 특히 60년대의 시골을 배경으로 하는 영화에나 나옴직한 때문지 않은 모습의 아가씨들은 서로 쑥덕거리다가도 내가 쳐다보면 부끄럽게 웃으며 멀리 도망가 버리곤 했다.

함께 간 화교 일행은 무척이나 부지런하고 기민한 사람들이었다. 중국 사람들은 '만만디(慢漫的)' 근성이 있어서 거래하기 힘들다고 이야기하지만 내가 보기에 그것은 어쩌면 중국인 특유의 협상 방법인 것 같았다. 외국인과 거래할 때에는 느릴 대로 느리게 접근해 상대방을 조급하게 만들지만 자기들끼리의 거래에서는 짐 풀고 세수하자마자 곧바로 사업을 논의하는 놀라운 기민함을 보였다.

나는 주로 중국과 한국의 경제 교류, 그리고 그것에 의해 유발되는 정치적 변화에 대한 자료를 얻고 싶었기 때문에 수많은 정보기관과 한국 관련 회사들을 찾아다녀야 했다. 지도교수가 써준 추천서, 웨이하이 시 시장 소개서, 화교 대표단 소개서에도 불구하고 자료 수집은 어렵고 힘든 일이었다. 3주 반 사이에 120명 정도를 인터뷰했으니 하루에 줄잡아 10~20명은 만난 셈이다.

당시 나는 통역을 맡은 데이비드 구오라는 회사원과 함께 다녔는데, 그는 내게 중국인의 자존심을 확실하게 느끼게 해준 장본인이었다. 짐도 들어주고 허드렛일도 도와주는 위치였음에도 불구하고 전혀 비굴해하지 않는 당당함을 그에게서 느낄 수 있었다.

중국은 '부정부패'가 거의 구조적으로 정착되어 있는 나라였다. 관공서의 말단 공무원을 만나 사소한 자료 하나를 받기 위해서도 우선은 뇌물부터 바쳐야 "글쎄, 한 번 알아보지요" 하는 대답을 들을 수 있다. 그리고 약속한 시간에 다시 찾아가면 "알아봤더니 있긴 있는데, 자료 유출이 좀 힘들겠는데요"라고 이야기한다. 또다시 좀더 강도 높은 뇌물을 슬쩍 찔러주면 그제서야 유출이 어렵다던 자료를 가져다 준다. 사사건건 뇌물이요, 아니면 아는 사람의 입김이라도 있어야 움직이는 것이 중국이라는 사회인 것 같았다.

때문에 나는 사전에 준비한 종류별, 등급별 뇌물들은 물론 로큰롤 테이프에서 테니스 라켓까지 모조리 풀어놓아야 했다. 그나마 화교 대표단의 도움이 있었기 때문에 가능한 일이었지 그렇지 않았다면 아마 정부 측의 자료를 얻어내는 것은 불가능했을 것이다. 이처럼 구조화되다시피 한 중국 사회의 부정부패를 이해하지 못하면 중국인과의 거래는 어려울 듯싶었다. 때문에 하버드 중국학의 젊은 기수인 왈더(A. Walder) 교수는 '중국 사회의 부정부패는 이미 시스템화되어 있어서 일종의 법과도 같은 구실을 하기 때문에 사회의 안정에 역설적으로 기여하고 있다' 라는 주장까지 펼 정도이다.

놀라운 변혁과 발전의 소용돌이 속에서 새로운 세기를 향해 꿈틀거리고 있는 중국은 어딜 가나 팽팽한 긴장감이 가득 차 있어서 젊은 내 가슴을 들뜨게 하기에 충분했다. 마치 하루가 다르게 변화하고 있는 생생한 역사의 현장 속을 걸어가고 있는 느낌이었다.

기름진 중국 음식에 식상한 내 요청에 의해 통역원인 데이비드가 맥도날드로 나를 안내했을 때의 일이다. 세계 어디를 가나 똑같은 '빅 맥' 의 맛을 즐기고 있던 내게 그가 무심코 말했다.

"한국 사람들은 돈이 많은가 봐?"

"왜?"

"일본 사람들보다 돈을 더 많이 쓰는 것 같거든."

"그래?"

"중국에서 물건 값을 반으로 깎는 것은 기본 상식인데 한국 사람들은 부르는 값을 다 주고 물건을 사니 말이야."

"아마 중국의 물가가 싸기 때문이겠지."

"아무래도 좋아. 중국 입장에서는 좋은 일이니까. 다만 남보다 비싼 돈 주고 같은 물건을 사면서도 잘난 체하는 모습을 이해할 수 없을 뿐이야."

데이비드는 그쯤에서 말을 멈췄다. 순간 천 달러나 이천 달러 정도를 가져가면 중국에서 왕 대접을 받을 수 있다고 자랑하던 몇몇 선배들의 모습이 떠올랐다. 현재의 부(富)를 자랑하며 물 쓰듯 써대는 그들을 보며 중국인들은 속으로 얼마나 회심의 미소를 지었을까?

당시 중국에 있는 대형 빌딩 열 개 중 대여섯 개는 일본인 소유일 정도로 외국 자본, 특히 일본 자본이 많이 유입되어 있었다. 우리 같으면 모두들 큰일났다며 걱정을 하고 반대운동이라도 벌였을 텐데, 중국 사람들은 느긋하기만 했다. 외국이 자본 투자를 해서 중국 내에 빌딩을 세우고, 사업체를 만들면 그게 다 결국 중국의 발전에 기여하게 된다는 것이었다. 따라서 외국에 땅을 파는 것이 아니라 잠시 '빌려준다'는 식으로 생각하고 있었다. 이는 모든 사리의 중심에 자신들을 놓는 '중화사상'의 영향 때문인지도 모르겠다.

중국은 누구에게도 꿇리지 않는 우월감과 자신감을 내포한, 가까이 갈수록 '무서운 나라'였다. 처음에는 미개발된 환경, 싼값에 부릴 수 있는 인력 때문에 중국을 우습게 보기도 했으나 돌아올 때쯤에는 이면에 숨겨진 거대한 잠재력과 굴복하지 않는 자긍심에 심리적인 위축감을 느끼게 된 것이 사실이다. 나폴레옹(B. Napoleon)은 '중국이 잠에서 깨어나는 날 유럽은 전율할 것'이라는 말을 한 적이 있다. 서구 열강에 절대 굽히지 않는 민족적 자부심만큼은 꼭 배워야 한다고 생각한다.

3주 반 동안의 체류 기간 중에 나는 '극비' 도장이 찍혀 있는 자료를 비롯, 소중한 통계와 문서를 얻을 수 있었다. 주로 높은 사람들보다는 한국 담당 비서관 같은 실무위원들에게 얻어낸 것들인데, 예전에 접했던 내용과는 판이하게 다른 최신 정보였다. 문서로 구할 수 없는 것은 인터뷰를 통해 얻을 수 있었는데 정부고관에서 교수, 회사원에 이르기까지 정치, 경제 분야의 많은 사람들을 만날 수 있었다.

문제는 수북하게 쌓인 자료를 분석하는 일이었다. 다행히 영어로 되어 있는 자료는 해석이 가능했지만, 정부문서나 일본어 자료는 모두 번역의 도움을 받아야 했다. 한국 측의 자료는 주로 대한무역진흥공사와 한국무역협회 등에서 얻을 수 있었다. 삼성, 쌍용, POSCO, 아시아나 등 한국 기업 현지 주재원들의 도움 또한 매우 값진 것이었다.

졸업 논문

1992년 가을, 졸업논문을 준비하던 나는 출발점을 냉전 이념의 부정과 실용적인 기능주의 노선의 채택으로 정했다. 즉 국제관계에 있어서 한반도의 역할을 더욱 확고히 하고 실리를 보장해 줄 수 있는 접근이 최고의 선(善)이요, 진리라는 믿음이었다. 이 같은 관점은 냉전 체제 하의 이념논쟁을 배제하는 데에서부터 출발했다.

루마니아 출신의 동급생이 당시 동구권에서 유행하던 문구를 들려준 적이 있다. "지평선이란 내가 다가감과 동시에 더더욱 멀어지는 환상의 선이다." 공산주의 이론의 비현실성을 꼬집은 풍자였다. 그러나 이념의 부정은 결코 마르크시즘에 국한된 것은 아니었다. 정의가 유발하는 혼란이냐, 아니면 부정이 야기하는 질서냐라는 괴테(J. von Goethe)의 갈등을 두고 항시 후자를 선택해 온 자본주의체제……. 냉전 외교사를 다룬 라피버(W. Lafeber)의 글들을 읽고 난 오랫동안 착잡했었다. 동시에 냉전체제의 첨예한 대립 구도 속에서도 자국의 위상과 실리를 보호하려 했던 위대한 지도자들이 있었으니, 나세르, 드골, 티토, 저우언라이(周恩來) 등이 바로 그들이다.

논문의 이념체계는 키신저(H. Kissinger)가 유일하게 존경했다는 지식인인 몰겐다우와 케넌 등의 현실주의 이론 속에서 더욱 견고해졌다. 그러나 도덕주의적인 접근을 전면 부정하고 전략적인 사고 속에서 세계를 파악하는 현실주의 역시 내게 완전한 논리적 틀을 제시하지는 못했다. 국제관계를 냉철한 실리 추구의 구도에서 이해하고자 결심한 이상, 현실주의를 극단적인 단계로 밀어붙인 기능주의에서 결국 그 해답을 찾아야 했다. 한국이 역사의 조연에서 벗어나 동북아 질서의 주인공(actor) 및 조정자(balancer) 역할을 맡아야 한다는 목표를 가능하게 하는 이념은 철저한 기능주의뿐이지 않은가.

나는 졸업논문의 첫 장에 마키아벨리(N. Machiavelli)의 글을 인용했다. '인간이 더 오랫동안 기억하는 사실은 아버지의 죽음이 아닌 유산의 상실이다.' 한국전쟁에 이르기까지 오랜 세월 동안 서로를 무자비하게 살상해 왔던 한국과 중국의 적대적인 역사 역시 오늘의 실리 추구 및 진보의 역사 창조에 걸림돌이 될 수 없을 것이라는 믿음을 표현하기 위해서였다. 논문 〈기능주의적 데탕트: 한중관계, 1978-1992〉(Neo-political Détente: Sino-South Korean Relations, '78-'92)는 이같이 실리적이고 기능주의적인 관점에서 쓰여졌다. 그리고 학사논문에 불과한 이 연구를 마치기 위해 난 1년 동안 120명을 인터뷰하고, 70여 권의 서적과 30여 종의 신문 및 잡지를 참조했다.

천성적인 문과 체질인 나는 논술을 즐겼고, 논리를 풀어나감에 있어서 나름대로의 원칙 또한 가지고 있었다. 첫째, 논술은 반드시 명확한 주제를 가져야 하며, 그 주제가 끈질기게 유지되어 서론과 결론이 큰 원을 이룰 수 있도록 해야 했다. 둘째, 논술의 스타일은 칼로 자르듯 명쾌하고 정확해야 하며, 은유와 직유 등 문학적 기법은 최소화해야 했다. 셋째, 자료의 인용은 매우 중요한 부분이나, 정보의 서술적인 나열은 절대 피해야 했다. 넷째, 어렵고 지루한 일이지만 자신의 주장에 대한 반대 이론을 모두 이해하고, 이를 최대한 무력화하기 위해 노력해야 했다. 마지막으로, 논술의 결론은 본론의 요약에 그쳐서는 안 되며 반드시 미래 연구의 방향 및 과제를 제시해 줄 수 있어야 했다. 결국 논술은 끊임없는 연습을 필요로 하는 기술인 동시에, 주관적 견해와 객관적 근거를 융화하여 합리적인 논리를 이끌어내는 예술이라는 생각이다.

당시 대부분의 학자들은 한중 데탕트를 한반도의 정세 안정을 위한 정치적 돌파구로 규정하고 있었다. 또한 한국과 중국 간의 경제활동을 주시하고 있었던 소수의 논객들도 이를 한국의 기업들이 비정부적인 차원에서 전개한 편파적인 관계로 인식하고 있었다. 나는 한중 데탕트를 정치적 목적 외에도 명확한 경제적 목적을 지닌 교류로 이해했다. 그리고 이 같은 경제적 목적을 달성하기 위해 한국과 중국, 양국이 모두 적극적인 화해의 입장을 견지했으며, 관계 개선은 정부와 비정부 채널을 통해 동시에 진행되어 왔다는 주장을 폈다. 지금은 너무도 당연하게 느껴지는 논리이지만, 한중관계 개선이 정치적으로 민감한 사안이었던 당시에는 수정주의적인 입장에 불과했던 것이다.

3학년의 가을은 논문 준비와 함께 분주하게 지나갔다. 동시에 중국

정치론, 일본 정치경제, 초현실주의, 중국어 등의 과목을 수강했다. 그 중 초현실주의 강의 도중에 한국과 미국 간의 문화 차이를 느낄 수 있는 작은 사건이 있었다. 강의의 일환으로 수강생 네 명이 전위극을 연출했다. 그들은 셰익스피어의 시를 읊으며 갑자기 웃옷을 벗어젖히는 등 소란을 피워댔다. 좋은 연극이라고는 할 수 없었다. 1막이 끝나자 학생들이 박수를 치기 시작했다. 그리고 그 박수는 멈추지 않고 계속되었다. 2막의 시작을 거부하는 일종의 '그만 하라'는 시위였다. 교수가 나서서 '한 번만 기회를 주자'고 호소했지만 박수는 계속되었다. 수준 이하의 공연을 접했을 때, 관람석을 뜨는 것보다는 적극적인, 그러나 목소리를 높여 야유하는 것보다는 성숙한 비난의 방법이었다. 멋진 녀석들 아닌가.

4학년 1학기에는 미루어왔던 과학 과정을 선택할 수밖에 없었다. 내가 수학과 과학을 싫어하는 정도는 매우 심한 편이어서, 평소 과학 센터를 피해 일부러 먼 길로 돌아갈 정도였다. 그러나 졸업을 위해서는 어쩔 수 없는 일, 나는 후배의 도움을 받기로 하고 물리학을 선택했다. 후배는 3년 만에 대학을 마치고 1년 만에 석사학위를 취득했을 정도로 물리학에 관한 한 뛰어난 인재였다. 그는 바쁜 일정에도 불구하고 밤늦게까지 나를 지도해 주었으며 덕분에 나는 좋은 성적으로 과학에 대한 나의 의무를 마칠 수 있었다. 다만 내 기말 리포트를 읽고 난 후 교수는 'Where's science?'라는 평론을 달아주었다. 역사학 논문인지 물리학 리포트인지 잘 모르겠다는 의미였다. 과학에 대한 내 콤플렉스는 계속될 수밖에 없었다.

4학년 2학기에 들어서면서 내 논문은 논문위원회의 시험대에 오르게 되었다. 제출된 논문을 최우수(summa cum laudi), 우수(magna cum laudi), 준우수(cum laudi), 영예(honors), 그리고 보통(regular)

의 다섯 단계로 평가하는 과정이었다. 잘 된 논문은 영예 졸업의 영광을 누리며 등급에 따라 하버드 서고에 영구히 보관되지만, 그렇지 못한 논문은 아예 헛수고로 끝날 수도 있다. 초조했지만 최선을 다했기에 나는 조용히 결과를 기다렸다. 그러던 어느 날, 졸업반 학생들이 교수들과 조촐한 오찬을 가지는 자리가 있었다. 그 즈음에는 모임이 워낙 많으므로 나는 집에서 책을 읽으며 소일하고 있었다. 그런데 같은 과의 친구가 전화를 걸어와서는 "축하한다"라고 외치는 것이 아닌가. 오찬 석상에서는 졸업생에 대한 시상이 있었으며, 내가 동아시아학과의 최우수사회과학논문상 수상자로 결정되었던 것이다.

예상치 못한 행운은 계속되었다. 내 논문은 최우수 등급(summa cum laudi)을 취득했으며, 이어 나는 '과학과 인문 분야에 우수한 능력과 자질을 보여준 학생'에게 주어지는, 학부생으로서는 최고의 영예인 토머스 홉스 어너러블멘션(honorable mention) 수상자로 결정되었다. 나를 토머스 홉스 상의 후보자로 추천했던 엑커트(C. Eckert) 교수는 그의 평가서에 다음과 같이 기술해 주었다.

……한국어, 중국어, 영어 등 3개 국어에 걸친 자료와 정부 관료들 및 경영인들과의 광범위한 인터뷰에 기반을 둔 홍 군의 논문은 이 주제에 관한 분석 중 가장 상세하고 권위 있는 연구이다. …… 본 논문은 전체적으로, 혹은 부분적으로 당장 출판이 가능한 작품이다. 정상화 과정의 경제적 차원을 중시하는 홍 군의 관점은 매우 독창적이며, 개인적인 면담과 압도적인 자료수집을 통해 얻어진 실증은 완전히 새로운 것들이라 할 수 있겠다……. 논문 전반에 깔려 있는 역사의 강력하고 연계적인 흐름에 관한 저자의 이해는 가히 본 연구의 압권이라 하지 않을 수 없다.

나는 곧 부모님에게 전화를 통해 수상 소식을 알려드렸다. 부모님은 이미 내가 받은 상들에 대해 자세히 알고 계셨고, 또한 내가 그 상들을 수상하기를 은근히 바라셨던 터라 매우 기뻐하셨다. 며칠 후 새벽 3시, 나는 KBS 제2라디오에서 걸려온 인터뷰 전화를 받게 되었다. 엉겁결에 응하게 된 인터뷰였지만, 나의 수상에 대해 간략하게 설명해 주었다. 이튿날 수업을 마치고 돌아온 나는 평소 한두 통의 메시지밖에 남겨져 있지 않던 자동응답기에 무려 30여 통의 메시지가 기록되어 있는 것을 보고 어리둥절해야 했다. 서울에서 무슨 일이 벌어졌는지는 모르지만, 어찌 되었건 내 힘으로는 통제할 수 없는 상황이었음은 확실했다.

2막 4장   Into the Fellowship of Learned Men

지성인의 반열에 서서

龍豈池中物 乘電欲上天
용이 어찌 못 속의 물건이랴,
번개를 타고 하늘로 오르려 한다

―― 삼국지(三國志)

졸업

　언론의 반응은 상상을 초월했다. 자동응답기의 30분짜리 테이프가 한두 시간 만에 가득 찼으며, 전화는 거의 2~3분마다 한 통씩 24시간 내내 울려댔다. 언론의 힘을 경험해 본 적이 없었던 나는 이내 불안해지기 시작했다. 평생 처음 해보는 언론과의 인터뷰가 흥미로웠던 것도 잠깐, 나는 도대체 서울에서 나에 대해 어떤 기사가 게재되고 있는지, 누가 무슨 말을 하고 다니는지 알 길이 없었다. 언론의 호들갑은 금새 잠잠해질 것이니 동요할 필요없이 본임에 충실하라는 아버지의 충고가 나를 잠시 편안하게 했지만, 혼란은 계속되었다.
　결국 나의 불안은 현실로 이어지고 말았다. 나와 전화 인터뷰를 했던 H신문의 기자가 수상 소식은 사실무근이며 해프닝에 불과하다는 기사를 실었다. 내 수상 소식을 '수석 졸업'이라 표현한 일부의 기사는 분명 틀린 것이었으며, 나는 이를 모든 인터뷰에서 확인해 주었다. 다만 원한다면 전화 한 통으로 확인할 수 있는 수상 소식 혹은 내 졸업 여부를 사실무근이라고 주장하는 이유를 알 수 없었다. 조용하게 축하하고 넘어갈 수 있는 사안을 언론에 회자 되게 만든 나와 가족의 책임도 컸다. 그러나 이를 확인도 하지 않고 마치 큰 스캔들인양 보도하는 일부 기자들의 속성 또한 이해하기 힘든 부분이었다.

아들이 언론에 표출되는 상황에 대해 노심초사하시던 부모님의 분노는 하늘을 찌를 듯했다. 대학 당국에서도 취재 경쟁에 휘말린 나와 한 학생의 성적과 수상 소식을 놓고 열띤 공방을 벌이는 한국의 언론을 이상한 눈으로 바라보았다. 참으로 부끄러운 일이었다. 그러나 제자리를 찾아야 했다. 계속 걸려오는 한국 언론으로부터의 전화 인터뷰를 통해 수상 소식을 다시 한 번 정확히 정리해 준 나는 곧 전화번호를 바꾸고 평소의 일정으로 돌아가기 위해 최선의 노력을 다했다. 학과가 마무리되었음에도 불구하고 도서관에서 소일했으며, 저녁엔 홀로 거리를 돌아다니기도 했다. 나는 그렇게 평소와 다름없이 지내며 졸업을 기다렸다.

> 품위 있고 사려 깊은 기념식에……. 그날의 검정은 극적이고 명시하기 힘든 것이었다. 케임브리지는 항상 영령들로 가득하다. 그러나 그날 신성한 눈은 연도별로 공터를 지나는 동문의 행진 속에 융화된 영의 무리를 보았다. 영원으로 이어지는 길고 긴 반열에 선…….
> ― 랄프 에머슨(R. Emerson)

졸업식은 6월 8일부터 3일 동안 대대적으로 거행되었다. 케임브리지는 졸업생들과 친지, 그리고 관광객들로 가득 차 축제 분위기를 이루었고, 모든 이들의 시선에는 무언의 자긍심과 축하의 메시지가 담겨 있었다. 동문인 에머슨의 표현처럼 마침내 길고 긴 하버드인의 반열에 서게 되었으며, 그 자랑스런 역사의 일부가 되었다는 충만감이 도시 구석구석에서 느껴졌다. 하버드를 목표로 지난 8년 동안 학창시절을 보내온 나로서도 감격스러운 날들이었다. 졸업식을 위해 어머니와 작은어머니, 그리고 친구 재영과 몇몇 친지들이 와주었다. 뿐만 아니라 나의 졸업식을 촬영하기 위해 방송사와 잡지사의 기자들도 케임브리지로 모여들었다.

졸업식 기간 중 가장 중요한 행사인 학위수여식은 6월 10일 오전 7시 45분 존스턴게이트에서 출발하는 학생들의 행진으로 시작되었다. 두 시간에 걸쳐 각 대학원의 학위수여식이 끝나면 최후의 순서로 학부 학생들의 학위가 수여되었다. "여러분이 지성인의 반열에 들게 된 것을 진심으로 축하한다"는 전통적인 총장의 선언과 함께 기립해 있던 졸업생 모두는 우레와 같은 함성을 질렀다. 그간의 고난과 역경을 날려버리고 학창생활의 빛나는 추억만을 간직하게 되는 순간이었다.

한편 졸업식 당시 하버드에서는 동성연애자의 군입대 금지 조치를 놓고 찬반토론이 한창이었다. 인간의 개성 존중과 기본적 인권의 평등을 주장하는 반대파와 군대 내의 사기 저하를 이유로 조치를 지지하는 찬성파 간의 논쟁은 졸업식 당일에도 예외는 아니어서 양측은 스티커 및 완장 부착, 평화적인 시위 등을 통해 대립했다. 특히 금지 조치를 지지해온 콜린 파웰(C. Powell) 합참의장이 졸업식의 연사로 선정된 것에 대해 거부감을 느낀 학생들은 그의 연설 도중 등을 돌리고 서 있거나 '금지 철폐'의 피켓을 높이 쳐들어 의사를 표시했으며, 반대로 찬성파 학생들은 파웰의 연설에 기립 박수를 보내기도 했다.

반대파 학생들의 시위 방법 중에는 'Lift the ban(금지를 철회하라)'이라는 구호가 적힌 풍선을 들고 있는 것도 있었다. 그런데 이를 'Lift the banner(졸업생들을 위해 깃발을 높이 들자)'의 줄임말로 지레짐작한 어머니는 풍선을 양 손에 가득 쥐고 있었다. 아마도 졸업식이 끝남과 동시에 풍선을 모두 하늘로 날려보내는 낭만적인 상상을 하고 계셨으리라. 나는 식을 마치고 어머니를 만나러갔을 때 터져나오는 웃음을 참으며 물어보았다.

"그 풍선이 무엇을 의미하고 있는지 아세요?"
"졸업 축하한다는 뜻 아니니?"
"동성연애자들의 인권을 지지하는 풍선입니다."
"뭐?"

깜짝 놀란 어머니는 소중하게 들고 있던 여러 개의 풍선을 한꺼번에 놓아버리셨다. 비록 아들만큼은 진보적인 서구 교육을 받도록 허락했지만 아직은 받아들이기 힘든 사안이었던가 보다. 그리고는 체념 섞인 말투로 이렇게 말씀하셨다.

"아무리 기다려도 풍선 날리는 순서가 없더라니……."

4년을 돌아볼 여유도 없이 졸업식은 그렇게 지나갔다. 나는 졸업과 동시에 모 방송사의 초청을 받아 서울에 잠시 다녀오기로 하고, 이로 인한 준비로 동분서주했다. 그러나 방황과 성장을 거듭하면서도 언제나 제자리로 돌아올 수 있었던 축복, 그토록 간절히 원했던 목표를 성취한 희열이 나를 감사하게, 또 들뜨게 했다. 8년 간의 노력, 그 결말치곤 만족스러웠다. 나는 마침내 하버드의 '10,000 marching men', 그리고 나아가 '지성인의 반열'에 함께 서게 되었다. 그리고 그렇게 내 삶의 2막은 내려지고 있었다.

아버지

서울 시각으로 오후 2시 50분, 나는 잠에서 깨듯 회상에서 벗어나 기지개를 켠다. 두어 시간 후면 서울이다. 공항에는 아버지가 언제나 처럼 나와 계실 것이다. 그리고 사람들 눈에 띄지 않는 먼 발치에서 내가 입국하는 모습을 지켜보실 게다.

아버지. 난 그분을 떠올릴 때마다 내 삶을 나누어 살아가는 또 하나의 자아를 발견한다. 꿈과 믿음을 나누고 같은 방향으로 전진하는 나의 다른 한쪽인 것이다. 그러나 그 한쪽은 내 삶을 결정하거나, 이끌어가려 하지 않는다. 무한한 애정과 인내로 내 전진과 이탈, 그리고 또 전진을 지켜볼 뿐이다.

초등학교 5학년 크리스마스 이브의 일이다. 교회의 학생들이 신도들의 집을 돌며 밤새 찬송을 부르는 행사가 있었다. 생전 처음 해보는 밤샘에 무척이나 들떠 있던 아들을 평소에도 보호본능이 강한 아버지가 걱정하시지 않을 리 없었다. 아버지는 내가 집을 나서자 함께 가자고 하셨다. 나는 화를 내며 말했다.

"아버지가 따라오시면 나 교회 안 갈래요! 창피하단 말이에요."

아버지는 미소를 잃지 않은 표정으로 대답하셨다.

"내 볼일이 있어서 나가는데, 왜 그러냐?"

나는 아버지의 출발을 확인한 다음 교회로 달려갔다. 교회를 떠난 지 10여 분이 지났을까? 승용차 한 대가 일정한 거리를 두고 따라오는 것이었고, 그 '보호'는 오전 4시경까지 계속되었다. 나는 그 차에 아버지가 타고 계셨다는 사실을 후에 전해 듣고서야 비로소 알게 되었다. 드러나지 않는, 그러나 상상할 수 있는 최대의 희생, 그것이 아버지의 보살핌이었다.

하늘이 무너져도 가족을 배반하지 말 것이며, 가족의 반대편에 서서도 안 된다는 아버지의 가르침 또한 오늘날까지 우리 가족을 이끌어온 힘이다. 저녁식사는 인간 교육 및 지적 훈련의 시간이었으며, 온 가족은 이 시간을 통해 광범위한 대화를 나누었다. 대화를 통해 엮어지는 가족 간의 우의를 중시하시는 아버지는 출장이나 해외 촬영을 제외하고는 단 하루도 우리를 마주하지 않은 날이 없었다. 그래서 가끔은 짜증이 날 정도로 우리집에는 사생활이란 개념이 존재하지 않았으며, 다툼이 있어도 반나절을 넘긴 적이 없었다.

지금도 어머니가 여행을 가실 때면 손수 짐을 챙겨주시고 미리 모든 연락을 취해 놓으실 정도로 배려가 깊은 아버지는 우리의 시험지, 일기장, 사진, 상장 등 유치원 때부터의 기록을 빠짐없이 챙겨두셨다. 언젠가 우리 남매가 유학을 떠난 후 우리를 너무도 그리워하신 나머지 그 기록들을 꺼내 보시며 눈물짓다가 어머니에게 들키신 일도 있다고 한다.

아버지는 남성적인 스케일을 가진 분이다. 그런데 내가 대학 2학년이던 해에 미국의 내 아파트에서 잠시 머무르실 당시 아버지는 정말 불편할 정도로 자상하셨다. 학교에서 돌아와보면 아버지께서 앞치마를 두르고 집안일을 하고 계셨다. 그 모습은 평생 처음 본 낯선 아버지의 모습이었다. 나는 고마우면서도 '이러지 마시라'며 공연히 신경질을 내곤 했다. 아버지의 그런 모습이 익숙하지 않았기 때문이었다. 그래도 전혀 개의치 않으시고 며칠 동안 집안일을 해주시던 아버지는 참다 못해 벌컥 화를 내며 이렇게 말씀하셨다.

"내가 할 일 없는 사람이라서 이러고 있는 줄 아느냐? 부모 마음을 그렇게도 모르냐?"

나는 그때의 죄스러움을 아직까지 잊을 수가 없다.

배우의 길은 아버지의 선택이 아니었다. 화공학을 전공하고 유학을 준비하던 아버지는 2개월의 시한부 선고를 받으신 할머니의 치료비를 마련하기 위해 영화계에 투신하셨다. 비록 스스로 선택할 수 없었던 길이었지만, 아버지는 내가 아는 그 누구보다 품위 있고 진실한 삶을 지켜오셨다. 영화계에서 정상에 오르신 아버지, 이제 생활이 어려운 무명 배우들을 위한 영화인의 복지 증진에 여생을 바치려 하신다. 그것이 당신이 걸어온 전문가적인 길의 종착역이요, 베푸는 삶의 목적지라고 믿으시기 때문이다.

어릴 적부터 우리 집에는 선거철만 되면 아버지의 출마 혹은 협조를 원하는 정치가들의 발길이 이어졌다. 가정적으로, 사회적으로 자신의 삶을 깨끗하게 가꾸어오신 아버지에게 정치가들이 눈길을 돌리는 것은 당연했다. 그러나 아버지는 모든 유혹을 단호하게 거절하셨다. 무한한 전진을 꿈꾸는 자녀들의 미래에 혹 당신의 처신이 부정적인 영향을 끼치지 않을까 하는 염려 때문이었다고 한다. '외도'를 했다가 혹시 실수라도 해서 개인과 사회에 피해를 준다면 반드시 그 화가 후손에게 돌아오게 된다는 것이 아버지의 믿음이었다. 금배지병에 걸려 안달하는 졸부들을 볼 때마다 아버지의 삶이 위대하게 보일 뿐이다.

"아내와 자녀만을 돌보는 남자의 삶은 아버지 대에서 끝나야 한다. 너는 민족과 인류에 기여하는 참 인간으로 살아가야 한다."

코흘리개 시절부터 귀에 못이 박히도록 들어온 아버지의 가르침이다. 뜻을 품은 남자는 하루 이틀 멸시당하고 실패해도 결코 배고프거나 좌절하지 않는다는 믿음, 그리고 그 믿음의 근본은 자신과 가족만을 위한 이기심이 아니라 사회와 역사에 대한 사명감이어야 한다는 아버지의 신념을 잊을 수가 없다.

송충이는 솔잎을 먹어야 한다며 외길을 고집해 온 삶, 순수하고 원대한 꿈을 아들의 가슴에 키운 삶, 그리고 애정과 믿음으로 가정과 인간관계를 지켜온 삶, 아버지의 삶에서는 인위적으로 창조할 수 없는 향기가 우러난다. 나의 젊음으로 흉내낼 수 없는 품위와 사랑의 기운이 담겨 있다. 나는 자녀의 인생과 자신의 인생을 바꾼 아버지의 희생과 용기를 망각할 수가 없다. 내 삶이 무너지는 것은 아버지의 삶을 무너뜨리는 일이기 때문이다.

나는 아버지에게 졸업논문을 헌정했다. 생애 최초의 출판물이요, 지적 노력의 결실을 내 사회적인 자아를 세우도록 도와준 아버지에게 바치는 것은 당연한 일이었다. 그러나 논문은 작은 일부분일 뿐이다. 아버지에게 헌정할 내 삶이 아직 오래 남아 있는 까닭이다.

비행기는 사뿐하게 활주로에 착륙했다. 이제 원하는 이들에게 내 삶의 일면을 내보이고 그에 대한 칭찬과 충고를 받아들일 시간이다. 진실을 말하고 즐거운 추억으로 간직하면 그만이다. 나는 다시 한 번 내게 지혜와 용기를 달라고 기도드린다.

미국이라는 나라

160년 전 사회학자 토크빌(A. de Tocqueville)은 미국에 대해 다음과 같은 말을 남겼다.

미국은 모든 것이 쉴 틈 없이 움직이고, 모든 변화가 발전을 보이는 경이로운 땅이다. 이곳에서는 어떤 자연적인 장애도 인간의 노력을 굴복시킬 수 없는 듯하다. 그리고 그들의 눈으로 볼 때, 이뤄지지 않은 일이란 아직 시도하지 않은 일일 뿐이다.

분명 미국은 다양성과 독자성이 융합된 힘이 넘치는 곳이다. 그러나 나는 미국에 대한 환상을 가져본 적이 없다. 나의 유학은 한 인물과 한 학교에 대한 서정적인 동경에서 비롯된 것이지 미국이라는 정의하기 힘든 사회를 좇고자 한 것은 아니었다. 포츠머스의 작은 수도원에서 하버드에 이르기까지 미국은 나에게 고독하고 힘든 시험의 장소였다. 아무리 웃고 떠들어도 내 마음은 미국사회라는 물로부터 격리된 기름 같았고, 나는 영원한 이방인이었다.

나는 미국이 계급부재의 사회라는 주장을 뉴포트의 저택들을 돌아보며 부정하게 되었고, 미국이 자유국가의 양심이라는 주장의 허구성은 라피버(W. Lafeber)의 책을 보며 깨닫게 되었다. 또한 미국 전역의 빈민가, 초우트의 귀족 교육, 그리고 유색인종이 한 명도 없는 하버드 클럽의 초상화들을 보며 'American dream'의 현주소에 대해 생각해보았다. 그리고 로드니 킹, 게리 하트, 데이비드 코래시를 기억하며 미국은 그저 거대한 실수일 뿐이라는 프로이트(S. Freud)의 절규를 떠올리지 않을 수 없었다.

그러나 이 같은 치부를 보며 미국의 몰락을 점치는 일은 경솔한 행동이 아닌가. 내가 접한 미국의 학생사회는 변혁의 힘이 태동하는 곳이었다. 진보의 거센 물결은 하버드에 발을 들여놓은 순간부터 강렬하게 느낄 수 있었다. 하버드에 입학하는 학생들은 대부분 고등학교를 수석으로 졸업한 수재들이거나, 한 방면에서 특출한 역량을 지닌 천재들이다. 이런 그들이 대학에 와서 부딪히게 되는 충격은 초일류 엘리트 집단에 속하게 된 자부심이 아니라 자신만큼, 혹은 자신보다 우수한 이들이 많다는 냉정한 현실인 것이다.

그러나 이 같은 좌절에서 오는 방황은 대부분 자기 성찰과 진로 모색의 방향으로 전환되게 마련이다. 즉 이들은 '최고'라는 천편일률적인 목표를 두고 경쟁하는 무모함을 버리고, 개인적인 관심사와 재능을 발굴하기 위해 신축적인 노력을 기울인다. 모든 분야가 자신의 전문 분야인 양 얕고 편협적인 지식을 쌓느니, 실제로 전문 분야를 찾아 그 분야에서만큼은 어느 누구에게도 뒤지지 않는 일인자가 되기 위해 정진하는 것이다.

일례를 들면, 졸업논문의 가장 중요한 심사요인은 창의력이다. 오랜 시간과 노력을 들여 쓴 논문이라도 그 주제가 광범위해 이미 많은 학자들에 의해 다루어진 것이라면 제대로 읽혀지지도 않은 채 저자에게 돌려보내질 것이다. 반면 '한중 수교', '중국의 흑인사회', '유색인종의 백인 차별'과 같이 비교적 다뤄지지 않은 주제라면 더욱 보람 있고 성공적인 작업이 될 수 있을 것이다. 그 주제에 관해서는 세계적인 전문가가 될 수 있기 때문이다.

또한 각자 전문 주제를 정해 연구하고 서로 그 결과를 나누는 스터디그룹의 제도적 정착과 심지어 스스로 창작해 낸 분야를 전공으로 정할 수 있는 전공 선택의 자유도 학생들로 하여금 새로운 도전의 포부를 갖게 하는 미국 교육환경의 강점이다. 내가 경험한 하버드는 이같이 숨쉴 틈 없는 진보의 욕구와 창의적인 정신이 조화를 이루는 정력적인 곳이었다. 자신과 자신이 몸담은 집단의 환부를 직시하고 비판적인, 그러나 건설적인 자세로 해결의 묘책을 찾아내려는 젊은이들의 기상이 꿈틀거리는 곳이었다.

물론 하버드대학은 선택받은 소수의 집단일 뿐 미국사회의 축소판이 아니라는 사실을 부인하지는 않는다. 그러나 나는 소수의 엘리트가 때로는 우수한 다수보다 효율적인 진보의 힘을 발휘할 수도 있다고 생각한다. 언젠가 컬럼비아대학의 한 동양학자가 미국과 한국의 사회를 비교해 다음과 같이 정의를 내린 적이 있다.

　90%의 역량을 지닌 사람들이 한국사회의 90%를 이루고 있다면 미국은 100%의 역량을 지닌 10% 지도 계층과 50%의 역량도 채 갖지 못한 90%의 일반 계층으로 이루어져 있다.

　모두가 전문가이고 모두가 최고인 한국사회와 소수의 엘리트에 의해 이끌어지는 미국사회를 단적으로 표현한 예다. 그렇다면 이들 엘리트 집단이 미국사회를 이끌어나가는 데 있어서 반드시 해결해야 할 과제는 무엇인가?
　첫째, '아메리칸 드림(American dream)'을 재정의해야 한다. 지나친 물질주의와 개인주의는 다양한 사회적 폐단의 원인을 제공한다. 많은 미국인들이 '아메리칸 드림'을 창조와 발전의 개념으로 이해하지 못하고, 소비와 향락을 위한 노력으로 여기고 있음은 불행한 일이다. 이 같은 추세는 졸업 후의 취업 분포에서도 극명히 나타난다. 이처럼 대학 교육이 부여하는 엘리트의식과 진보정신이 사익 추구에 집중된다면, 미국의 자본주의는 희망이 없다. 극작가 유진 오닐(E. O'Nell)은 미국을 평하여 다음과 같은 말을 한 적이 있다.

　아메리칸 드림이란 무엇인가. 대부분의 경우 고작 물질적인 풍족을 향한 꿈이 아니던가. 바로 이런 이유 때문에 나는 때로 미국이 이 세계가 목격할 수 있는 가장 거대한 실패라고 생각한다.

미국사회를 칭송한 바 있는 토크빌도 미국의 가장 큰 취약점은 개인의 경제적인 이해가 국가적인, 공적인 이해보다 훨씬 강한 사회적 분위기라고 지적하지 않았던가. '나' 이전에 '우리'를 생각하는 사고, 이는 미국사회에 절실하게 필요한 요소가 아닐 수 없다.

둘째, 미국의 힘을 균형 있게 활용해야 한다. 급변하는 국제정세 속에서 국가의 이익과 책임을 균형 있게 조정하는 일은 탈냉전시대 미국의 엘리트들이 해결해야 할 가장 중요한 의무이다. 트루먼독트린 이후 마치 세계의 경찰인양 근육을 자랑해온 미국이 이제는 스스로의 힘과 위치를 냉정히 파악하고, 균형 잡힌 지도자의 길을 걸어야 할 것이다. 특히 잦은 국제분쟁 간섭은 국민들에게 일종의 전쟁 무관심 증세를 유발함으로써, 보스니아-헤르체고비나의 인종말살정책 같은 비인도적 사건 앞에서는 오히려 머뭇거리게 하는 부작용을 초래하고 있는 것이다.

어느 국가, 어느 단체나 내실을 기한 뒤에 외부적 책임을 이행해야 한다. 과도기적 국제정세 속에서 주관 없는 힘의 행사는 도리어 세계평화를 위협하고 더 많은 분쟁을 유발시키는 역효과를 가져올 수 있기 때문이다. 셰익스피어(W. Shakespeare)는 거인의 힘을 거인처럼 사용하는 것은 비극적인 일이라고 했다. 힘과 책임의 균형이야말로 미국의 엘리트들이 가장 고민해야 하는 역학관계가 아닐 수 없다.

미국은 내게 많은 것을 베풀어주었다. 반면 나는 미국에 돌려줄 것이 없다. 그러나 세계의 우수한 젊은이들이 미국에서 교육을 받고 고국으로 돌아갔을 때 사회 전반에 형성할 수 있는 간접적인 영향력을 고려한다면 미국은 계속해서 두 팔을 들고 우리를 환영해야 할 것이다. 다만 미국사회는 결국 미국인 스스로 복구해야 하는 것이고, 그 복구 작업에 앞장서야 하는 이들은 진보의 정신으로 무장한 미국의 엘리트들이어야 한다.

미국 독립전쟁 당시 영국의 장군이던 차탐 공작은 '미국은 정복할 수 없다'고 애통해 했다. 물론 미국은 정복하기 힘든 나라이다. 그것은 타국인에게만 통용되는 말이 아니라 미국인 스스로에게도 적용되는 말이다. 미국인 스스로 미국을 정의하고 평가하고 선도해야 한다. 미국인 스스로 미국을 정복해야 한다.

세계의 시민으로

서울에서 가진 모 방송사와의 인터뷰를 계기로 나는 한국과 미국의 교육을 비교해 볼 기회를 가졌다. 물론 두 나라의 교육 이념과 제도를 비교하는 것은 복잡한 일이다. 그러나 핵심적인 차이는 우리 교육이 현시점의 우열 평가에 치중한다면, 미국의 교육은 미래의 가능성을 점쳐 기대와 책임감을 불어넣어 주는 교육이라는 점이 아닐까 싶다.

영어도 제대로 못 하던 나를 명문 사립 고등학교에서 받아준 것은 나의 가능성을 추측하고 그 장래에 투자하려는 학교의 믿음과 용기가 없고서는 불가능한 일이었다. 토머스 홉스 상의 수상 통지서에 '이 상은 당신의 실력보다도 당신의 가능성에 무한한 기대를 갖고 있는 학교의 배려'라는 구절이 있었던 것도 같은 의미를 갖고 있다.

에리히 프롬(E. Fromm)은 교육의 목적을 '젊은이로 하여금 그의 가능성을 깨닫게 하는 것'이라고 정의했다. 현재의 노력과 성과도 물론 중요하다. 그러나 더욱 중요한 것은 미래의 가능성으로서, 그 학생으로 하여금 끊임없이 진보해야 할 사회적 의무를 지니고 있다는 사실을 스스로 깨닫게 하는 일일 것이다. 이 같은 접근이야말로 우리 교육을 더 발전시키고, 수많은 '수재'와 '천재'들이 도중하차하는 불행을 막는 길이 아닐까 하는 생각을 해본다.

나는 무엇을 배우고 무엇을 깨달았는가? 완전한 세계인이 되기 위해 무엇을 더 배우고 경험해야 하는가? 플라톤에서 듀이까지, 지브란에서 브르통까지, 그리고 리빠이(李白)에서 루쉰(魯迅)까지 많은 책을 읽었다. 전공은 사회과학이었지만 오히려 유파에 상관없이 독파한 철학과 문학 서적들이 나의 관점에 더 영구적인 영향을 미쳤다. 그러나 배움의 세계란 얼마나 광대한가. 석학들의 글을 읽을 때 느껴지는 나의 왜소함, 그 방대한 지식에 대한 경외가 때로는 나를 감동시키고 서글프게도 한다.

8년이라는 세월이 흘렀음에도 처음 미국에 들고 왔던 윤동주의 시집이 더 감동적인 이유는 무엇일까? 다양한 철학을 접했으면서도 어릴 적 어머니께서 읽어주시던 성경이 가장 따스하게 느껴지는 것은 왜일까? 결코 통달할 수 없을 듯이 배우고, 잃음을 두려워하듯 간직하라는 공자(孔子)의 가르침, 끊임없이 배우다 보면 언젠가 그 답을 찾을 수 있을까?

헤세(H. Hesse)는 두 문화가 맞부딪치는 곳에 진정한 고난이 존재한다고 말했다. 문화의 경계에서 스스로의 자아를 발견하여 지키는 것처럼 힘든 일은 없다는 뜻이리라. 나는 헤세의 고난을 겪지 않았다. 두 문화의 접점에서 나의 존재를 설정해야 할 필요가 없었기 때문이다. 나는 이방인, 미국 문화의 관찰자였을 뿐이다. 문화적인 소외감도, 소속감도 느낄 필요가 없었으며, 모든 사고와 행위는 성장을 위한 경험이었을 뿐이다.

고등학교 졸업반 시절 테레사가 건네준 장문의 편지에 이런 구절이 있었다.

초우트에 대해 아무런 감정이 없다는 네 발언, 만약 이곳이 네게 제공한 배움에 네가 감사하지 않는다면 그것은 매우 슬픈 일이야. 단지 하버드에 입학하는 것과 성공적인 미래를 위해 이곳을 활용해 왔다면 그것 또한 정말 무서운 일이야. 나는 네가 그런 비인간적인 사람이 아니길 바라. 그리고 나는 아닐 것이라 믿어.

나는 미국 교육의 모든 것을 철저하게 활용했다. 내 자신의 지적 성숙을 위해, 그리고 내 세계관의 창조를 위해 미국이 제공하는 어느 것 하나도 놓치지 않으려 애썼다. 교수들의 지식과 지혜를 빼앗으려 발버둥쳤으며, 더 이상 배울 것이 없다고 생각되면 어떤 사상이라도 망설이지 않고 던져버렸다. 배움과 경험에 대한 강렬한 집착은 나로 하여금 감상을 배제할 수 있도록 했고, 경험이라는 미명으로 모든 것을 실행할 수 있도록 했다.

나는 나의 목적을 이뤘다. 하버드의 꿈을 이뤘으며, 세계의 지성 속에서 두각을 나타내는 포부도 이뤘으며, 미국의 엘리트 계층과 상류사회에 동양인으로서 당당히 참여해 보고 싶은 야심도 이뤘다. 중국 친구들과 점심을 먹고, 미국인들과 강의를 들었으며, 일본인들과 술을 마셨다. 우리에게 주어진 세계가 얼마나 작은지를 피부로 느끼며, 그러나 우리가 이뤄야 할 세계가 얼마나 힘든 것인지도 절감하며 더 큰 인간이 되기 위해 정진했다.

하지만 그렇게 8년이 지난 후에도 나는 미국 엘리트 문화의 정수를 섭렵한 이방인에 불과했다. 내가 미국을 사랑했다면 그것은 그들이 세계의 시민들이었기 때문이다. 내가 미국에서 훌륭한 교육을 받았기에, 그들이 나의 실력과 가능성을 인정해 주었기에 이곳을, 또 그들을 사랑하지는 않았다. 물론 나 역시 미국과 미국인들에게 베푼 것은 없었다. 다만 내가 이곳을 철저히 활용했듯, 그들도 나를 필요로 하는 날이 반드시 올 것이라고 믿을 뿐이다.

나는 한국의 시민도, 미국의 시민도 아닌 '세계의 시민'이고 싶다. 돈이나 입신의 문제보다는 국경을 초월한 정의와 자유, 인권에 대해 고민하고 싶고, 진보의 이념을 신봉하고 싶다. 세계의 지성들과 대화하고, 세계의 젊은이들과 함께 일하고, 세계의 어린이들을 사랑하는 무한한 인간이고 싶다. 그러나 불가피한 한계에 의해 선택을 강요받게 될 때 내 마음이 한반도에 머물 것임은 말할 나위 없다.

8년 간 나는 혼자였고, 그리고 함께였다. 홀로 고뇌하고 공부하고 깨달아왔지만, 주위의 애정과 기대로 나의 삶을 지켜왔다. 부모님에 대한 나의 감정은 자식 된 수준을 훨씬 초월하는 것이었다. 그것은 스승에 대한 존경과 친구에 대한 믿음, 연인에 대한 애정, 지지자에 대한 진솔함, 비평가에 대한 초조함과 후원자에 대한 부담감을 모두 포함한 것이었다.

아버지는 아들을 역사 속의 남성으로 키우고 싶어하셨다. 어머니는 아들을 참 인간으로 키우고 싶어하셨다. 두 분의 논의는 그칠 줄을 모른다. 그러나 모두 당신의 자녀에게 삶을 헌신하셨다. 당신의 명예와 부를 쏟으셨고, 양심과 희망을 거셨고, 목숨보다 소중한 꿈을 안겨주셨다. 당신께서 아들의 생에 혹 걸림돌이라도 될까 염려하셨다. 그리고 당신의 선(善)과 덕(德)이 아들의 삶에 보탬이 될 것이라는 확신을 갖고 이 날까지 정도(正道)를 걸어오셨다.

성아 누나와 나리, 때로는 질투도 하지만 최후의 순간에는 나를 위해 모든 것을 희생하면서 살아왔다. 아름답고, 우수하고, 남자로 태어난 나보다 더 큰일을 해낼 수 있는 두 사람, 언젠가는 그럴 재목들이지만 나를 위해 자신들의 가지를 거두고 있다. 그 점은 나의 첫 출국 직후 누나가 쓴 편지에도 여실히 나타나 있다.

넌 우리 집의 기둥이야. 정 많고 사랑이 많지만 냉철한 결단력과 분명한 사고력을 가진 너를 모두가 믿고 있다는 것을 명심해. 항상 주님이 보호해 주시고 가족들은 뒤에서 너에 대한 기대와 사랑을 갖고 있다는 것을 잊지 말기 바란다. 욱아! 우리 셋, 나리, 나, 너는 무엇을 할 때마다 부모님의 노고를 언제나 잊지 말자. 우리들 하나하나를 보낼 때의 아빠, 엄마의 기대의 눈물을 결코 져버려서는 안 된다는 걸 너도 알겠지? 우리 모두가 각자의 길을 걸어 흩어져 살게 되어도 마음과 생각만은 하나가 되어 우리의 성공을 학수고대하시는 아빠, 엄마를 위해 열심히, 열심히 살 것을 우리 셋이서 맹세하자.

어린 시절 축구공 한 번 제대로 차지 못하던 나를 떠올리며 내가 초우트의 축구부 주장이 되었다는 사실을 믿으려 하지 않던 나리, 어린 애인 줄로만 알았던 나리의 깊은 애정 또한 나를 숙연하게 했다.

오빠에겐 내가 아무런 의미도 없는, 그저 밤에 문 열어주고 자신을 오빠라고 부르는 한 아이일지 모르지만, 나에게 있어 오빠는 엄마, 아빠 그 이상으로 사랑과 도움과 기도를 주고 싶은 그런 사람이야.

또한 내 삶을 스치고 지나간 친구들, 그리고 내 곁을 지켜준 벗들, 그들의 기대와 사랑, 그리고 아픔과 실망을 잊지 못한다.

> 오랜, 오랜 세월이 흐른 후, 한 그루 참나무에
> 나는 화살을 찾았네, 아직 꺾이지 않은 채로
> 그리고 노래도, 처음부터 끝까지
> 친구의 가슴속에 살아 있음을 알게 되었네.
>
> ― 헨리 롱펠로(H. Longfellow)

어릴 적 쏘아올린 화살을 친구의 가슴에서 찾아내듯, 나의 동심을 기억하는 벗들이 돌아와준다면 다시는 실의와 무관심의 안타까움을 느끼게 하지 않으리라. 언제 어디서 어떻게 그 빚을 갚게 될런지 알 수 없지만 그들이 나의 삶을 지켜주듯 내가 그들의 삶을 붙잡아줄 수만 있다면 더 이상 바랄 것은 없을 게다. 그리고 나의 내일을 믿어주는 용기로 내 삶을 키워준 많은 사람들, 오래 살아갈수록 더 아름다워진다는 프랭크 로이드 라이트(F. Wright)의 삶은 아마도 고마운 사람들을 계속 만날 수 있었기 때문이 아닌지.

사람들은 나의 삶과 꿈을 믿어주었고, 내가 미완성의 지성으로 머무르지만은 않을 것이라고 확신해 주었다. 이제 나는 이들에게 보답하기 위해서라도 끊임없이 꿈을 꾼다. 이들의 믿음은 미완성인 오늘에 대한 것이 아니라 젊은 나의 무한한 꿈에 대한 것임을 안다.

나는 이들에게 보답하기 위해서라도 끊임없이 진보한다. 설사 삶이 힘들고 때로 좌절을 경험할지라도 무릎 꿇어서는 안 될 것이다. 진보하지 않는 모든 것은 퇴보한다는 기번(E. Gibbon)의 명제를 가슴에 새기고 결코 제자리에 머무르지 않으려 한다.

나는 이들에게 보답하기 위해서라도 끊임없이 베풀려 한다. '무릇 많이 받은 자에게는 많이 찾을 것이요, 많이 맡은 자에게는 많이 달라 할 것이니라'는 성경의 말씀을 잊지 않으며, 평생 갚아도 다 갚을 수 없는 이들의 사랑과 믿음을 나의 동료와 후배, 그리고 후손에게 돌려주려 한다. 이들의 기대가 나를 통하여 세상에 전파될 수 있도록, 그리하여 협력의 역사를 세우는 데 일조할 수 있도록.

Ad Infinitum*

아집과 독선에 맞서 일어서는 용기를 갖게 하소서.
진실만을 보고 진실만을 지키는 젊음이게 하소서.
부모에게 긍지를, 동료에게 믿음을, 후손에게 꿈을 주는
진보의 인간이게 하소서.

죽음을 두려워하지 않고 생명을 두려워하는 저희이게 하소서.
새로운 희망과 협력의 역사, 이 땅에 번성하게 하소서.
그리하여 저희가 하늘 아래 우뚝 서
당당히 당신의 심판을 맞이하게 하소서.

| *라틴어로 '영원으로'란 뜻.

하늘의 명과 인간의 명을 헤아리는 지혜를 주소서.
삶과 삶이 지닌 모든 것을 사랑하게 하소서.
멈추지 않는 삶이게 하소서.
제 뜻이 당신의 택함 속에 있게 하소서.

멀리 다운타운의 야경이 항구의 선박들과 묘한 조화를 이룬다. 매사추세츠가(街)를 타고 잔잔히 뻗어내린 크림슨 빛 건물들, 고집센 얼굴의 케임브리지, 그리고 오아시스처럼 솟아 있는 하버드 스퀘어, 빌리 홀리데이의 영혼의 목소리를 배경으로 'Fiat Lux(빛이 있으라)'라고 외칠 때의 신(神)처럼 단호하고 위엄 있는 대학의 무게, 그리고 비를 피해 뛰어가는 학생들의 자유로움이 하버드의 풍경을 완성시킨다.

가을비를 뒤집어쓴 보스턴은 브라사이(Brassai)의 카메라로 바라본 파리만큼이나 아름답다. 버번에 흠뻑 젖은 뉴욕이나 온통 주홍빛의 샌프란시스코와는 다른……. 이곳에는 여유와 지성의 미(美), 무엇보다도 격조가 있다. 테라스에 서서 마지막으로 둘러보는 도시, 그대로 남겨두고 떠나기에는 아깝다는 생각이 든다.

연극 막간의 설렘과 초조함으로 쓴 글이다. 자신을 만족시키기 위해 쓰여진 글은 아무런 의미가 없다고 파스칼(B. Pascal)은 말했다. 두툼한 원고 뭉치를 내려다보는 내 마음이 편치 못한 것을 보니 아무런 가치가 없는 글은 아닌가 보다.

인편에 어머니의 편지를 받았다. "글에는 단순한 문자가 아니라 혼(魂)이 있어야 살아 숨쉬는 책이 된다. 나 스스로가 우주여야 한다." 현명하신 어머니, 당신의 기대에 못 미치는 이 글을 읽으시며 또 얼마나 가슴 졸이실지. 나의 장래에 관해 나보다도 더 열심히 고민하는 아버지, 이 책을 읽을 시간조차 없으실까 걱정된다. 두 분의 희생 위에 이렇게 서 있으면서 아직도 심려를 끼쳐드려야 하는 나의 모자람을 꾸짖고 또 꾸짖는다.

나에게는 꿈이 있었다. 꼬리가 되지 않고 머리가 되고 싶은 꿈이었다. 남과 다르고 남보다 우수하고 싶은 꿈이었다. 케네디를 좇아 가시적인 완벽함을 추구하려는 꿈이었다. 그 꿈을 붙잡고 이렇게 달려왔다. 달려온 길을 돌아볼 틈도 없이, 후회나 미련을 느껴볼 여유도 없이 오늘을 살아왔다. 미래를 사랑하는 마음은 현재 최선을 다하는 마음이라는 카뮈(A. Camus)의 충고를 십계명처럼 여기고 나의 삶을 사랑해 왔다.

이제 나는 새로운 꿈을 꾼다. 그것은 사람 위에 서고 싶은 꿈이 아니다. 사람과 함께 사람을 위해 사람의 역사를 이룩하고 픈 꿈이다. 그 꿈은 제2의 누구가 되고 싶은 꿈이 아니다. 나의 삶을 사랑하고 내게 주어진 삶과 역사에 대한 독특한 의무를 이행하곤픈 꿈이다. 그 꿈은 무엇이 되느냐보다는 무엇을 하느냐, 그리고 어떻게 하느냐를 고민하는 꿈이다. 결과의 꿈이 아닌, 과정을 소중히 여기는 꿈, 가시적인 완벽이 아닌, 내면의 완벽을 추구하는 꿈인 것이다.

가슴으로는 우주를 품고 눈으로는 더 나은 내일을 바라보지만, 나의 발은 이 땅 위에, 손은 내 동료의 어깨에 놓여 있다. 오늘 밤엔 만나지 못한 모든 이들과 정겹게 대화하며 우정을 나누고 싶다. 그러나 내일 아침엔 타오르는 욕망을 안고 삶과 역사, 조국과 세계에 대한 나의 의무를 다하려 한다. 내가 받은 축복을 동족의 삶을 밝히는 데 얼마나 풍족하게 사용했느냐에 의해 역사는 나를 평가할 것이라는 로버트 케네디(R. Kennedy)의 날카로운 지적이 나의 양심을 밝히고…….

내 노력의 몇십 배를 돌려받으며 살아올 수 있었던 축복, 이제 그 축복을 다시 몇십 배로 세상에 돌려줘야 할 책임이 나에게는 있다. Sic itur ad astra, 젊은 나의 의무를 다함으로써 역사 속의 영생을 얻고 싶은 나의 포부, 그런 나에게는 세계의 시민이고 싶었던 소크라테스(Socrates)의 소망과, 설 곳을 주면 세상을 움직여 보이겠다던 아르키메데스(Archimedes)의 야망마저도 왜소하게 느껴질 뿐이다.

꿈은 생명보다 소중하다. 생명을 잃음은 육체의 죽음이지만 꿈을 잃음은 내 영혼의 죽음을 의미하기 때문이다. 삶은 꿈의 아름다움을 믿고 내일을 향해 질주하는 자의 것이다.

'작은 점들이 합쳐 선이 된다. 삶이라는 선은 어떤 극한 상황이나 환희의 순간도 모두 점으로 포용하는 것. 어려움도 기쁨도 다 원시안적이고 포괄적인 차원에서 수용할 수 있어야 한다' 는 어머님의 지혜가 가슴에 파고든다.

삶의 여로에서 이제까지 택해온 길, 그리고 앞으로 택할 길, 그 선택에 의해 짜여져왔고, 그리고 짜여질 삶의 틀. 변하지 않는 유일한 것은 삶의 밑바닥을 가로지르는 굵은 포부이다. 작게는 사랑받는 인간이기 위한, 크게는 죽지 않는 신의 아들이고 싶은 꿈, 생명의 위대함의 대명사가 되고픈 그 뜻을 잃지 않으며 진보해 나갈 것이다. 어제를 보았고, 오늘을 사랑하기에 내일 또한 두렵지 않다는 윌리엄 화이트(W. White)의 용기를 잊지 않으며.

8년 하고도 더 긴 세월, 나를 지켜주신 하나님과 나를 사랑해 준 이들. 이제 나는 더욱 성숙하고 더욱 강인한 모습으로 이 땅을 떠난다. 중국 대륙, 그리고 내 조국 대한민국. 그곳에 내일이 어떤 모습으로 나를 기다리고 있을지 알 수 없지만 삶의 순간순간을 살아 숨쉬며 멈추지 않고 전진할 것이다.

So help me God.

모든 일에는 어찌 그리 합당한 이유와 목적이 있는 것인지 아, 삶의 구석구석이 경이롭지 않을 수 없다.

1_ 졸업반 시절 하버드 야드(Harvard Yard)에서.
2_ 하버드 3학년 말, 나는 논문 준비에 여념이 없었다.
3_ 내 졸업논문에 관한 강연을 하고 있다. 내 논문의 제목은 〈신기능주의적 관계 : 한·중 외교 데탕트, 1978~1992〉였다.

4_ 하버드 신입생 시절 기숙사 친구들과 함께.
5_ 하버드 3학년 여름, 나는 논문에 관한 자료를 찾기 위해 중국 북경을 방문했다.

6

7

8

6_ 〈설악데일리(The Sorak Daily)〉에 근무하던 시절 동료 기자들과 함께.
7_ 비즈니스코리아(Business Korea)에 근무하던 시절 남북대화 취재현장에서.
8_ American Enterprise Institute(AEI)에 근무할 때 상임 연구원과 함께.

9_ 케네디(J. F. Kennedy)는 내 청년 시절 삶의 지표가 되어주었다.

10

11

12

10 _ 하버드대학교를 졸업하면서.
11 _ 졸업식에 참석하신 어머니와 함께.
12 _ 하버드에서 가깝게 지냈던 유일한 한국인 친구와 함께.

13

14

13_ 1993년 모처럼 온 가족이 모여 함께 휴가를 보냈다.
14_ 서울에서 온 가족이 모일 수 있는 경우는 매우 드물었다.

그 후 | **검증의 삶으로**

그 후　　　　　　　　　　　　　　　　　　　　　Dum spiro spero

검증의 삶으로

《7막7장》을 펴낸 것은 1993년의 일이다. 발간의 명분에 대해 깊이 고민했던 나는 책이 나온 후에도 절판에 대해 강한 유혹을 느껴야 했다. 케임브리지를 떠난 이후의 1년은 몹시 혼란스러운 시간이었다. 유명인의 자녀가 하버드대학을 우수한 성적으로 졸업했으며, 그가 쓴 수기가 100만 부 이상 팔렸다는 사실은 많은 사람들의 관심을 끌기에 충분했다. 그러나 아버지가 유명인이었어도 그 세계로부터 철저히 격리된 삶을 살아온 우리 가족과 나는 언론과 여론의 속성에 대한 기본 상식조차 갖추고 있지 않았다. 자신의 삶을 기록한 책을 발간하고도, 자신의 초상으로 표지를 장식하고도, 사생활이 유지되기를 원했다는 발상 자체가 참으로 어리석은 것이었다.

나를 몰라보는 사람은 없었다. 유명해지고자 하는 욕구가 없었던 내게는 고달픈 시간이었다. 과장된 포장이 오해를 낳으면서 나도, 나의 가족도 함께 힘들어했고, 전개되는 상황에 대해 안타까워할 수밖에 없었다. 나는 젊은 나이에 언론의 힘과 속성을 체험했으며, 나의 감성은 비정상적인 속도로 성숙해 갔다. 거침없이 살아가는 삶의 모습에 신중함이 더해졌고, 있는 그대로를 말하기보다는 듣는 사람의 입장을 생각하며 표현하게 되었다. 동시에 객관적인 시선으로 바라보아 온 언론에 대해 강한 도전의식이 싹트기 시작했다. 언론을 이끌겠다는 과욕은 없었다. 다만 다시는 언론에 끌려 다니지 않겠다는 결심만큼은 확고했다.

더욱 안타까운 점은 《7막7장》을 받아들이는 일부의 시각이었다. 《7막7장》은 당시로서는 특이하다고 볼 수 있는 젊음의 한 유형을 소개하려는 시도였다. 그리고 다양한 삶의 형태 중에서 취할 것은 취하고 버릴 것은 버리는 선택의 지혜, 그것이 내가 독자들에게 기대한 바였다. 다른 환경의 삶을 이해하려 하기보다는 격하하려는 시각이 폐쇄적이고 소모적으로 느껴졌다. 반면 내 경험을 여과 없이 받아들여 충동적인 유학의 길에 올라선 이들 역시 나를 당황하게 했다.

그러던 중, 나는 모교인 초우트의 입학담당자로부터 그리 반갑지 않은 소식을 듣게 되었다. 1993년 이후 초우트에 지망하는 한국 학생의 수가 10배가량 증가했으며 다수의 학생들이 《7막7장》을 유학의 동기로 지목했다는 말이었다. 유학은 큰 결정이다. 정신적·물질적으로 어려운 결단이며, 큰 희생을 감수해야 하는 과정이다. 의지와 목표 없이 유학을 떠나는 이들은 붙잡아야 하고, 굳은 신념이 있는데도 환경과 조건의 미비로 인해 유학을 떠나지 못하는 이들은 도와야 한다. 《7막7장》은 그 역할을 수행하기에는 역부족이었다. 1997년, 결국 나는 책을 절판하게 되었다.

지금 《7막7장》을 다시 펴내는 것은 그 부족한 부분을 채웠기 때문은 아니다. 나의 경험을 다시 각색할 수는 없는 일이며, 더 자세한 유학정보를 제공하는 일은 나의 몫이 아니다. 다만 이제 조기유학은 자주 접할 수 있는 삶의 유형이 되었으며, 환경과 조건을 극복하고 연수 혹은 유학을 떠날 수 있는 길 또한 열리게 되었다. 그러나 복간의 가장 중요한 이유는 폐쇄적인 시각이나 맹목적인 환상으로 《7막7장》을 대한 독자들은 소수에 불과했다는 점을 믿기 때문이다. 나의 경험을 삶의 한 유형으로 받아들이고, 취할 것은 취하며 버릴 것은 버리는 독자들이 대다수인데도 내 글을 감추고 또 감추는 모습 역시 교만의 일종이라는 생각이 들었기 때문이다.

10년의 세월 동안 나는 많은 변화를 겪었다. 《7막7장》을 몇 년 만에 다시 읽어보며 때로는 놀라고, 때로는 부끄러워지는 내 자신의 모습이 이를 대변한다. 어찌 보면 '왜 이런 얘기까지 썼던가……' 하는 생각에 몸둘 바를 모르겠지만, 아직까지 당시와 같은 꿈을 지니고 전진의 속도를 늦추지 않고 있는 자신의 모습이 다행스럽게 여겨지기도 한다. 다만 추상적이었던 꿈의 형체가 서서히 보이기 시작하고, 꿈에 도달하는 과정을 어렴풋이나마 예측할 수 있음은 시간의 흐름 속에서 교육과 경험이 내게 준 작은 선물이리라.

한국과 중국, 그리고 미국에서 최고의 대학이라 불리는 교육기관을 거쳤고, 학창시절에는 학력에 대한 자긍심도 강했던 나이지만 학벌을 중요하게 생각해 본 적은 없다. 상대가 하버드대학 출신이라고 해서 유달리 가깝게 여겨지지도 않고, 이름 없는 대학 출신이라고 해서 멀게 느껴지지도 않는다. 아마도 학력은 사회라는 전장(戰場)에 뛰어들기 위해 준비하는 소품의 하나일 뿐, 전투의 승패를 결정짓는 데에는 큰 영향을 미치지 못한다는 사실을 뼈저리게 인지하고 있기 때문일 것이다.

나는 이 책의 독자들이 학력지상주의에 사로잡히기를 원치 않는다. 내가 걸어온 길이 삶이라는 질문의 모범답안이라고 생각지도 않으며, 나와 같은 길을 밟으라고 권하고 싶은 마음도 없다. 다만 내 작은 이야기가 이상과 현실 사이에서 끊임없이 방황하는 이들의 일상에 신선한 자극을 줄 수 있다면, 그리고 꿈과 노력의 중요성에 대해 잠시 생각해 볼 수 있는 동기가 된다면 그보다 보람 있는 일은 없을 것 같다.

많은 이들이 꿈을 품고 살아가지만 이를 이루기 위해서는 현실의 벽을 얕잡아볼 수 있는 용기와 여유가 필요하다. 올라갈수록 좁아지는 문, 그러나 누군가는 반드시 들어가게 되어 있다. 혹자는 우뚝 선 한 사람의 그림자에는 주저앉은 많은 이들의 안타까움이 서려 있다고 얘기한다. 반대로 현실의 벽 앞에 꿇어앉은 많은 이들 곁에는 벽을 타고 오르는 이들, 그리고 벽을 넘어선 이들이 반드시 있게 마련이다. 벽을 오르는, 그리고 벽을 넘어선 이들이 되기 위해서 우리는 끊임없이 진보의 원동력을 찾아야 하고, 만일 이 책이 그 힘의 작은 원천이 될 수 있다면 그것으로 족할 뿐이다.

* * *

하버드 졸업 이후 서울에서 혼란스러운 몇 개월을 보낸 나는 예정대로 대학원에 진학하기 위해 북경으로 향했다. 중국은 내게 경외의 대상이었다. 한없이 깊고 넓은 문화의 범주, 이념과 실용적 사고의 철저한 융합, 전무후무한 정치경제체계, 그리고 가난한 국민 개개인의 가슴에 자리한 무한한 자긍심……. 세계 각지를 돌아다녀보았지만 한 국가의 가능성에 대해 두려움과 질투를 동시에 느낄 수 있었던 곳은 중국이 처음이었다. 한반도를 둘러싼 국제 정세를 이해하기 위해서는 미국에 이어 중국에 대한 고찰이 절대적으로 필요하다는 믿음 역시 확고했다. 더불어 중국에 한두 번만 다녀오면 모두 전문가가 되어버리는 많은 이들, 그들의 편견과 선입견을 접할 때마다 나는 한·중 관계의 미래가 불안하기만 했다. 내가 미국이라는 한 국가의 사회와 문화를 상당 부분 이해할 수 있기까지 대략 8년여의 시간과 노력이 소요되었다. 나는 더욱 다각적으로 중국을 이해하고 싶었고, 체험을 통해 중국인의 삶을 느껴보고 싶었다.

학력에 대한 자존심과 긍지가 강했던 나에게 자타가 인정하는 중국 최고의 명문 대학인 북경대 이외의 선택은 없었다. 그러나 단순한 연구생이 아니라 국제정치학 대학원의 정식 학생이 되기 위해서는 입시의 관문을 거쳐야 했다. 내 중국어 실력은 초보 수준에 불과했으나, 이미 영어 정복에 도전했던 경험이 있었기 때문에 두렵지는 않았다. 배우고, 연습하고, 그래도 힘들면 통째로 외어버리면 그만이었다. 나는 그런 방식으로 3개월 간 입시준비를 했고, 운 좋게도 사사카와 장학금을 받으며 4명의 합격자들 속에 포함될 수 있었다. 준비의 과정이 상대적으로 짧았기 때문에 합격의 기쁨 역시 그리 크지는 않았다. 다만 8개월가량의 혼돈을 겪은 후에 돌아온 학교의 품이 포근하게 느껴졌을 뿐이다.

대학원에 합격한 후 나는 자전거를 타고 북경대학의 곳곳을 누볐다. 비록 낙후된 시설과 허름한 교정이었지만, 중국 지식 사회의 심장부인 북경대에서 맞이한 봄은 찬란했다. 개방과 변혁의 소용돌이 속에서 영어와 실용적인 학문 탐구에 몰두하고 있는 중국의 수재들이 아름답게 여겨졌고, 자본주의를 지향하지만 경외하지는 않는 그들의 기능주의적인 시각이 놀라웠다. 서울에서 1년 간 지내는 동안 바라본 한국의 대학생들과도 큰 차이가 있었다. 여덟을 가졌으면서도 열을 가진 것으로 행세하는 많은 한국인들에 비해 열을 가지고도 여덟만을 내보이는 중국 젊은이들의 저력과 겸손이 무섭게 느껴졌다. 무엇보다도 삶에 대한 구체적인 계획, 그리고 이를 달성하기 위한 치열한 의지가 나를 전율케 했다. 방향에 대한 정확한 감각은 물론, 방법에 대한 치밀한 고뇌의 정신마저 갖춘 청년들이었던 것이다. 그들은 한 번 붙어볼 만한 멋진 적수였고, 함께 세상을 꾸려갈 수 있는 든든한 동반자였다.

중국은 기나긴 어둠을 멸하고 새벽을 맞이하려는 의지를 가진 곳이었다. 더 이상 고요하지 않은 대륙과 대양……. 당시 중국에 머무르던 이들이 공통적으로 절감할 수 있었던 점은 사회 전반에 깔려 있는 성장의 기운이었다. 찬란한 아침을 예고하는 검푸른 새벽의 위용, 위대한 역사의 도래를 알리는 무언의 중압감이 중국을 바라보는 모든 세계인들의 가슴을 짓누르고 있었다. 거역할 수 없는 역사의 대세는 동북아 정세, 아니 세계 정세의 개편을 확실히 예고하고 있었으며, 그럼에도 불구하고 무관심한 자세로 생업에만 열중하고 있는 중국인들의 모습은 오히려 보는 이들로 하여금 공포감마저 느끼게 했다. 역사적으로 정치, 안보, 문화의 측면에서 우리에게 막대한 영향력을 행사해온 중국이 이제 경제 부문에서마저 절대적인 위치를 탈환해 가고 있었던 것이다. 미국은 물론, 중국을 모르는 이가 한국의 정부, 사회 혹은 기업을 이끌어서는 안 될 것이라는 나의 판단은 곧 확고한 신념이 되어버렸다.

그러나 중국, 특히 북경대학에서의 생활은 내 예상에서 크게 빗나간 것이었다. 중국 이해의 선봉에 서겠다는 내 선구자적인 자긍심은 북경대학에 도착하는 순간 산산이 부서져버렸다. 그곳에는 이미 수많은 한국 유학생들이 재학 중이었으며, 학생들의 부류 또한 매우 다양했다. 더욱이 한국 출신의 학생들을 비롯한 모든 유학생들은 중국 학생들로부터 격리된 채 유학생 기숙사에 '수용'되어 있었다. 아울러 유학생 기숙사는 그 절대 다수가 한국인과 일본인으로 구성되어 있어서 마치 서울에 있는 듯한 착각을 불러일으킬 정도였다. 자국의 유학생들끼리 자주 어울리는 일은 언어 학습과 현지 적응에 전혀 도움이 안 된다는 믿음이 확고했던 내게 그와 같은 생활 환경은 부정적으로 비춰질 수밖에 없었다.

하버드 졸업과 《7막7장》의 발간으로 이미 유명해져 버린 나는 거의 연일 유학생들의 식사와 술 모임에 참석하게 되었다. 때로는 자의에 의해, 때로는 타의에 의해 유학생들과 어울리며, 물론 의미 있고 즐거운 시간도 있었지만 대부분 중국 유학을 오게 된 나의 목적과는 상반되는 허무한 시간이었다. 가장 힘들었던 부분은 한국의 유학생들과 하루의 대부분을 함께 보내는 데서 오는 문화적인 충격이었다. 이미 교환학생으로서 서울대학교에서 1년을 보낸 경험이 있었으나, 다양한 배경과 성향을 지닌 한국인 선후배, 그리고 친구들과 함께 숙식을 같이하는 것은 쉽지 않은 일이었다. 당시 가깝게 지내던 유학생들의 최고 관심사는 한국의 정치였다. 단적인 예로 국회의원에 출마하려는 젊은이들이 그렇게 많이 모여 있는 곳을 나는 처음 보았다. 이해하기 힘든 현상이었다. 급박하게 돌아가는 세계의 정세, 이를 슬기롭게 풀어나가기 위해 경제와 법률 등 실용적인 학문으로 완전무장을 해야 할 판에 해묵은 이념 논쟁과 운동권 시절의 회고, 그리고 지역구 선택에 관한 논쟁이 웬 말인가?

더욱이 미국에서 지극히 사적인 생활을 영위했던 나로서는 매일 얼굴을 맞대고 살아가는 작은 유학생 사회 속에서 낱낱이 공개될 수밖에 없는 행동 반경이 몹시 부담스러웠다. 그리고 폐쇄된 공동체 내에 생활화되어 있는 가십(gossip) 문화와, 술이나 한잔하자며 새벽에도 불쑥불쑥 들이닥치는 일부 선배들의 주사 역시 참기 힘들었다. 체질적으로 수용하기 힘든 술을 강요당하는 일이나, 처음에는 신기하고 흥미롭게 여겼던 선후배 간의 서열 관계 또한 점차 힘들게 느껴졌다. 그것이 한국 사회의 단면이라면 한국으로 돌아가 생활해야 할 나로서는 언젠가 반드시 받아들여야 했다. 그러나 아직은 때가 아니라는 생각이 들었다. 물론 묵묵히 자신의 학업에 충실한 유학생들도 많았을 것이다. 다만 어느 집단에서나 그런 이들은 쉽게 드러나지 않는 법이다.

그러나 무엇보다도 나를 괴롭혔던 것은 첨단의 전문지식을 익혀야 한다는 조바심이었다. 하버드의 동창들이 경영, 금융, 혹은 법률 등에 진로를 설정해 놓고 경력 쌓기에 매진하고 있다는 소식을 들을 때마다 빛바랜 중국의 사회과학 문서를 독해하고 있던 나의 불안감은 점점 깊어져갔다. 공부할 수 있는 시간이란 항상 한정되어 있는 것이다. 똑같이 주어진 시간에 어떤 지식과 경험을 습득하느냐에 따라 사회에서 각자가 맡을 수 있는 역할과 책임이 달라질 것이라는 명제는 내게 일종의 공포감마저 느끼게 했다. 내가 서 있는 곳에서 바라보는 세상은 제어하기 힘든 빠른 속도로 회전하고 있었으며, 나는 그 트랙에 오르지 못한 느낌이었다. 체제가 개방된 지 얼마 되지 않은 곳에서 사회과학을 배운다는 것이 모순처럼 여겨졌고, 동시에 순수학문의 길에 대한 회의에 빠져들기 시작했다.

결국 나는 1년 남은 석사과정을 포기하고 미국으로 되돌아가 법무박사 학위를 취득하기로 결심했다. 법률에 관한 지식, 그리고 변호사 자격증은 내가 장래에 어떤 진로를 선택하더라도 유용할 수 있는 조건이었기 때문이다. 이제 겨우 중국이라는 사회를 조금씩 익히기 시작했지만, 북경대에서 1년이라는 시간을 더 보내야 함이 내 젊음의 낭비라는 생각이 들었다. 돌이켜보면 성급하고 어리석은 결정이었다. 실용적인 학문, 특히 금융과 법에 관한 지식을 익히겠다는 판단은 옳았다고 하더라도, 최소한 어렵게 시작한 학위를 끝마쳤어야 했다. 그리고 북경에 머무르는 동안에도 중국을 이해하고, 중국어 실력을 연마하기 위해 더 치열한 노력을 했어야 했다. 그것이 나에게 도움을 준, 그리고 기대를 건 북경대학의 선후배들 및 교수들의 배려에 보답하는 길이었을 것이다.

* * *

세 곳의 법과 대학원에 원서를 제출한 나는 1995년 봄, 한국으로 되돌아왔다. 가을학기가 시작되는 9월까지 북경에 머무느니 차라리 서울에서 경력을 쌓고 싶어서였다. 다만 이력서의 한 줄로 남게 될 경험은 더 이상 필요하지 않았다. 성장하면서 사업을 천직으로 생각해 본 적은 없었다. 물론 어떤 길을 걷게 되더라도 경제에 관한 지식과 기업 경영의 경험은 필수라는 생각은 갖고 있었다. 그러나 만일 사업에 뛰어든다면 차 한 잔을 팔더라도 내 사업을 하고 싶었지 남의 회사에 취직해 최고경영자의 자리까지 오르고 싶다는 희망을 가져본 적은 없었다. 특히 아직까지 노력해서 이루지 못한 일은 없었다. 세계의 엘리트들과 경쟁해 온 내게 남들 다 하는 사업이 어렵게 여겨질 리 없었다.

음악과 미술, 그리고 영화는 내 삶의 중요한 일부이다. 나는 역사 진보의 근원이 정치와 경제가 아니라 과학과 예술이라는 주장을 신봉

한다. 아울러 예술을 삶으로 하는 이들에게 원초적인 호기심과 부러움을 갖고 있다. 정치와 경제 등 실용적인 학문과 경험에 몰두하면서도 인류 역사 발전의 2중대에 해당하는 삶을 살아가고 있다는 아쉬움을 지울 수가 없다. 따라서 예술을 가까이하고 싶고, 언젠가는 예술에 종사하는 삶을 살겠다는 꿈을 간직하고 있다. 그런 내게 하버드대학 졸업과 북경대학 입학 사이에 뜻하지 않은 시간과 자금의 여유가 주어졌다. 나는 예술의 유혹을 이겨내지 못하고 이를 사업과 접목시키려는 위험한 외도를 하게 되었다.

재즈(jazz)만큼 감성의 출구를 다양하게 마련해 놓은 예술의 장르는 드물다. 랙타임(Ragtime), 블루스(Blues)에서 퓨전(fusion)에 이르기까지, 재즈는 인간과 악기의 구분을 최소화하여 가장 솔직하고 깊은 틀 속에서 인간의 감성을 엮어낸다. 나는 그런 재즈를 오랫동안 짝사랑해 왔다. 빌리 할리데이, 존 콜트레인, 마일스 데이비스, 빌 에반스, 웨스 몽고메리, 토니뇨 오르타 등 무수히 많은 예술가들은 그들의 언어를 통해 내 감정을 규정해 줬다. 나는 오랜 사색의 시간들을 그들과 함께 했으며, 세계 어느 곳을 가든 반드시 몇 장의 CD를 지참하고 다녔다. 재즈는 오페라와 더불어 내가 가장 좋아하는 음악의 장르였다.

취미와 사업을 혼동해서는 안 된다는 진리 반대 편에 좋아하는 일을 해야 성공한다는 논리가 있었다. 나는 뜻을 같이하는 이들과 함께 국내 최초로 세계의 재즈 연주자들을 초빙하여 자연스런 공연을 개최하는 재즈클럽 '카멜롯서울(Camelot Seoul)'을 세우게 되었다. '카멜롯서울'은 시설과 설비 면에서 독보적이었으며, 건축 설계에서부터 기획, 진행, 요리에 이르기까지 최고의 인력들이 동원되었다. 당시에는 국내 연주자들이 주로 활동해 온 소규모의 재즈클럽과 간간이 외국의 연주자들을 초빙하여 벌어지는 공연은 있었지만, 세계 각지의 유명 연주가들을 초청하여 매일 무대에 세우는 기획은 전무후무했다. 시장이 큰 미국과 일본, 그리고 유럽에서는 가능한 일이었지만, 365일 외국의 연주자들을 초빙하여 공연료는 물론 항공 및 체제비까지 지불하며 수익을 확보하기엔 우리의 재즈시장이 너무 작았던 것이다.

얼 클루(E. Klugh)를 위시하여 국내에선 접할 수 없었던 수많은 연주자들이 연일 '카멜롯서울'에서 그들의 음악을 소개했다. 그러나 뒤쳐지는 것보다 더 위험한 경영의 발상이 앞서가는 것이라고 했던가. 앞서가든 뒤쳐지든 실패의 색은 똑같다. 재즈클럽이 생소했던 많은 이들은 큰 자본을 투자해 유치한 연주가들의 공연임에도 불구하고 정식 공연장이 아니라는 이유로 입장료 지불을 꺼려했다. 또한 재즈를 라운지(lounge)음악으로 여겨온 다수의 관객들은 공연이 계속되는 동안에도 먹고 마시며 떠들어댔다. '카멜롯서울'에는 연일 발 디딜 틈이 없었으나, 공연은 적자였고 음악은 들리지 않았다. 관객의 무례함을 참다 못한 많은 연주자들이 공연을 중도에 포기했으며, 급기야 서울은 연주가들이 갈 곳이 못 된다는 소문이 뉴욕의 재즈계에 널리 퍼지게 되었다. 물론 그동안 자본은 점차 바닥나기 시작했다.

그러나 가장 큰 과오는 다시 한 번 내 교만에서 비롯되었다. 모든 운영을 체계화하면 원격 경영이 가능할 것이라는 나의 예측은 보기 좋게 빗나가고 말았다. 한두 달 동안 사업체를 안정시킨 후 학업을 위해 중국으로 떠날 수 있을 것이라는 내 발상은 참으로 어리석었다. 신규 사업은 아무리 최고의 인력과 설비, 그리고 완벽한 시스템을 구비해도 창업자의 지속적인 헌신과 노력 없이는 궤도에 오를 수 없다. 결국 나는 '카멜롯서울'을 동업자들에게 맡기고 중국으로 향하게 되었고, 급기야 이를 헐값에 매각하기에 이르렀다. 창업과 경영에 대한 경험치고는 너무도 무책임했으며 지나치게 비싼 대가를 지불해야 했다.

그러나 무엇을 배웠는지 무엇을 잃었는지를 깨닫기 위해서는 아직 일정한 시간이 흘러야 했다.

어찌 되었건 나는 2년 여라는 짧은 기간 동안 학업과 사업의 실패를 동시에 경험하게 되었다. 결론적으로 나는 전문적인 지식과 경험을 습득해야 했다. 학자로서 이론에 충실하거나, 예술가로서 현실을 초월할 수 있는 용기를 배우지 않는 한, 나는 더욱 기능적이고 전문적인 역량을 갖춰야만 했다. 법을 알아야 했고, 숫자를 알아야 했다. 사회인으로서의 나를 개발해야 했으며, 사회에 절실히 필요한 이가 되기 위해 다시 한 번 총력을 기울여야 했다. 그리고 무엇보다도 내 이상과 능력의 격차를 최소화해야 했다. 어떤 경우에도 이상을 낮출 필요는 없었다. 단지 나의 역량을 최대치로 끌어올려야 했을 뿐이다.

* * *

북경대와 '카멜롯서울'에서의 불완전한 경험을 뒤로 하고 다시 미국으로 떠나는 내 발걸음이 가벼울 리 없었다. 판단의 착오와 능력의 한계가 맞물려 빚어낸 우회(迂回)였다. 좋은 경험이라는 긍정적인 사고로 자신을 위로하려 해도 소용없었다. 안 그래도 급한 삶의 여정에 2년 여의 시간이 구체적인 결실 없이 흘러가버렸던 것이다. 더 열심히 배우고 일했어야 했는데……. 나의 교만과 무지가, 오늘의 부족한 내 모습이 몸서리칠 정도로 싫었다. 그러나 그 분노와 자괴감 속에서 엄청난 기운이 꿈틀거렸다. 수치스러운 오늘의 냄새를 떨쳐버리고자 하는 진보에의 열망, 그 강력한 힘이 다시 한 번 솟아오르기 시작했다.

나는 미국의 서부를 별로 좋아하지 않았다. 서부의 자유스러운 분위기는 동부의 보수적인 교육을 받고, 서울, 뉴욕, 보스톤, 북경 등

숨가쁜 도시의 삶에 익숙해 있던 내게 지루하고 낯설게 느껴질 뿐이었다. 그런 편견을 극복하기 위해서라도 나는 반드시 한 번쯤은 서부를 경험하고 싶었다. 스탠포드 로스쿨은 예일, 하버드와 더불어 미국의 3대 로스쿨로 불리는 곳이었다. 더욱이 이곳이 실리콘밸리의 급성장과 더불어 신(新)경제의 중심이 되었으며, 샌프란시스코라는 미항과 근접해 있음 또한 매력적인 요소였다. 물론 학교가 샌프란시스코에서 1시간가량이나 떨어져 있음은 도착 당일에서야 알게 된 사실이었다.

1995년 가을, 나는 미국 스탠포드(Stanford)대학의 법과대학원(School of Law)에 입학했다. 로스쿨은 입학과 졸업이 어려운 과정으로 잘 알려져 있다. 특히 예일, 스탠포드, 하버드, 컬럼비아, 시카고대학 등 명문 로스쿨에 합격하는 일은 가히 생존경쟁을 방불케 한다. 직장 경험을 최우선시하는 경영학 석사 과정(MBA: Master of Business Administration)과는 달리 J. D.(Doctor of Jurisprudence) 과정에 합격하기 위해서는 학부 성적이 우수해야 할 뿐만 아니라 LSAT(법대입학고시)에서 좋은 점수를 획득해야 한다.

입학이 힘든 만큼 학업과정 또한 어렵다. 스콧 투로우(S. Turow)의 《One L》이라는 소설이 있다. 1L은 로스쿨의 신입생을 일컫는 말이다. 《하버드대학의 공부 벌레들》과 마찬가지로 《One L》 역시 로스쿨 신입생들의 치열한 삶을 그린 책이다. 단지 전자가 낭만적인 요소가 가미된 책이라면, 후자는 냉혹한 경쟁의 세계를 더욱 현실적으로 묘사한 글이라 하겠다. 사실 신입생 중에는 《One L》의 영향으로 필요 이상의 두려움과 경쟁의 부담을 안고 첫 해를 보내는 이들이 많다. 그러나 나에게 로스쿨은 갈구하던 전문지식을 익히기에 좋은 기회 그 이상도, 이하도 아니었다. 나는 의무과정 외에도 기업금융과 인수합병에 관한 공부에 몰두하기 시작했다.

스탠포드 로스쿨은 학교보다는 취업전선으로 규정하는 것이 더 적합했다. 그만큼 치열하고 차가운 생존과 경쟁의 전장이었다. 아직 진로가 불분명해서, 학력을 쌓기 위해서, 혹은 시간이 남아서 로스쿨에 온 사람은 단 한 명도 없었다. 소중한 시간과 값비싼 학비를 투자하기로 결심한 그들은 최대치의 투자 수익을 창출하기 위해 밤낮없이 뛰어 다녔다. 학생들의 참여를 절대적으로 요구하는 강의, 각종 스터디 그룹을 통해 가장 효율적인 학습 방안을 찾아내려는 자발적인 노력, 최고의 직장을 선점하려는 치열한 경쟁, 그 와중에서 학창시절의 낭만과 멋을 찾으려 하는 이들은 없었다. 한마디로 기능주의 교육의 결정체였으며, 전문 지식인의 양성소라고 볼 수 있었다.

무엇보다도 인상적인 것은 교육의 목적이었다. 법과 규정에 대한 지식을 주입하기보다는 법을 다루는 사고체계의 구축에 초점이 맞추어져 있었다. 법을 암기하기보다는 이해하는 방법을 익혀야 했으며, 이를 활용, 적용하는 훈련을 받았다. 학습의 강도 역시 초우트, 하버드대학, 혹은 북경대학의 그것과는 차원을 달리했으며, 학생들은 깨어 있는 모든 순간을 학습과 학습에 대한 걱정으로 보내야 했다. 더불어 학습의 성격 또한 상위 교육기관으로의 진학 등의 구체적인 목표를 위한 것이 아니라, 한층 활용 가치가 높은 사회인, 전문인이 되기 위한 것이었다. 구체적인 기준이나 관문이 존재하지 않는 경쟁, 그야말로 겉으로 드러나지 않는 처절한 경쟁이었던 것이다.

J. D. 학위를 취득하는 절대 다수의 학생들은 변호사의 진로를 택한다. 전문 분야는 다르지만 대개 정·관·재계에서 변호사의 업무를 수행하게 되며, 이미 졸업 이전에 방학을 이용하여 관심 분야의 경력을 쌓는 것이 필수로 되어 있다. 나 역시 1년차 여름방학 때는 샌프란

시스코 검찰에서, 2년차에는 뉴욕의 스카덴(Skadden Arps Slate Meagher & Flom)과 홍콩의 후레쉬휠즈(Freshfields) 국제 법률사무소에서 경험을 쌓았다. 그리고 3학년 마지막 학기는 미국 증권감독위원회(U. S. Securities & Exchange Commission)에서 인턴 변호사로 근무했다. 이어 졸업과 동시에 뉴욕 주 변호사 시험에 응시해 합격했다.

3년 간의 혹독한 훈련을 마친 스탠포드의 JD들은 일반적으로 5~10개 정도의 직장을 놓고 선택하는 행복한 고민을 한다. 나 역시 뉴욕과 런던, 그리고 홍콩 등지의 법률사무소들로부터 입사요청을 받아놓은 상태였다. 그러나 내가 원하는 분야는 투자금융(investment banking)이었다. 기업 인수합병(M&A: mergers & acquisitions)의 먹이사슬이 그 중요한 이유였다. 인수합병이란 기업활동 중 가장 중요한 일부이며, 기업 혹은 투자자가 매도와 매수의 주체로서 그 결정권을 행사하게 된다. 그리고 이들의 요청으로 전후과정을 총괄하여 지휘하는 이들이 M&A 뱅커(investment banker)이다. 변호사와 회계사는 일반적으로 이들을 도와 전문적인 실사 및 자문을 수행한다. 결국 인수합병의 총체적인 그림을 그릴 수 있기 위해서는 M&A 뱅커가 되어야 했다. 법률 공부는 전문지식을 갖추고 변호사 시험에 합격한 것만으로 충분했다.

명문 로스쿨에서 법무박사 학위를 취득했다고 M&A 뱅커의 길이 자동적으로 열리는 것은 아니다. 법률뿐만 아니라 회계 및 분석의 능력까지 갖추어야 하는 M&A 뱅커가 되기 위해서는 법무박사 학위에 비해 입학과 졸업이 용이하게 느껴지는 2년제 경영학 석사학위(MBA: Master of Business Administration)가 더욱 유리했다. 특히 법대생은 숫자에 약하다는 통념을 극복하기 위해서는 금융, 회계, 증권 등

재무 분야를 섭렵해야 했으며, 까다로운 면접 심사를 위해 다방면의 준비를 해야 했다. 다행히 나는 졸업과 동시에 다국적 투자금융기업인 리먼브라더스(Lehman Brothers)의 인수합병그룹에 입사할 수 있게 되었다. 나를 데려가려는 사람들을 모두 물리치고, 다시 한 번 전혀 무관한 분야에 간신히 턱걸이한 느낌이었다. 그러나 반드시 거쳐야만 하는 관문이라고 생각했던 터라 가슴은 뿌듯했다.

졸업반 첫 학기에 취업 문제를 해결한 나는 마지막 학기 동안 학습 대신 경험을 쌓기로 결심하고, 미국 증권감독위원회에 인턴 변호사로 취직했다. 증권감독위원회는 투자자들의 권익 보호를 목적으로 설립되었으며, 기업들의 재무, 회계, 금융 분야에 관해 민사 소송권을 보유, 행사하는 정부 산하 감독 기관이다. 졸업과 동시에 투자금융 분야에 진출하게 된 나로서는 여름방학 동안의 인턴십(internship) 외에도 변호사로서의 경험이 필요했으며, 증권감독위원회가 이를 부분적이나마 충족시켜 줄 수 있을 것으로 생각했다. 나는 주로 분식회계와 내부자 거래, 집단 소송 등의 사안을 검토했으며, 범법의 혐의가 짙은 기업들의 최고경영자들을 상대로 하는 다양한 소송에 참여할 수 있었다.

3년 간 머물렀던 스탠포드는 어찌 생각하면 하버드보다 더 어려운 관문이었고, 더 힘들게 공부해야 했던 곳이었다. 내게 신(新)경제의 개념을 깨닫게 해주었으며, 하버드와는 또 다른 차원에서 세계의 엘리트들과 경쟁할 수 있는 기회이기도 했다. 완벽한 시설과 풍부한 재정, 왜 이곳이 세계 신(新)경제를 이끄는 엔진이 되었는지 쉽게 알 수 있었다. 그러나 모교에 대한 애착과 자부심을 만끽하기에는 현실이 너무도 가깝게 있었다. 얼마나 빠른 시간에 필요한 지식과 경험을 쌓을 수 있을 것인지, 어떤 수준에 도달해야 자문이 아닌 주체로서 경영의 뜻을 펼칠 수 있을 것인지 등의 고민이 엄습했다. 삶의 분수령에 서 있음을 느끼고 이에 대한 상념에 젖을 때가 아니었다. 나는 너무도 급했다.

* * *

도전에 대한 의욕은 후천적으로 길러졌다. 안락하고 평범한 삶에 대한 거부감, 그리고 미지의 세계에 대한 끊임없는 동경 역시 환경과 교육이 내게 준 선물이다. 도전적인 삶을 살아가는 이들이 아쉽게도 결혼과 더불어 안정적인 삶의 추구로 방향을 선회하는 경우를 자주 봐왔다. 반면 나는 결혼과 함께 힘들고 어려운 리스크(risk)를 택할 수 있는 정신적인 기틀을 마련하게 되었다. 종교와 부모님이라는 절대불변의 정신적인 축을 보유하고 있었던 내게 아내와 가정이라는 또 하나의 안정된 축이 주어졌기 때문이었다. 흔들리지 않는 가정은 나로 하여금 도전과 고난을 두려워하지 않는 의지와 어떤 실패와 좌절이 있어도 다시 일어설 수 있다는 믿음을 갖게 해준 것이다.

손정희. 나는 아직 내 아내보다 아름다운 여인을 본 적이 없다. 1995년 6월, 친지들과 함께 점심식사를 하기 위해 '카멜롯서울'에 들어선 그녀를 처음 본 순간 나는 저 사람이 바로 내 아내라고 결심하게 되었다. 그리고 4년 후인 1999년 1월, 나는 서울의 한 교회에서 아내와 결혼했다. 내 아내는 조용하고 향기롭다. 가식을 혐오하고, 교만하지 않으며, 겉과 속을 구분하는 지혜를 지녔다. 한국과 미국을 공유하며, 문학과 예술을 사랑하고, 곁에 있음만으로도 나를 가득 채운다. 나는 내 아내를 사랑하며, 아내와 관련된 모든 사람들을 좋아한다. 그리고 나의 아이들이 모두 아내를 닮았으면 하는 소망을 한다.

내가 아내를 처음 만났을 때 그녀는 스물한 살이었다. 아내와의 첫 데이트에서 나는 평생 처음으로 바람을 맞았다. 만나자는 강요에 못 이겨 나가겠다고는 했으나 너무 알려진, '소란스러운' 사람이라 부담스러웠다는 것이 그 이유였다. 아내의 이름도, 주소도, 전화번호도 몰랐기에 후일 우연히 마주치지 않았다면 영원히 평행선을 그으며 살아갔을지도 모를 일이다. 당시 아내는 뉴욕에서 바너드대학교(Barnard College)를 다니고 있었으며, 나는 대륙의 반대쪽에 있는 스탠포드대학에 재학 중이었다. 나는 뉴욕을 옆집 드나들 듯 왕래하며 아내와의 시간을 만들었다. 스탠포드에 있을 때는 아내가 보고 싶어서, 뉴욕에 머물 때는 학업이 걱정되어 한시도 마음 편할 날이 없었지만 일생 한 번뿐이라고 믿었던 '사랑'을 나눌 사람을 찾았다는 생각이 나를 행복하게 했다.

아내를 만난 후 반년가량이 지난 어느 늦가을 밤, 나는 샌프란시스코에 잠시 여행 온 아내를 이끌고 스탠포드대학 내의 작은 교회로 향했다. 예배가 없는 날이었기에 실내는 고요했고, 지나가는 신도들을 위해 밝혀놓은 촛불들만이 교회의 파수꾼 역할을 하고 있었다. 나는 무릎을 꿇고 아내에게 청혼을 했다. 그리고 그녀에게 작은 상점에서 구입한 반지를 건네주었다. 가진 돈이 많지 않았던 시절이라 초라하기 짝이 없는 반지였지만, 사랑도 결혼도 일생 한 번뿐이라는 믿음을 갖고 살아 온 나에게 있어서는 더없이 중요한 약속의 표시였다. 아내는 내 청혼을 받아들였다. 그리고 나를 위해 화사하게 웃어주었다.

결혼은 많은 약속을 전제로 한다. 그중에서도 나는 두 가지 색다른 약속을 했다. 첫째는 아내를 아침에 절대로 깨우지 않겠다는 약속이었고, 둘째는 가정이 언론에 노출되는 일이 없도록 최선의 노력을 하겠다는 것이었다. 내 아내는 아침잠이 많다. 아마도 대부분의 유학생들이 공유하는 습관인지도 모르겠다. 또한 그 점은 어머니를 비롯해 우리 집안의 여자들이 공통적으로 지닌 습관이기에 내게는 익숙한 부분이다. 잠자는 아내를 절대 깨우지 않는 '전통'은 아버지가 어머니에게 결혼 전에 했던 유사한 약속으로부터 비롯되었다. 그 약속은 효과가 매우 좋았다고 한다. 따라서 나 역시 2대에 걸쳐 똑같은 약속을 하게 되었다.

두 번째 약속은 지금까지 철저히 지켜왔다. 나 또한 내 가정이 언론에 노출되는 것을 원하지 않는다. 대중성을 지닌 직종에 종사하지 않는 이상 언론에 노출되어야 할 필요는 전혀 없다. 그러나 자의든 타의든 나는 이미 노출되어 버렸고, 나와 삶을 함께해야 할 내 아내에게는 그것이 피곤한 일로 여겨졌을 것이다. 아마도 소란스러운 사위를 맞아야 했던 처가 식구들도 같은 고민을 했으리라. 과연 어느 시점까지 아내의 사생활을 철저히 보장해 줄 수 있을지는 나도 의문이다. 그러나 최소한 내 아이들은 그들 스스로 선택할 수 있을 때까지 언론으로부터 철저히 격리된 삶을 살게 할 것이다.

나는 내 자녀들이 도전적인 삶을 선택하기를 원한다. 한국을 알고 세계를 알며, 항상 깨어 있는, 그리고 전진하는 사람들이 되었으면 한다. 반면 내 아내는 아이들이 행복한 삶을 추구했으면 좋겠다고 한다. 나는 아직까지도 '행복한 삶'의 의미를 잘 모르겠다. 그리고 삶의 목표를 '행복'으로 설정하는 이들에게 묻고 싶은 점들이 많다. 추구하는 이상을 실현해 나아감에 있어서 행복은 성취의 결과로서 자연스럽게 주어지는 것이 아닌가? 굳이 삶의 목표를 '행복'으로 규정해야 할 필요가 있는가? 진취적이지 못하고, 약하고, 이기적이고, 작은 삶의 모습으로 생각이 되는 건 아직 내가 철이 덜 들어서인가? 어찌 되었건 그런 나를 내 아내는 여지없이 나무란다. 그리고 계획을 만들어주고 몰아세우는 모습보다는 자녀들로 하여금 옳은 길을 선택해 갈 수 있도록 정신적인 교육에 치중하자고 나를 설득한다. 항상 옳은 말만 하는 아내가 부러울 때도 있다. 내가 아직 어리석은 것인지······.

내가 진로를 선택할 때 부모님은 반대를 하신 적이 없다. 많은 의문과 의견을 제시해 주셨지만 궁극적으로는 항상 내 의지를 존중해 주셨다. 나는 그런 나의 환경을 내가 받은 가장 큰 축복으로 여겨왔다. 내 아내는 그 축복의 연장선상에 있다. 단 한 번도 내 진로에 대한 결정에 반대하거나 또 그 결과에 대해 불만을 표출한 적이 없다. 어찌 의문과 불만이 없었겠는가. 꿈을 좇아 거침없이 달려가는 남편이 불안하게 느껴질 때가 얼마나 많겠는가. 서구의 교육을 받았고 지극히 감정에 솔직한 내 아내가 침묵을 유지할 때, 나는 때로 경이롭다는 생각마저 하게 된다. 그러나 이제 나는 모든 결정에 앞서 내 아내가 함께 갈 수 있는 길인지를 반드시 자문한다. 그리고 내리는 결정의 옳고 그름을 판단할 수 있는 이는 하느님 한 분밖에 없지 않은가. 이로써 도전을 위한 내 정신적인 기틀은 완성이 된 셈이다.

* * *

세계를 움직이는 미국 금융시장의 규모와 역량은 타의 추종을 불허한다. 그리고 그 시장은 철저한 교육과 치열한 경쟁을 통해 양산되는 최고의 두뇌집단에 의해 운용되고 있다. 월 스트리트(Wall Street)는 이미 오래 전 단순한 지명의 차원을 넘어 미국의 거대한 금융시장을 총칭하는 단어가 되었다. 실질적으로 뉴욕에 본부를 두고 있는 다국적 투자금융기업 중 지금까지 월 스트리트에 자리하고 있는 회사는 거의 없다. 그러나 월 스트리트는 금융시장과 이에 몸담고 있는 모든 이들을 포괄하는 개념으로서, 권력과 부(富)의 상징으로서, 그리고 자본주의 경제와 '아메리칸 드림'을 지탱하는 이념으로서, 야심만만한 젊은이들의 변함 없는 동경과 흠모의 대상이 되어왔다.

나는 다국적 투자금융기업인 리먼브라더스에서 월 스트리터(Wall Streeter)로서의 첫발을 내디뎠다. 인수합병, 증권, 채권, 자산운용 등의 분야에서 골드만 삭스(Goldman Sachs), 모건 스탠리(Morgan Stanley), 시티그룹(Citigroup), 베어 스터언즈(Bear Stearns), DLJ 등과 함께 세계의 금융시장을 움직여온 리먼브라더스는 명성에 걸맞게 효율적인 경영체계와 우수한 두뇌집단을 거느리고 있는 첨단 금융 그룹이었다. 입사와 동시에 나는 올라갈수록 치열해지는 경쟁사회를 다시 한 번 체감하지 않을 수 없었다. 사회인으로서의 첫발을 내디디는 감흥이나 각오를 누릴 여유조차 없이 우리는 고강도의 교육과 훈련을 견뎌내야 했다. 사실 내 재무 회계 분야의 지식은 경영대학원 출신들에 비해 형편없이 부족한 것이었다. 대학, 대학원, 로스쿨, 그리고 이제 리먼브라더스에서…… . 치열한 경쟁에는 한계가 없었다. 정상에 오르고자 하는 인간의 의지 또한 끝이 없었다.

신참 M&A 뱅커의 일상은 고달픈 것이었다. 하루에 12~15시간씩 근무해야 함은 보통이고, 일주일에 한두 번씩은 반드시 밤을 꼬박 새야 했다. 6개월이 넘는 동안 하루도 휴일을 가져보지 못한 적도 있었으며, 수시로 출장을 다녀야 했다. 그토록 좋아했고, 또 그리워했던 도시인 뉴욕에서 사랑하는 아내와 함께 살게 되었지만 향기로운 삶을 영위할 수 있는 여유는 없었다. 투자금융 전문가들이 큰돈을 축적하는 이유는 연봉이 높아서가 아니라 돈을 쓸 시간이 없기 때문이라는 동료의 한탄이 농담으로 여겨지지 않을 지경이었다. 화려한 기업 인수합병의 전설 속에는 수없이 많은 신참들의 한숨이 숨겨져 있었던 것이다. 업무 영역도 '숫자'와의 싸움이 대부분이었다. 수학이나 과학과 담을 쌓고 지내온 내게 이제서야 숫자 복이 터진 셈이었다.

숫자는 경영의 기본이다. 기업과 경영자는 숫자로 말해야 한다. 숫자를 모르며 경영을 논한다는 자체가 모순이며, 숫자에 문외한인 이가 경영의 총책임을 맡는 것보다 위험한 일은 없다. 때때로 재무 회계와 담을 쌓고 지내온 학자나, 언론인, 혹은 공무원이 기업의 최고경영자로 임명되는 경우가 있다. 특수한 목적이나 철두철미한, 이상적인 경영체계가 존재하는 경우가 아니고서는 이해하기 힘든 부분이다. 수입과 지출을 점검하고, 자산과 부채를 운용하며, 투자 및 인수합병을 지휘해야 하는 최고경영자가 재무와 회계에 대한 지식과 이해를 갖추지 못했다면, 이는 맹인이 교통정리를 하는 것과 다를 바가 없다. 나는 리먼브라더스에서 숫자의 중요성을 절감하고, 이를 익히기 위한 철저한 교육을 받았다.

이재(理財)에 밝은 이들이 있다. 흔히 돈을 버는 감각이 뛰어나다고도 한다. 감각이란 지식과 경륜을 통해 형성되는 후천적인 것이다. 축적된 역량이 받혀주지 않는 감각은 행운에 불과하다. 그리고 이 같은 우연이 그릇된 자신감과 합쳐질 때, 행운이 불운으로 반전되는 시간은 순식간에 불과하다. 경륜은 장기적인 틀 속에서만 습득이 가능하다. 항상 열린 마음으로 사물과 현상을 관찰하고, 주어진 혹은 떠도는 기회와 맞부딪쳐야 한다. 지식은 반드시 그런 것만은 아니다. 일정한 기간에도 노력의 강약에 따라 습득의 정도가 얼마든지 달라질 수 있다. 나는 단기간 재무, 회계, 금융, 그리고 무엇보다도 총체적인 경영에 관해 최대한의 지식을 확보하기 위해 매진했다.

짧은 기간 내가 인수합병의 진리를 터득했다면 어불성설이다. 다만 인수합병의 중요성과 과정, 그리고 반드시 검토해야 하는 사안들에 대해 지식을 쌓았다고 보는 편이 더 적합할 것이다. 모든 배움에는 단계가 있다. 인수합병 과정을 이해하고 구체적인 임무를 수행하는 단계가 있다면, 그 후에는 인수합병의 틀을 만들고 그 시행을 총지휘하는 단계가 있다. 그리고 마지막으로 인수합병의 원리를 깨닫고 그 성패를 예측할 수 있는 단계가 있을 것이다. 나의 목적은 1단계에 해당하는 것이었다. 숫자와 데이터(data) 분석의 요령을 배우고, 재무적으로 건강한 회사와 그렇지 못한 회사를 구분하는 눈을 갖추며, 기업 인수합병의 동기와 과정을 익히는 것이 나의 가장 큰 목표였다.

수조 원에 이르는 규모, 수만 명 임직원의 미래, 그리고 나아가 한 경제 체계, 한 국가 체계에 미치는 지대한 영향……. 기업간의 인수합병은 개인의 욕심을 채우기 위해, 순간의 위기를 극복하기 위해, 혹은 기술적으로 단기간의 차익을 올리기 위해 추진해서는 안 될 작업이다. 물론 '수익 창출'이라는 기업활동의 절대적인 명분이 인수합병이라고 해서 예외일 수는 없다. 다만 회사의 수익성을 강화하고 점유율을 높이기 위한 방편의 하나로서 장기적이고 발전적인 시각에서 추진되어야 한다는 뜻이다. 즉 거시경제와 미시경제의 흐름을 읽고, 확실한 목표와 치밀한 전략을 수립한 후, 쌍방간의 진지한 논의를 거쳐 최소한의 비용으로 최단기간에 마무리해야 하는 것이 바로 인수합병이다.

비록 길지 않은 시간이었지만 리먼브라더스에서의 경험은 매우 값진 것이었다. 나는 기업들 간의 인수합병 과정에 참여하면서 숫자에 대한 기술과 감각을 익혔을 뿐만 아니라, 기업의 통폐합을 법률적, 세무적, 구조적으로 진단하고 가장 효율적인 방안을 찾아내는 훈련을 받았다. 또한 리먼브라더스의 경영을 보며 물샐틈없는 조직이란 어떤 것인지를 어렴풋이나마 알 수 있었으며, 구성원들과 함께 일하며 진정한 엘리트란 어떤 것인지에 대해서도 깨닫게 되었다. 무엇보다도 인수합병의 과정 속에서 왜 어떤 기업은 팔려야만 하고, 어떤 기업은 팽창해야만 하는지에 대해, 즉 기업의 흥망성쇠에 관해 끊임없이 공부할 수 있었다.

나는 리먼브라더스에서 퇴사한 이후, 2년 간 스트럭시콘(Struxicon)이란 벤처기업에서 창업주이자 CFO(Chief Financial Officer, 재무담당이사)로서 경험을 쌓았다. 캘리포니아의 뉴포트비치에서 매출 없이 아이디어 하나만으로 140억 원이 넘는 자금을 유치했고, 금융과 재무 경영에 매진하며 경영에 대한 기초지식을 익히기도 했다. 다양한 활동을 통해 돈을 모으고, 또 잃기도 하면서 투자와 경영을 공부했으며, 실물 경제에 대한 기초감각을 익히기 위해 최선을 다했다. 사원으로서의 고충과 오너(owner)경영인의 고뇌를 경험할 기회도 가졌으며, 내 자신이 얼마나 부족한지에 대해서도 뼈저리게 느낄 수 있었다. 무엇보다도 경영의 경험이 선행되지 않고서는 감히 경제를 거론할 수 없다는 신념은 어느 때보다도 확고해졌다.

* * *

한국에서 태어났다고 해서 한국의 국적을 유지해야 할 필요는 없다. 세계라는 테두리 안에서 삶을 영위하는 요즘, 미국에서 살고 싶으면 미국 국적을, 한국에서 살고 싶으면 한국 국적을 취득하는 것은 어쩌면 당연한 이치인지도 모른다. 한국인이고 싶지 않으면 이민을 떠나 거주지의 국적을 취득하면 그만이다. 다만 나는 대한민국 이외의 국적을 가져본 적이 없다. 17세 때 미국 영주권을 취득했을 때에도 한국 국적을 유지했으며, 17년 간 외국에서 생활하는 동안에도 미국 혹은 기타 국가의 시민권이 필요하다고 느껴본 적은 한 번도 없었다. 영주권을 소지하고 있는 것만으로도 장학금을 받거나 취업을 하는 데에는 아무런 지장이 없었기 때문이다. 무엇보다도 미국은 내게 많은 것을 주었고, 내 인생의 소중한 일부분을 차지하고 있었지만, 국적을 바꿀 정도로 고맙거나 중요했던 것은 아니었다.

'원정 출산'이란 기이한 현상이 사회적인 문제로 대두되고 있다. 안타깝고 부끄러운 일이다. 살기 좋은 환경을 제공하지 못하고 있는 국가의 잘못이요, 이 같은 현상을 방치하고 또 이를 통해 이득을 취하고자 하는 사회의 잘못인 동시에, 분별력 없는 부모들의 잘못이기도 하기 때문이다. 내 딸 지승(智昇)은 내가 미국의 뉴포트비치에서 근무할 당시 태어났기 때문에 현재 미국 국적을 보유하고 있다. 지승이가 성인이 되면 아마도 국적 선택의 문제에 대해 고민해야 할 것이다. 나는 내 자녀들이 한국 국적을 유지하기를 원한다. 물론 그들 자신의 선택이기 때문에 한국이 싫으면 이곳을 떠나 미국인으로서 미국에서 살아갈 수도 있을 것이다. 그러나 한국에서 살고 한국인으로서의 혜택을 영위하면서 미국 국적을 갖고 싶어 한다면 그것만큼은 아버지로서 용납하기 어려울 것이다.

미국의 영주권을 소지함으로써 병역 면제를 받았던 내가 영주권을 포기하고 군(軍)에 입대하기로 한 까닭은 이제 귀국해야 할 때가 되었다는 판단에서였다. 2001년 9월, 아내, 그리고 딸 지승과 함께 서울로 돌아온 나는 더 이상 한국을 떠나고 싶지 않았다. 아직 경험도, 교육도 부족했지만 이제는 부모님과 가족을 가까이서 보고 싶었고 지승이가 서울에서 성장하기를 바랐다. 그리고 무엇보다도 이방인의 삶을 청산하고 싶었다. 만 35세까지 외국에서 거주할 경우 병역이 영구히 면제된다는 조항이 있었지만 재고할 만한 가치는 없었다. 이미 한국에서 살기로 결심한 이상 미국의 영주권은 불필요했으며, 영주권을 포기함으로써 발생하는 병역의 의무는 이행해야 마땅했다. 아내에게 미안했고, 중대장보다 고령이라는 사실이 마음에 걸렸으나 반드시 완수해야 하는 의무였다.

  1970년생이며, 양친이 모두 환갑을 맞이하셨고, 누이들이 모두 분가한 나는 법규에 의해 6개월 간 공익요원으로 근무함으로써 병역의 의무를 완수할 수 있었다. 2001년 12월, 나는 육군 제30사단에 입대해 4주간의 신병 훈련을 마쳤다. 아마도 내 생애에 가장 춥게 느껴진 겨울이었던 것 같다. 그리고 서울 용산초등학교에서 6개월 동안 전산요원으로 근무했다. 내가 6개월 간 무슨 업무를 했는지에 대해 언급하는 일은 지면의 낭비라는 생각이 든다. 원래 복무기간이 짧은 사람일수록 군대에 대해 할 말이 많다고 한다. 그런 우(愚)를 범하지 않기 위해서라도 시시콜콜한 내용은 옮기지 않는 것이 바람직할 것 같다.

  다만 짧은 기간이었지만 군복무의 필요성을 절감하는 계기가 되었으며, 내가 접해보지 못한 세계에 대해 많은 생각을 할 수 있었던 시간이었음은 확실하다. 동시에 17년 동안의 외유를 마친 내가 조국에 적응하기 위해서는 꾸준한 노력과 성찰이 있어야 할 것이라는 사실도 깨달았다. 대한민국의 남자로서 해야 할 일을 했다는 점은 반가웠지만, 현역으로 복무하지 못한 점에 대해서는 두고두고 아쉬울 것이다. 32세의 공익요원을 어떻게 대해야 할지 몰라 나보다 더 불편해 했던 관계자들에게도 미안한 마음이 든다.

피터 번스타인(P. Bernstein)은 그의 저서 《Capital Ideas》에서 변화의 가장 큰 적은 불안정한 현실에 대한 공포라고 정의한다. 공익근무를 해야 했던 6개월은 동시에 지극히 불안정한 시기이기도 했다. 거침없이 전개된 내 삶이 갑자기 멈추어버린 느낌이었고, 나는 내 진로에 대해 끊임없이 고민해야 했다. 다행스럽게도 든든한 이력서를 갖춘 덕택에 전문가로서 일할 수 있는 기회는 다양했으며, 함께 사업을 구상해보자는 이들도 많았다. 그러나 '불안정한 현실에 대한 공포'를 버리고 더 버텨야 한다는 생각이 들었다. 안락한 삶에 대한 거부감이 다시 나를 지배하기 시작했다. 나는 젊었고 가야 할 길은 멀었다. 소중한 시간, 더 이상 고용된 전문가로서 비싼 봉급을 받으며 기업들의 심부름을 하고 싶지는 않았다. 경제와 법률을 논하기 이전에 작더라도 나의 사업을 경영하고 싶었으며, 혼신의 힘을 다해 반드시 무엇인가를 만들어내고 싶었다.

외국기관으로부터 한국의 중소기업에 투자하는 펀드를 운용해 달라는 제안이 있었다. 열악한 조건에서 분투하고 있는 중소기업에 투자하는 것은 분명 의미와 가치를 지닌 일이었다. 나는 그 임무를 맡기로 하고 곧 투자 대상을 발굴하기 시작했다. 주로 유통 및 제조업체를 중심으로 시장을 검토했고, 몇 차례 공개 입찰에 참여하기도 했다. 그러나 투자와 경영은 별개의 사안이다. 시장성과 수익성을 검토하여 자금을 집행하는 일은 물론 어려운 일이다. 그러나 기업활동의 모든 책임을 감수하고, 주주와 임직원에 대한 의무를 이행하면서 사회적인 부가가치를 창출해야 하는 경영자의 고충에 비하면 상대적으로 귀족적인 업무였다. 한마디로 내 젊음을 바치기에는 적합하지 않았다.

거대한 부(富)의 창출을 삶의 목표로 삼았던 기억은 없다. 비록 유복한 가정에서 자라났지만 오랜 유학생활, 그리고 자립적인 삶을 살아오면서 부(富)의 매력과 필요성을 체감할 수 있는 기회는 많았다. 그러나 나의 젊음을 투자하기 위해서는 그 이상의 의미가 있어야 했다. 물질적인 욕구뿐만 아니라 정신적인 욕구를 충족시켜 줄 수 있는 일이어야 했으며, 망설임 없이 나의 모든 역량을 쏟아 부을 수 있는 가치가 있어야 했다. 또한 여러모로 부족한 나였지만, 그런 내가 경영자로서 기여할 수 있는 바가 있는 일이어야 했다. 다행히도 주변의 반대를 무릅쓰고 거액의 투자 펀드 운용을 포기한 나는 머지않아 내 소망에 가장 근접한 기회를 맞이했다.

* * *

나에게는 반드시 하고 싶은 일들이 있었다. 언론사 경영 역시 그 중의 하나였다. 언론을 내 의도대로 이끌고 싶어서도, 언론에 대한 해묵은 감정을 풀기 위해서도 아니었다. 현대 문명의 꽃이라는 언론, 특히 권력과 공익의 사이에서 끊임없이 갈등해 온 대한민국의 언론사를 경영하고자 하는 희망은 사회적 가치와 부(富)를 동시에 추구하고자 하는 기업가라면 누구나 가져볼 만한 꿈이었다. 다만 여러모로 부족한 내게 경영하기 힘들기로 소문난 언론사의 인수는 벅찬 일이었고 언젠가 때가 올 것이라는 생각만 가지고 있었을 뿐이었다. 그러나 기회는 생각보다 빨리 찾아왔다. 2002년 8월, 나는 오랫동안 대주주를 찾고 있었던 (주)헤럴드미디어를 인수하라는 제의를 받게 되었다. 기업의 가치, 그리고 성공의 가능성과 관계없이 나로서는 거절하기 힘든 제안이었다.

1987년 여름, 2년 만에 처음으로 서울에 돌아온 나는 국내 정상의 영어신문인 〈코리아헤럴드(The Korea Herald)〉에서 인턴으로 일할 기회를 가졌었다. 말이 인턴이지 사실 사환이라는 표현이 더 적합했을 것이다. 하지만 서울에서 처음으로 가진 직장이었고, 더욱이 그곳이 한국을 대표하는 영어신문이기에 나는 큰 자부심을 느꼈다. 다만 2년 만에 돌아온 서울이었고 가족과 친구들과 어울리고 싶은 욕구가 강했던 탓에 짧은 경험으로 끝마쳤던 기억만 남아 있다. 그 후에도 나는 NBC 및 비즈니스코리아의 인턴 직을 수행하면서 언론계에서 지속적인 경험을 쌓았다. 결국 코리아헤럴드는 나와 언론과의 애증관계의 출발점이었던 동시에 15년 후 힘들게 도달한 내 결정의 씨앗이기도 했던 것이다.

헤럴드미디어는 50년의 역사를 바탕으로 언론, 교육, 출판 사업을 영위하는 한국의 대표적인 지식정보기업이다. '세계로 통하는 한국의 창'이라는 기치 아래 설립되어, 국내 최초의 대중 경영문화지인 〈헤럴드경제〉와 국내 최대의 영어종합지인 〈코리아헤럴드〉를 발행하고 있으며, 한국을 세계에 홍보하는 잡지인 〈코리아나우(Korea Now)〉를 발간한다. 〈코리아헤럴드〉는 영어신문 시장의 50% 이상을 점유하고 있고 세계 80여 개국에 배포되고 있으며, 〈헤럴드경제〉는 경제와 대중문화를 혼합함으로써 국내 언론의 새로운 지평을 연 최초의 퓨전(fusion) 신문이다. 더불어 헤럴드미디어는 코리아헤럴드어학원, 키즈헤럴드스쿨, 그리고 디지털헤럴드를 통해 외국어 평생교육체계를 구비하고 있으며, 출판, 관보, 행사 및 통번역 등의 전략사업을 영위하고 있다.

언론사 경영은 매우 어려운 것으로 알려져 있다. 기본적으로 수익구조가 취약하고, 조직관리가 힘들다. 공익과 사익의 사이에서 끊임없이 고뇌해야 하며, 단기간 승부란 불가능하다. 그러나 언론사 경영 못지않게 어려운 과정이 언론사 인수가 아닌가 싶다. 우선 단단한 마음의 준비가 필요했다. 투자의 목적을 위해 중앙 언론사를 인수한 예는 전무했기 때문에 인수 후 재매각을 통해 수익을 창출하겠다는 미련은 일찌감치 접어야 했으며, 언론사의 주식이 상장된 경우 역시 드물었다. 동시에 언론사 조직은 변화가 어렵고, 비언론 출신 경영진에 대한 불신 또한 깊은 편이다. 무엇보다도 회사의 수익 창출에 대한 집념이 약하고, 아무리 적자를 기록해도 언론사는 절대 망하지 않는다는 안일한 사고는 모든 개혁을 저해하는 중대한 요소였다. 결론적으로 시장경제의 원칙이 통하지 않는 곳이었다.

서른세 살의 한 젊은이가 중앙 언론사를, 그것도 두 개의 전국지(紙)를 보유한 50년 전통의 언론기업을 인수한다는 것은 상식적으로 불가능한 일이었다. 언론사를 경영하기 위해서는 막대한 재력을 보유해야 한다는 것이 불문율처럼 되어 있었다. 특히 수익성이 열악한 신문사를 경영하기 위해서는 끊임없이 자금을 쏟아 부어야 하고, 투자에 대한 대가는 수익의 창출보다는 사회적 영향력의 확대에서 찾아야 하는 것이 관례처럼 되어 있었다. 언론사에 자금이 투입되면 절대 되찾을 수 없다는 관념은 많은 언론사들의 신용 실추로 인해 이미 널리 알려진 사실이 되어버렸고, 대부분의 금융기관은 언론사와의 거래를 꺼려 했다. 따라서 재벌도 아니고 이에 필적하는 부(富)를 소유하지도 못한 내가 적자인 언론사를 인수하려 한다는 사실은 나를 아는, 그리고 아끼는 모든 이들에게 무모한 시도로 비쳐졌을 것이다.

내가 투자와 관련해 자주 자문을 청했던 한 지인은 언론사를 '빛 좋은 개살구'라고까지 표현한 적이 있다. 대부분의 경우 기업 존재의 명분이자 기업활동의 근본인 수익 창출을 엄두조차 내지 못하면서, '제4의 권력', '공익기관', '국민의 눈과 귀' 운운하는 언론사들을 그는 매우 못마땅해 했다. 그는 또한 채무를 이행하기는커녕 직원들의 월

급조차 제대로 지불하지 못하면서 어찌 국가와 사회, 그리고 기업을 견제하고 비판하는 역할을 자임할 수 있느냐고 목소리를 높였다. 이는 결코 한 사람만의 시각이 아니었다. 내가 자문을 구한 지인들 대부분의 공통적인 의견이었다. 아울러 '앞길이 창창한 젊은이'가 수많은 기업들 중에 왜 하필이면 성공할 가능성이 희박한 언론사를 제 돈 내고 인수하려 하느냐고 결사적인 반대를 하는 이들도 있었다. 부모님을 비롯한 가족의 의견도 예외는 아니었다.

사실이었다. '도전'이라고 칭하기에는 무모한 발상이었다. 내 주변에는 언론사 경영에 대해 자문을 해줄 사람도, 언론사에 투자를 하고 싶어 하는 사람도 없었다. 내가 주도하는 일이라면 무조건 함께 가겠다던 많은 이들이 거짓말처럼 사라져버렸고, 나 역시 평소와 달리 그들을 설득하려 하지 않았다. 참여와 투자를 권유하기에는 실패의 리스크(risk)가 너무 컸기 때문이다. 헤럴드미디어를 인수한 후 접한 수많은 질문들 중 가장 대답하기 힘든 질문은 '왜 언론사를 인수했느냐'는 것이었다. 정치적·사회적인 영향력을 행사하고 싶은 강렬한 욕망이 있었던 것도 아니고, 막대한 투자수익 창출의 가능성이 보였던 것도 아니며, 손쉽게 하고 싶은 일만 골라 할 수 있는 기회도 아니었기 때문이다. 언론에 시달린 경험이 있는 나에게 기자들과 신문에 대한 진한 애정이 있었던 것 때문은 더더욱 아니었다.

그러나 나의 인수 시도는 이를 반대하는 이들의 발상을 근본적으로 부정하는 곳에서부터 출발했다. 언론사는 절대로 망하지 않는다는 주장은 이제 환상에 불과했다. 언론사도 망할 수 있으며, 수익을 창출하지 못하는 언론사는 반드시 망해야 한다. 이는 언론사의 존재 근거 역시 여느 기업과 마찬가지로 수익 창출에 기반해야 한다는 시장경제의 논리와 일맥상통한다. 언론의 공익성과 사회성은 언론사가 정당한 기업으로 존재함을 전제로 한다. 언론의 '힘'을 동원해 갚아야 할 채무를 갚지 않는다든지, 기업으로서의 의무를 이행하지 않는다는 것은 상상할 수 없다. 기업의 책무를 다하지 못하는 언론사는 '사회의 눈'이 아니라 '사회악(惡)'일 뿐이다. 우선적으로 수익을 창출함으로써 자본으로부터의 독립을 이룩하고, 창출된 수익을 더욱 좋은 언론을 만들기 위해 지속적으로 투자해야 했다.

대주주, 혹은 대표이사의 역할 또한 만성적자의 회사에 수단과 방법을 가리지 않고 자금을 쏟아 붓는 것이 아니었다. 나는 그럴 만한 자금도 없었고, 설사 마련할 수 있다고 하더라도 그럴 의향은 손톱만큼도 없었다. 부실경영에 대한 책임은 주주들과 채권단이 도맡아야 하는 것이 아니었다. 임직원 모두 책임을 나눠야 했고 고통도 분담해야 했다. 나는 동시에 수익 창출에 대한 확신 없이 남들이 힘들게 번 돈을 내 회사에 유치하는 것 또한 도덕적으로 파렴치한 일이며 사회악의 일종이라고 믿었다. 헤럴드미디어는 반드시 자생(自生)해야 했으며, 이를 위해 회사가 나아가야 할 방향을 설정하고, 수익 창출과 비용절감을 위해 자금을 모으고, 어느 누구보다도 냉철하게 최선의 노력을 다하는 것이 사주(社主), 그리고 대표이사의 의무라고 생각했다.

만약 헤럴드미디어의 임직원들이 이 근본적인 명제에 동의한다면 나의 인수는 성공할 수 있을 것이라는 확신이 있었다. 나는 부모님과 주변의 친지들을 조용히 설득해 갔다. 투자와 관련된 위험요소를 상세히 설명하고, 그러나 충분히 도전해 볼 만한 가치와 의미가 있는 일임을 알렸다. 무엇보다도 '앞길이 창창한 젊은이'로서 실패할 경우 모든 것을 전적으로 책임지겠다고 약속했다. 그리고 여러모로 부족한 나이지만 혼신의 힘을 다해 헤럴드미디어를 회생시키고야 말겠다고도 했다. 급변하는 시장과 뉴미디어의 거침없는 도전에 언론산업이 일대 격변기를 맞이하고 있는 가운데, 대한민국 언론사(史)의 큰 획을 그어온 회사를 인수할 수 있는 기회는 아무 때나 주어지는 것이 아니었다. 적자구도의 회사라는 사실은 오히려 내 의욕을 자극할 뿐이었다. 무엇보다도 결과를 막론하고 절대로 후회하지 않을 자신이 있었다.

헤럴드미디어를 구조조정 이후 재매각하여 단기간의 부(富)를 창출하고 싶은 의향은 없었다. 회사를 부채 없는 단단한 지식정보기업으로 회생시키고 싶었으며, 모든 기자들이 동경하는 기업으로 가꾸어 나가기를 원했다. 그러나 정신적인 무장 및 목표 설정 외에도 인수의 성공적인 마무리를 위해서는 많은 현실적인 난관을 극복해야 했다. 우선 기존의 대주주가 법정관리기업인 관계로 주주들 외에 채권단 및 법원의 동의가 필요했다. 뿐만 아니라 회사의 노동조합을 비롯한 조직원들과의 공감대 형성도 민감한 사안이었다. 끈질긴 언론의 추적, 그리고 난무하는 추측 역시 입을 굳게 다문 내 입장에선 소화하기 힘든 부분이었다. 구조조정이나 부채삭감 등 일반적인 전제조건을 포기했음에도 불구하고, 4개월의 긴 시간이 소요되었다. 헤럴드미디어의 경영상태가 최악으로 치닫는 긴박한 시간이었다.

2002년 12월 4일, 나는 극적으로 헤럴드미디어의 인수에 성공했다. ㈜신동방이 소유하고 있던 50%의 지분을 일괄 인수함으로써 헤럴드미디어의 대주주가 된 것이다. 그동안 배웠던 투자 및 금융 기법은 모두 내던져버리고, 가족의 투자와 대출이라는 가장 기초적인 방법으로 인수 자금을 마련했다. 모든 장애를 뛰어넘을 수 있었던 것은 나의 능력이나 자금력 때문이 아니었다. 나와 헤럴드미디어의 미래를 믿고 도와준 가족과 하나님의 도움이 있었기에 가능했던 일이다. 한 인간의 능력과 지혜에는 한계가 있음을, 모든 일에는 합당한 이유와 목적이 있음을 다시 한 번 절감하지 않을 수 없었다. 이제 나는 15년 전 고등학생 인턴의 모습으로 접했던 첫 언론사인 헤럴드미디어의 미래를 대주주로서 책임지게 되었던 것이다.

이 책을 통해 나의 언론관과 헤럴드미디어의 미래를 자세히 논하고 싶은 마음은 없다. 그러나 반드시 짚고 넘어가야 할 사실은 '제4의 권력'이라 불리는 언론의 힘은 법과 규정이 아닌 그 역할로부터 파생된 결과라는 점이다. 언론은 정보와 지식을 독자에게 전달하는 서비스이다. 그렇다면 언론인의 올바른 자세는 높은 곳에 군림하는 권력자가 아닌 낮은 곳에서 대중을 위해 봉사하는 서비스인의 모습이어야 하지 않는가. 대중을 다스리고, 대중을 설득하고, 대중을 교육하는 모습은 언론이 가져야 할 태도가 아니다. 대중의 욕구를 존중하여 지식과 정보를 가장 공정하고 효율적으로 서비스하는 전문가의 정신이 바로 동시대에 필요한 언론인의 모습이 아닐까.

그렇다면 언론사의 경영자는 어떤 자세를 가져야 하는가. 첫째, 기업의 존재 명분인 수익 창출을 위해 모든 역량을 집중해야 할 것이다. '언론사도 기업'이란 표현 자체가 우스운 것이다. 주주와 임직원, 그리고 독자를 위해 수익을 극대화해야 하며, 이를 더욱 좋은 상품과 인재의 개발을 위해 끊임없이 투자해야 한다. 둘째, CEO(Chief Executive Officer, 최고경영자)의 가장 중요한 역할은 Chief Sales Officer(최고영업사원)의 업무, 언론사의 대표라고 해서 예외일 수는 없다. 신비에 쌓인 언론사주 혹은 CEO의 모습은 언론 스스로의 개혁이 반드시 짚고 넘어가야 할 부분이다. 시장으로 나와 대중과 만나야 하며, 자사의 상품을 망설임 없이 홍보하고 판매해야 한다. 셋째, '경영'과 '편집'의 유기적인 관계를 직시하고 존중해야 한다. 사주가 직접 경영하는 언론사에서 경영과 편집의 완벽한 단절을 기대하기는 힘들다. 오너(owner)경영인은 이를 인지하고 편집권을 보호하기 위해 전문경영인과는 다른 차원의 노력을 지속해야 한다.

최근 언론사에서 언론인이 아닌 전문경영인 출신의 CEO를 영입하는 시도가 잦아지고 있다. 언론사의 최고경영자가 언론인이든, 전문경영인이든 중요한 사안은 아니라고 생각한다. 다만 언론사를 시장경제의 원칙에서 벗어날 수 없는 사(私)기업으로 인지하고 수익 창출을 위해 전력을 다하는 CEO의 모습이 대한민국의 언론에 필요한 경영인의 이상형이라는 내 소견에는 변함이 없다.

나는 몇 가지의 원칙만을 가슴에 새기고 언론사 경영에 뛰어 들었다. 구조조정을 비롯해 고통스런 현안이 산재해 있었다. 신뢰와 화합의 경영을 하기 위해서는 과도기 경영을 구조조정 전문가에게 맡겨야 한다는 의견이 압도적이었다. 그러나 나는 비난과 고통이 뒤따르더라도 모든 개혁을 스스로 행하고 결과를 통해 검증받는 것이 젊은 경영인의 바른 자세라고 믿었다. 결국 2002년 12월 20일, 인수작업을 끝마친 나는 헤럴드미디어의 대표이사 사장 겸 〈내외경제신문〉과 〈코리아헤럴드〉의 발행인으로 취임했다. 동시에 변호사·M&A 뱅커·벤처사업가로 이어져온 내 사회인으로서의 짧은 행보에 언론기업 대주주 및 최고경영자라는 무거운 옷이 입혀지는 순간이었다. Permitte divis cetera, 이제 나머지는 신에게 맡긴다는 호레이스(Horace)의 선언, 그 어느 때보다도 간절히 와 닿는 외침이었다.

한 기업을 성공적으로 경영하기 위해서는 많은 난관을 극복해야 한다. 한 사람의 노력으로 이루어지는 일이 아니며 단시간에 도달할 수 있는 목표도 아니다. 그러나 헤럴드미디어의 가능성은 무한하다. 이제 겨우 시작에 불과하지만, 헤럴드미디어는 머지않아 단단하고 알

찬, 모든 언론인과 직장인이 선망하는 선진기업으로 우뚝 서게 될 것이다. 바뀌어야만 하는 대한민국의 언론, 우리는 그 속에서 언론의 기업화, 대중화, 그리고 국제화를 선도하는 지식정보산업체로의 변신을 위해 박차를 가하고 있다. 권력기관이 아닌 서비스 기업으로서의 언론, 독자 위에 군림하는 언론이 아닌 독자를 찾아가는 언론, 그리고 영원한 내수산업이 아닌 동북아 중심국가 창출의 선봉에 선 언론, 그것이 바로 헤럴드미디어의 약속된 내일인 것이다.

헤럴드미디어의 인수와 함께 조용히 유지되어온 내 삶은 다시 여론의 수면 위로 떠올랐다. 1993년 이후 언론과는 단절된 사(私)적인 삶을 영위해온 나로서는 운명으로밖에 받아들일 수 없는 일이었다. 한 젊은이의 중앙 언론사 인수라는 초유의 사건, 이에 대해 나는 그 동기와 배경을 낱낱이 밝혀야 했다. 더욱이 내 인수 취지에 대해 '재매각을 통한 수익 창출' 그리고 '정계 진출을 위한 교두보' 라는 근거 없는 풍문이 기정사실화되면서 나는 불필요한 해명을 하느라 분주했다. 회사의 명운을 건 싸움을 앞둔 대주주로서 내가 할 수 있는 모든 수단을 동원해 부정적인 인식을 해소하고 헤럴드미디어를 홍보해야 했던 것이다.

이를 위해 심지어 회사를 홍보하는 광고까지 촬영했다. 지난 10여 년 간 무슨 이유에서건 끊임없이 광고출연 섭외를 받아왔으나 단 한 번도 심각하게 고려해 본 적이 없었다. 그럼에도 불구하고 내 회사와 매체의 홍보라는 명분 앞에서는 응하지 않을 수 없었던 것이다. 광고 촬영은 되풀이하고 싶지 않은 작업이었다. 얼굴에 분을 발라야 하는 것도 싫었고, 고의로 미소와 행동을 연출하는 일도 적성에 맞지 않았다. 아무리 회사의 회생을 책임진 사장이라지만 이런 일까지 해야 하는가라는 생각이 10시간의 촬영 내내 끊임없이 나를 자극했다. 함께 일한 이들은 프로였고, 나는 프로들과 일하는 것을 무엇보다 즐긴다. 어쩌면 내 자신이 그 방면의 프로가 아니었기 때문에 그 점이 싫고 부끄러웠는지도 모를 일이다.

더불어 이제 《7막7장》을 복간하면서, 아직 사(私)적인 삶을 열망한다면 이율배반적인 생각일까? 본래 언론에 나서는 것도, 대중 앞에 서는 것도 싫어하는 사람이라고 나를 정의한다면 믿을 사람이 있을까? 그러나 언론에 회자될 때마다 늘 거역하기 힘든 명분이 자리하고 있다. 그리고 나도 모르는 사이에 형성된 브랜드를 회사를 위해 적극적으로 활용해야 한다는 설득이 있다. 옛말에 처녀가 아이를 배도 할 말이 있다고 하지 않았던가. 언제나 수면 아래 감춰져 있는 사람이 될 수 있을지, 그리고 사(私)적인 삶을 영위할 수 있을지, 못내 아쉬울 뿐이다.

*　*　*

서른 하고도 셋, 나는 '경험의 길'을 끝마치고 '검증의 길'로 들어섰다. 어떤 실수나 실패도 경험이라는 편리한 틀 속에서 미화할 수 있는 권리를 나는 남들보다 일찍 포기했다. 이제 나의 실패는 많은 사람들을 더불어 불행하게 만드는, 결코 용납할 수 없는 결과를 의미한다. 그러나 나는 내 역량의 한계를 누구보다 잘 알고 있다. 홀로 서기에는 내 그릇이 턱없이 부족하다는 사실을 직시하고 있으며, 오만과 자신감의 차이를 깨닫기 위해 노력한다. 아집과 의지를 착각하지 않으며, 분명 경륜만이 답할 수 있는 질문이 있음 또한 알고 있다. 무엇보다도, deo omnipotenti, 하나님의 능력과 판단을 믿고, 내가 그의 명을 지켜 행하는 한, 그가 나와 나의 사우들을 '세계 모든 민족 위에 뛰어나게' 하실 것임을 믿어 의심치 않는다.

　나의 가족과 회사, 아직 그들을 책임지지 못하면서 사회와 국가에 대한 꿈을 저울질할 수는 없다. 가정과 회사에 대한 내 의무를 다한 후, 새로운 목표를 영위하려 한다. 이제부터의 모든 목표는 홀로 선 모습만으로도 가치가 있어야 하고, 반드시 자아만족 이상의 의미가 있어야 할 것이다. 내가 누린 치열한 삶의 축복을 동시대를 살아가는 이들과 함께 나눌 수 있어야 하며, 누군가에게 기여할 수 있어야 한다. 나의 오늘이 수많은 이들의 헌신과 선도에 의해 이루어진 것인데, 어떻게 내일을 이기적으로 영위할 수 있겠는가. 지나온 길은 한낱 추억거리가 아닌 내 현재와 미래의 일부여야 한다.

　혹자는 내게 겸손한 삶을 살아야 한다고 충고한다. 내일의 모습을 보지 못하고 세상의 이치조차 모르는 내게 겸손하기 위해 노력할 여유가 있겠는가. 3년을 배우면 세상에 적이 없고, 3년을 더 배우면 반 걸음 떼기가 힘들다고 했다(初學三年 天下無敵 再修三年 寸步難進). 이제 두드리고, 또 두드려 건너는 다리도 두렵기만 하다. 끊임없이 배우고, 망설임 없이 청하는 자세는 겸손하기 위한 모습이기보다는 내게 주어진 유일한 선택이다.

　후회 없는 삶을 살아야 한다고 한다. 삶의 순간순간을 살아 숨쉬기 위한 노력, 항상 깨어 있기 위한 노력보다 힘든 일은 없다. 치열한 삶을 가능하게 하는 arcanum arcanorum, 그 원초적인 비밀은 무엇인지……. 미약한 우리들이 깨어 있는 모든 순간에 굳은 믿음과 바른 판단으로 삶을 영위할 수 있는가? 만족스러운 삶을 살고자 하는 희망보다는 후회 없는 삶을 살기 위한 강한 의지가 있어야 가능한 목표가 아닌가? 후회 없는 삶이란 흔들리지 않는 신념과 이로부터 뻗어나오는 순간순간의 옳은 선택이 어우러져야 하는 것이 아닌가? 꿈을 신봉하고, 원칙을 지키며, 사고와 행동을 병행하는 길뿐일 게다.

위대한 삶을 누리라고 한다. 꿈과 함께 깨어 있고, 꿈과 함께 고뇌하며, 꿈과 함께 전진한 이들이 있다. 한 길을 걸어 정상을 취하고 부(富)와 명예를 획득한 그들을 우리는 성공한 사람들이라고 칭한다. 그러나 그 꿈의 목적과 실현이 자아의 만족이 아닌 이웃과 사회, 세계에 대한 기여라는 틀 속에서 빛을 발할 때, 성공한 삶은 비로소 위대한 삶으로 승화한다. 위대한 삶은 나누는 삶이 아니라 베푸는 삶이다. 제로섬이 아니라 플러스알파의 결과를 창출할 수 있어야 한다. 기여하고픈 꿈을 영위하는 사람들이 많은 세상은 행복한 세상이다. 진보하는 세상이며 중흥하는 세상이다. 일생을 바쳐 추구할 의미요, 가치가 아닐 수 없다.

진보라 함은 내일의 목적지를 향한 거창한 전진이 아니라, 오늘의 부족함을 채우기 위한 소박한 노력이다. 나와 나를 둘러싼 모든 것의 오늘에 대한 처절하고 진지한 고민, 그 아픔을 동력으로 삼아 더 가득한 내일로 나아가려는 몸부림이다. 하루를 보내며 하루만큼의 빚을 질 수는 없는 일. 나의 부족함을, 기업의 부족함을, 그리고 사회의 부족함을 채워가는 일은 외롭고 힘든 책무이다. 그러나 성장이란 결국 시간과 고독을 다스리는 여유를 갖추어나가는 과정이 아닌가.

푸르른 날, 이제는 이런 눈부신 토요일에 한시라도 빨리 보고 싶은 사람들이 있다. 사랑하는 아내와 지승이가 있고, 이제 곧 둘째가 태어난다. 부모님은 변함없이 내 곁을 지켜주며, 오늘도 누이와 여동생은 나를 위해 기도해 줄 것이다. 서툰 우정으로 시작하여 이제는 생의 동반자가 되어버린 친구들은 여전히 내 삶을 향기롭게 하고……. 나는 아직 내일이 어떤 모습으로 나를 기다리고 있는지 알지 못한다. 그러나 변함없이 젊은 꿈을 꾸며, 그 꿈 속의 작은 목표들을 하나둘씩 열심히 이루어간다.

나는 나의 삶을 사랑한다. 나의 가족과 친구들을 사랑하고, 내 글을 읽으며 힘을 얻는 사람들과 기대와 우려의 고언을 해주는 모든 이들이 감사하다. 그리고 헤럴드미디어, 이곳에서 펼쳐지는 나의 일상이 소중하다. 나의 부족함이 안타깝고, 경영인의 삶이 때로는 지칠 만큼 힘들지만 그래도 매일 아침 나는 설레는 마음으로 집을 나선다. 그리고 거리에서, 사무실에서, 기내에서 〈헤럴드경제〉와 〈코리아헤럴드〉를 읽고 있는 독자들을 볼 때, 새삼 살아 있음을 느끼고 내 젊음이 변함없이 소중함을 깨닫는다.

이제 오랜 시간 글을 쓰지 않아도 좋으리라. 내가 쓰고 싶었던 말, 내가 쓸 수 있는 말은 모두 꺼내놓았다. 만약 나의 작은 삶에 또 다른 글이 입혀져야 한다면 이는 내 몫이 아닐 게다. 이제 글로써 나누려 하지 않고 삶으로써 나누기 위함이다.

《7막7장》의 복간에 많은 의미를 부여해 준 이들, 그리고 바쁘다는 핑계로 미뤄왔던 나의 부족한 글을 기다려준 이들, 무엇보다도 10년 전이나 지금이나 변함없이 내 곁에 있어준 모든 이들에게 가슴 가장 깊숙한 곳에서 우러나는 존경과 감사를 전한다.

2003년 秋天

1_ MBC 토크쇼 〈세상사는 이야기〉 녹화 현장에서. 1993년
2~3 _ 당시 내 졸업소식을 다룬 신문과 잡지 기사들

4

5

6

4_ 서울에서 열린 《7막7장》 팬사인회장에서
5_ 대구에서 개최된 《7막7장》 팬사인회를 마치고
6_ '카멜롯 서울'의 오프닝 공연장에서. '카멜롯 서울'은 국내 최초로 세계의 재즈 연주자들을 초빙하여 자연스런 공연을 개최하는 재즈클럽이었다

7 _ 1994년 겨울, 중국 북경대 대학원 입학을 앞두고 아버지와 함께
8 _ 북경대 사사카와 장학상 수여식장에서
9 _ 스탠포드대 법과대학원 졸업식장에서 후배와 함께
10 _ 리먼브라더스 재직 당시 출장지인 유럽에서

11 _ '대선주자들과의 간담회' 진행
12 _ '아시아21 영리더스 서밋' 개막식 연설
13 _ 지미 카터 전 미국 대통령과의 대담

14

15

16

14_ 지속 가능한 식품과 환경을 고민하며
15_ 선덕원 아이들과 함께
16_ 국립중앙박물관회 사회봉사

17

18

19

20

17 _ 1993년 출간된 《7막 7장》 초판
18 _ 1995년 발행된 《7막 7장》 표지 리디자인 버전
19 _ 2003년 발행된 《7막 7장》 개정증보판
20 _ 2008년 발행된 《7막 7장》 개정증보판 표지 리디자인 버전